연세 근대 동아시아
번역총서

미디어의 시대

지은이 간 사토코[菅聡子, Kan, Satoko]는 1962년 일본 후쿠오카 현 출신으로 오차노미즈여자대학[お茶の水女子大學]과 동대학원 박사과정을 졸업했고(인문과학박사), 오차노미즈여자대학 교수를 역임했다. 히구치 이치요를 중심으로 일본 근현대문학의 연구를 전개했다. 주요 저서로는 『시대와 여자와 히구치 이치요』(일본방송협회, 1999), 『여자가 국가를 배신할 때』(이와나미서점, 2010) 등이 있다.

옮긴이 노혜경(魯惠卿, Noh, Hye-kyoung)은 상명대학교 일어교육과와 동대학원에서 석사과정을 마치고 일본 쓰쿠바대학[筑波大學] 대학원 박사과정을 졸업했다(문학박사). 현재 연세대학교에서 일본어를 강의하고 있다. 주요 논문으로 「쿄카의 창작방법」, 「1인칭 서술의 가능성」 등이 있고, 번역한 책으로는 『일본의 '소설' 개념』(소명출판, 2010), 『윤동주와 한국문학』(공역, 소명출판, 2001), 『일제 말 전시기 일본어 소설선2―식민주의와 비협력의 저항』(공역, 역락, 2003)이 있다.

미디어의 시대 근대적 문학제도의 성립과 독서의 변천

초판인쇄 2012년 1월 20일 **초판발행** 2012년 1월 25일
지은이 간 사토코 **옮긴이** 노혜경 **펴낸이** 박성모 **펴낸곳** 소명출판 **출판등록** 제13-522호
주소 서울시 서초구 서초동 1621-18 란빌딩 1층
전화 02-585-7840 **팩스** 02-585-7848 **전자우편** somyong@korea.com **홈페이지** www.somyong.co.kr

값 20,000원
ⓒ 2012, 소명출판
ISBN 978-89-5626-663-3 93910

연세 근대 동아시아 번역총서 2

미디어의 시대

근대적 문학제도의 성립과 독서의 변천

Media age

Establishment of modern literature systems and transition of reading culture

간 사토코 지음 | 노혜경 옮김

소명출판

　　근대문학의 출판에 관한 연구는 근세문학의 경우와 비교해 보면 대단히 늦다고 할 수 있다. 각 작가에 대해서나 출판사의 연혁에 근거한 개별 케이스에 대한 고찰은 드문드문 보이지만, 예를 들어 메이지[明治]라는 시대의 거대한 흐름 속에서 작가·독자·출판미디어의 상호 관련을 종합적으로 논한 것은 드물다. 물론 후에 『야요시 미쓰나가[彌吉光長] 저작집 4―메이지 시대의 출판과 사람』으로 엮인 야요시 미쓰나가 씨의 일련의 논고와 잡지 『출판연구』에 발표된 각종 연구논문 등, 출판사 연구의 영역에서 근대출판에 대한 고찰은 축적되어 왔다. 하지만 그것들이 이른바 근대문학 연구의 영역과 뒤얽히고 관심이 공유되는 경우는 별로 없었다.

　　그러나 근대문학이 활자문화를 기반으로 하는 출판미디어의 개입에 의해 성립되고 전개된 것은 분명하다. 그것은 1872년 이후의 학제(學制)가 만들어낸 새로운 독자층의 탄생과 보조를 같이한다. 이와 같은 관점에서 '독자'를 논한 선구적인 저술로는, 도야마 시게히코[外山滋比古]의 『근대독자론』(みすず書房, 1969)과 마에다 아이[前田愛]의 『근대독자의 성립』(有精堂, 1974)을 들 수 있다. 두 책 모두 근대문학에 있어서 독자연구의 기반이 되는 뛰어난 저작으로, 본서(本書)의 문제의식에도 많은 영향을 주었다. 또 최근에는 고노 겐스케[紅野謙介]가 『서적의 근대』(筑摩書房, 1992)에서, 사물로서의 책 그 자체에 착안하여 서적의 간행형태·삽화

등을 매개로 한 작자와 독자의 관계 생성에 대해 논했다. 이는 현재의 미디어 연구 방법을 총망라한 획기적 저작이다. 또한 나가미네 시게토시[永嶺重敏]는 『잡지와 독자의 근대』(日本エディタースクール出版部, 1997)에서 특히 잡지 『태양』, 『중앙공론』, 『킹』의 독자층을 중심으로, 메이지 기 이후의 독자와 독서의 관련양상을 구체적인 데이터를 토대로 고찰하고, 『모던도시의 독서공간』(日本エディタースクール出版部, 2001)에서는 독서공간으로서 모던도시 동경을 '독서장치(讀書裝置)'라는 시점에서 논하여 근대의 독서공간을 파헤쳐내는 유효한 방법을 보여주었다.

본서의 관심사의 하나는 독서의 변용과 출판미디어의 역학을 그 작가 자신이 어떻게 인식했는가하는 점이다. 새삼스럽게 언급하는 것도 좀 그렇지만, 롤랑 바르트가 '작자(作者)의 죽음'(하나와 고[花輪光] 역, 『서사의 구조분석』, みすず書房, 1979)을 선언한 이래 일본의 근대문학 연구에서도 그 중심은 텍스트론으로 옮겨져 대문자의 작자(고유명사로서의 작자)의 존재는 작품의 외부로서 인식되게 되었다. 동시에 사상주체로서의 작자라는 관념도 탈구축되어 종래의 연구 경향에 비하면 그 중점화는 급격하게 약해지고 있다. 한편, 근대적 출판기구의 관계성의 내부에서 작자-출판미디어-독자가 서로 어떤 역학을 생성하고 있는가 하는 '문학장(文學場)'의 문제가 새롭게 관심을 불러일으키고 있다. 야마모토 요시아키[山本芳明] 씨의 저서명을 빌린다면 그야말로 『문학자는 만들어진다』(ひつじ書房, 2000)는 그 과정이, 다양한 관계성이 뒤얽힌 '문학장'에 있어서 전경화(前景化)되고 있는 것이다.

하지만, 동시에 근대문학의 성립기 즉 메이지 20년대에 작가 개개인이 어떠한 상황 속에서 표현주체로서 자신을 인식하기 시작했는가 하는 점에 대한 고찰도 잊어서는 안 될 것이라고 생각한다. 개개의 작가들은 출판구조의 경제시스템 속에 편입될 수밖에 없는 현실과, 문학이란 신성한 영위라는 관념이 병행하여 진전(進展)되는 그 한 가운데에서 자기의 문학관을 구축하지 않으면 안 되었다. 물론 그 자율(自律)적인 작가라는 관념 자체가 앞에서 언급한 관계성 속에서 생성되었음은 자명하다. 그 사실을 확인한 후에 작가가 스스로를 자율적인 작자로서 인식하는, 그 자기인식의 생성은 어떻게 이루어졌는가를 묻고 싶은 것이다. 즉, 근대적 출판기구의 성립과 전개에 따라 형성된 출판미디어 안에 위치하는 작가들은 그것을 어떻게 자각하고, 자율적인 작자·주체라는 관념(환상이라고 해야 할 것인가)을 획득해 나갔는가. 그리고 그런 그들에게 독자란 어떠한 존재로서 인식되었는가.

　위와 같은 문제의식에 비추어 제1장에서는 우선 메이지기의 저작권의식에 착목하여, 출판관계법령의 성립과 관련지어 논의하였다. 또한 제2장에서는, 그 문제의식을 전개시켜 자율(自律)적인 작가라는 관념과, 출판시장에서 경제행위로서의 '글쓰기' 사이의 이율배반에 대해 고찰했다. 나아가서 제3장에서는 제1,2장에서 구체적 사례로 든 오자키 코요[尾崎紅葉] 및 겐유샤[硯友社]와 깊은 관계에 있던 요시오카[吉岡] 서적점에 대하여 조사하고 보고했다. 오자키 코요와 겐유샤를 분석대상으로 삼은 것은 메이지 20년대부터 30년대(1887~1906년경)까지의 문학상황 속에서 광범위한 독자를 획득하고, 신문이 그 주요한 작품발표의 장이었던 코요는, 독자에 대해 가장 의식적인 작가였다고 생각되기 때문이며, 또한 겐유샤라는 한 집필 집단의 영수로서 그 출판 매니지먼트의 핵심으로 유효하게 기능했었기 때문이다. 코요의 독자에 대한 관심을 구체적으로 보여주는 것이 제4장에서 거론된 「독자평판기(讀者評判記)」이다. 이 작품은 지금까지 거의 주목받지 못했지만, 독자가 독자를 평판한다는 상정 하에 메이지 20년대의 독서계를 그려낸 흥미로운 저작이다. 그러한 독자의 욕망이 어떤 하나의 텍스트를 어떻게 변용시켜 가는가. 그런

관심에서 제5장에서는 코요의 미완성작『금색야차(金色夜叉)』의 그 이후
를 추적해 보았다.『금색야차』가 그렇듯이 신문이라는 매스미디어는
필연적으로 공범으로서의 독자를 생성한다. 제6장에서는『금색야
차』와 어깨를 나란히 하는 메이지의 베스트셀러, 고스기 텐가이[小杉天外]
의『마풍연풍(魔風戀風)』을 대상으로, 공범으로서의 독자의 생성과, 그것
이 결과적으로 은폐되어 가는, 시대의 언설의 가치관에 대해 논했다.

　한편, 메이지기의 여성작가도 그 '여성'이라는 성(性) 때문에, 출판미
디어와는 밀접한 관계가 있었다. 특히 히구치 이치요[樋口一葉]는 메이지
시대에 가장 상품가치가 큰 여성작가였다고 할 수 있다. 그런 그녀의
자기인식에 대해서는 제9장에서 그 일단을 제시하였는데, 제7장에서
는 '여성'이라는 성(性)을 가진 이치요의 신체 그 자체가 하나의 미디어
로서의 장을 형성했었던 사실을『문학계』동인이나 구사카 요시타카[久
佐賀義孝]와의 '대화' 장면을 통해서 고찰했다. 그러한 이치요가 어떻게
편지라는 미디어 — 여성에게 있어 중요한 커뮤니케이션 수단 — 를 이
해하고, 여자 상호간의 네트워크의 형성을, 왕복서간이라는 일회성 '대
화'에서 도모했는가. 제8장에서는「통속서간문」을 대상으로 메이지기
여성들의 편지의 여러 가지 모습을 고찰했다. 또한 제9장에서는「규수
소설」(1895.12)을 구체적 사례로써 고찰하고 더불어 그 당시 대단히 물
의를 빚은 다자와 이나부네[田澤稲舟]의 작품을 분석하여 여성작가들의
문체 획득 문제에 대한 실마리를 제시했다.

　이와 같은 분석과 고찰을 통해 근대문학 성립기에 작가의 자기인식
이 출판기구와의 관계성 속에서 어떻게 생성되었는지 그 일단을 보여
주고자 한다. 자명한 전제가 되기 쉬운 작가주체의 생성 그 자체를, 뒤
얽힌 관계성의 그물코에 되돌려 놓고 근본부터 되묻고자 하는 것이 본
서의 목적이다.

차례

제1장

근대문학 성립기의 한 측면
저작권 의식의 관점에서

들어가는 말

『소설신수(小說神髓)』(1885~1886)와 『부운(浮雲)』(1887~1889)의 등장을 하나의 지표로 삼는다면, 메이지 20년대(1887~1896)가 근대문학 성립기에 해당한다는 것은 의심할 여지가 없다. 더욱이 이 시기를 지탱했던 것이 출판기구의 발전과 확립이라는 것도 주지의 사실일 것이다. 근대적 출판기업을 상징하는 하쿠분칸[博文館]이 창업된 것도 1887년이다. 오카노 다케오[岡野他家夫]의 『일본출판문화사』(春步堂, 1959)에 수록되어 있는 「메이지 이후 주요잡지창간연표」에 의하면, 메이지 20년대에만 백삼십권이나 되는 잡지가 창간되었다. 또한 1889(메이지22)년에는 내각인쇄국에 의한 마르노니윤전인쇄기 수입을 선례로 롤인쇄에서 윤전인쇄로 이행이 일어나고, 동시에 양식(洋式)제본술의 보급에 따라 활판인쇄가 지배적이 되었다. 제지산업이 눈부시게 발전하는 것도 이 시기이다. 작품

사적으로는『소설신수』의 세례를 받은 근대소설이 등장하고, 한편 경제적으로는 출판기구가 정비되며, 게다가 학교교육의 보급이 이른바 근대적 독자를 배출해냈다고 한다면 내적으로나 외적으로나 그야말로 '문학의 자율'(부르디외)[1]의 조건이 갖춰진 것처럼 보인다. 하지만 이 근대문학 성립기를 둘러싼 고찰에서는, '문학의 자율'을 위한 필수조건의 하나가 등한시되어 왔다. 저작권 의식에 관한 문제가 그것이다.

예를 들어 롤랑 바르트는 '작자의 작품 점유(占有)'의 합법성을 사회가 요청한 것이 저작권이라고 정의하고, '작자'가 등장한 배경에 자본주의 이데올로기와의 관련을 보고 있다. 바르트는 그러한 '작자의 작품 점유'로부터 작품 / 텍스트를 해방시키고, '작자의 죽음'을 선언한 것인데,[2] 일본 근대문학의 성립과정에서는 오히려 다른 관점에서 '작자의 작품 점유'를 파악해 볼 필요가 있지 않을까. 본래 저작권 의식은, 작품의 유일무이한 창조자이며 기원(起源)이라는 '작자'로서의 자기인식과 불과분의 관계가 있다. 로제 샤르티에에 따르면 문학저작권의 근거 및 정당성은, "작자의 소유권을 개인의 노동성과"로 간주하는 것과, 작품을 "그 표현의 특수성에 의해 식별되는 독창적인 창조물로 간주하는, 새로운 미학적 지각(知覺)"에 의거한다고 한다.[3] 마서 우드만시[Martha Woodmansee]가 "The Genius and the Copyright"에서 지적했듯이,[4] 소유권으로서의 저작권은 작자의 'genius'를 그 정당성의 근거로 하고, 그 때문에 저작권 의식은 작자 자신의 'authorship'의 생성과 깊은 관련을 갖게 된다. 이러한 'authorship'을 둘러싼 과정은, 근대 일본에서도 비슷하게 적용될 것인가.

---

1 피에르 부르디외, 이시이 요지로[石井洋二郎] 역,『藝術の規則Ⅱ』, 藤原書店, 1995.
2 롤랑 바르트, 하나와 고[花輪光] 역,『物語の構造分析』, みすず書房, 1979.
3 로제 샤르티에, 하세가와 테루오[長谷川輝夫] 역,『書物の秩序』, ちくま學藝文庫, 1996.
4 *EIGHTEENTH-CENTURY STUDIES*, Volume17, Number 4, Summer, 1984.

　　서구의 출판역사상 저작권 의식의 발생은, 일반적으로 출판권의 보호라는 관점에서 서적상(書籍商)이 선행(先行)하고 그 후 저작자의 내발적(內發的)인 작가로서의 권리의식과 맞물려, 양자의 요청에 따라 저작권법이 정비되는 과정을 밟았다.[5] 하지만 근대일본에서 출판법(출판조례, 판권조례, 저작권법)의 제정은, 서구와는 사정이 달랐다.

　　메이지 정부는 불평등조약의 개정을 위한 조건의 하나로 베른조약의 가입을 요구받았고, 조급한 법적 대응이 필요시 되었다. 더구나 1887(메이지 20)년 당시 서구의 여러 나라에서는 이미 저작권법이 확립되어 법제정의 참고가 될 본보기는 충분히 있었다. 하라 히데시게[原秀成]의 「근대일본의 출판의 자유와 저작권」(『出版研究』, 1997.3)에 의하면, 출판조례를 제정할 때에 참고했다고 생각되는 외국법령은, 프로이센, 프랑스, 오스트리아, 영국, 러시아의 5개국 법령인데, 내무성(內務省) 경보국(警保局) 『태서집회출판조례휘찬(泰西集會出版條例彙纂)』(1888)에 번역 게재되어 있다. 따라서 일본의 출판법은 제정당초부터 어느 정도 수준에 달해있었다고 할 수 있다. 하지만 저작자 측의 저작권 의식이 법의 인식에 도달해 있었다고는 할 수 없다. 즉, 근대일본의 저작권 의식은 어디까지나 법이 선행하는 것이지 저작자 측의 내발적인 요청을 반영하는 것은 아니다. 미리 법으로 부여된 저작권 의식은, 어떻게 저작자에 의해 인식되어 갔을까. 그리고 그것은 근대문학에 있어서 '작자'의 자기인식의 생성과 어떻게 관련을 맺고 있을까.

　　본 장에서는 앞서 말한 문제의식을 전제로 해서 우선 오자키 코요와 출판사의 관련양상을 중심으로, 메이지기 저작권 의식의 양상에 대해

5　　존 페더, 미노와 시게오[箕輪成男] 역, 『영국출판사(出版史)』, 玉川大學出版部, 1991; 도카노 가쓰야[戸叶勝也], 『독일 출판의 사회사』, 三修社, 1992; 시미즈 카즈요시[清水一嘉], 『영국소설출판사(出版史)』, 日本エディタースクール出版部, 1994 등.

고찰하겠다. 오자키 코요의 문단 활동은 1887년의 출판조례와 판권조례의 제정에서부터 1899년 저작권법이 성립되기까지의 기간과 정확하게 일치한다. 코요에게 만년에 이르러서까지 저작권에 대한 인식이 결여되어 있었다는 것은 이미 지적된 바 있다.[6] 그 한편으로 일찍이 고미야마 텐코[小宮山天香]가 1886년 12월 22일자로 호분칸[鳳文館]과 인세계약을 맺고,[7] 또한 모리 오가이[森鷗外]는 「문학상의 창조권」(『요리우리신문[讀賣新聞]』, 1889.6.27)에서 'Literarisches Urheberrecht' 즉 저작권의 존중을 역설하고, 스스로도 1891년의 『미나와슈[水沫集]』(春陽堂)를 발행할 때에는 인세방식(25%)을 취했다. 고미야마 텐코의 경우 그 배경은 알 수 없지만, 적어도 모리 오가이가 광범위한 서양문화의 지식을 토대로 저작권을 인식하고 있었으리라는 것은 명백해서, 당시로서는 선구적이며 그 때문에 오히려 특수한 사례라 생각된다. 코요의 경우는 뒤에서 언급하는 대로 저작권법을 제정한 후 비로서 저작권에 눈을 떠가는 모습을 보이고 있어 동시대의 대부분의 작가와 비슷한 정도의 인식을 가졌었다고 할 수 있다. 그러나 동시에 그는 당시 경제의 장(場)으로서의 출판계에 가장 적극적으로 관여한 작가이기도 했다. 따라서 코요와 그 주변 사람들의 출판활동은 저작권 의식이 혼돈하는 당시 출판계의 대표적 사례로 들 수 있을 것이다. 그 분석을 통해 근대문학의 성립 과정을 새로운 관점에서 고찰하는 것이 본 장의 목적이다.

---

6 이나오카 마사루[稻岡勝], 「藏版,僞版,版權─著作權前史の研究」, 『東京都中央圖書館研究紀要』, 1994.3.
7 기도 키요헤[木戸淸平], 「新資料による小宮山天香の研究」, 『明治大正文學研究』, 1954.4.

'판권'을 둘러싼 인식

1887년과 1899년은 "일본의 저작권 법제사상 획기적인 해"(미마사카 타로[美作太郎])였다.[8] 1887년에는 "순연(純然)한 출판 단속 법규"로서 출판규제와, "저작권 존중의 방향을 강하게 내세운"[9] 판권조례가 각각 제정되었다. 즉 판권조례는 "저작권 보호가 출판단속으로부터 분리된 최초의 법규"[10]라고 할 수 있다. 여기에서 처음으로 단속법규와 저작권법의 혼재가 해소되었다. 또한 1899년에는 저작권법이 공포되어 그 이후 1970년까지 유지되게 된다. 그리고 같은 해 '문학적 및 미술적 저작물 보호 만국동맹 창설에 관한 조약'(베른조약)에 가맹하여 일본의 저작권 의식은 국제적 수준에 도달했다.

여기에 이르기까지의 과정, 특히 초기의 법령제정에 있어서 후쿠자와 유키치[福澤諭吉]가 크게 공헌한 것은 잘 알려져 있다. 「후쿠자와 유키치 전집 서언(緒言)」[11]의 "(『서양사정(西洋事情)』은-인용자) 초판처럼 저자의 손으로 직접 발매한 부수도 십오만 부를 넘고, 여기에다 그 당시 교토[京都] 쪽에서 유행하던 위판까지 더하면 이십만 내지 이십오만 부는 틀림없을 것이다"라는 기술에서 엿볼 수 있듯이 후쿠자와의 저작권운동은 그야말로 위판과의 싸움이었다. 유신정부에 대한 후쿠자와의 다양한 요청과 의견서, 또는 소송기록은 「위판단속관계문서」로 『후쿠자와 유키치 전집』 제19권에 수록되어 있는데, 이는 후쿠자와의 저작권 활동의 양상을 보여준다. 또한 그는 위판문제에 대응하기 위해 1869년 서적도

8　미마사카 타로, 「〈版權〉時代 著作權ノート12」, 『PIC著者と編集者』, 1972.1.
9　「近代出版側面史—著作權の變遷と發賣禁止」, 『日本近代文學大事典』第六卷, 講談社, 1978.
10　「著作權制度の變遷」, 『文化廳月報』, 1986.2.
11　『福澤諭吉全集』第一卷, 岩波書店, 1958.

매상조합에 가입하고 '후쿠자와야[福澤屋]'를 자칭했다. 1869년의 출판조례의 제정 및, 1875년의 대개정에 이르기까지의 과정에는 후쿠자와의 이러한 일련의 저작권활동이 크게 영향을 끼친 것으로 평가되고 있다.[12]

　본장의 문제의식에 비추어 흥미로운 것은, "저작권에 대해 당시로서는 아마도 타의 추종을 불허하는 깊은 이해를 갖고 있어서 자본주의사회의 사유재산권원리로써 저작권을 위치지운"[13] 후쿠자와가 저작권 개념을 들여올 때에 'copyright'라는 말에 대해서 '판권(版權)'이라는 역어를 갖다 붙였다는 점이다. 『서양사정외편(西洋事情外篇)』「권지삼(卷之三)」에서 '장판(藏版)의 면허 카피라이트'라 하여 "이 법은 저술가로 하여금 스스로 그 책을 판본으로 만들어 전매의 이익을 얻게 하는 것이다"라고 그 개념을 소개한 후쿠자와는, 1873년 동경부(東京府) 앞으로 제출한 "1872년 미국에서 출판한 '존 하월스' 씨의 법률 운부(韻府) 제1책 363면 '카피라이트' 조항 초역(抄譯)의 「역자주해(譯者注解)」"에서 다음과 같이 서술했다.

　　'카피라이트'는 종래에는 출판 관허(官許)라고 번역했지만 이 역어는 좋지 않다. '카피'는 베낀다는 뜻이다. '라이트'란 권리라는 뜻이다. 즉 저술한 이가 책을 써서 이것을 베끼고 이것을 판(版)으로 만들어 당사자 혼자서 이것을 마음대로 취급하고, 다른 사람으로 하여금 속이지 못하게 하는 권리이다. 이 권리를 얻은 자를 '카피라이트'를 얻은 사람이라고 한다. 때문에 '카피라이트'의 원어는 출판의 특권, 또는 줄여서 판권(版權)이라고 번역해야 할 것이다.

―『후쿠자와 유키치 전집』제19권, 이와나미서점[岩波書店], 1962

12　후쿠자와 유키치의 출판활동에 대해서는, 나가오 마사노리[長尾正憲]의 『福澤屋諭吉の研究』(思文閣出版, 1988) 및 가와키타 노부오[河北展生]의 「福澤諭吉の初期の著作權確立運動」(『近代日本研究』5, 1988)를 참고했다.

13　가와키타 노부오, 앞의 논문.

1875년 출판조례가 개정될 때에 '판권'이라는 말이 채택된 것은, 이후쿠자와의 제안에 영향을 받은 것이다. 해당 조례에서 '판권'은 다음과 같이 정의되었다.

> 제2조 도서를 저작하거나 외국 도서를 번역하여 출판할 때는 삼십년간 전매권을 부여한다. 이 전매권을 판권이라고 부른다. 단 판권을 원하고 안하고는 본인의 뜻에 따른다. 따라서 판권을 원하는 자는 신청서를 제출해서 면허를 받아야한다. 판권을 원하지 않는 자는 각자 보통과 같이 출판하는 것을 허락한다.
>
> — 태정관(太政官) 포고 제135호, 1875.9.3

1872년의 출판조례(1869년의 출판조례를 개정한 것)에서 "도서를 출판하는 자는 관(官)이 이것을 보호하여 전매 이익을 얻게 한다"고 되어 있던 것에 비해, 이 "출판면허에서 사권(私權)으로 판권이 독립"한 것은 해당 조례의 근대적 측면으로 평가된다.[14] 게다가 1887년의 판권조례에서는 그 제1조에서, "무릇 문서도화(文書圖畵)를 출판하여 그 이익을 전유(專有)하는 권리를 판권"이라고 정의하여, 훗날의 저작권과 거의 같은 발상의 권리 개념 규정을 볼 수 있게 된다. 여기에서 주목하고 싶은 것은 '판권'이 누구에게 속하는 것인가, 즉 출판인의 권리인가, 아니면 저작자의 권리인가 하는 점이다. 판권조례 제7조에는 "판권은 저작자에 귀속되고, 저작자가 사망한 후에는 그 상속자에게 귀속되는 것으로 한다"라고 되어 있어, 판권이 저작자의 권리라는 것이 명백하게 정해져 있다. 하지만 한편으로 판권조례를 종합적으로 바라보았을 때, 거기에 적잖은

14　하라 히데시게[原秀成], 「近代日本における出版の自由と著作權」, 『出版研究』, 1997.

애매함이 있는 것 또한 사실이다. 미마사카 타로 씨는 그 점에 대해 다음과 같이 지적했다.

> 판권이 저작권적 성격을 띠는 것은 저작물이 서적으로 출판될 때이고 논문이든 소설이든 한 편의 저작물을 잡지에 기고했을 경우, 거기에 판권이 발생하는지의 여부에 대해서는 아무것도 규정되어 있지 않았다. (…중략…) 잡지 그 자체에는 판권이 성립할 수 있지만, 그 귀속은 발행자(또는 편집자)로 생각할 수밖에 없었다. 그럴 경우 게재된 저작물 개개의 저작자는 발행자의 권리주장에 의해 간접적으로 보호받아, 말하자면 반사적인 이익을 얻는 데 그쳐 자기의 판권을 주장할 수 있는 근거는 법령상 희박하지 않았나 생각된다.
>
> ―「『일본대가논집(日本大家論集)』의 파문 저작권노트14 저작권성립의 전야(前夜)(2)」,
>
> 『PIC 저자와 편집자』, 1972.3

여기에는 후쿠자와가 채용한 '판권(版權)'이라는 용어가 에도시대의 출판권을 의미하는 '판권(板權)'과 비슷하다는 점, 더욱이 후쿠자와 자신이 도중에서부터 저작자와 출판인을 겸했다는 사실도 영향을 미치지 않았을까 생각된다. 그리고 이 권리 소재(所在)의 애매함이 메이지 20년대의 출판현상과 밀접한 관련을 맺고 있었던 것이다.

이 판권조례에 대해 당시 선견적인 견해를 보여준 것이 구가 가쓰난(陸羯南)이다. 가쓰난은 「독판권조례(讀版權條例)」(『출판월평』, 1888.1)에서 사권(私權) 보호에 관한 법규를 출판단속의 법규로부터 구분하여 제정한 것을 "이것은 우리나라의 출판에 관한 법규의 일대 진보"라고 높게 평가했다. 이후의 문맥에서 가쓰난은 구조례와 신조례를 비교하면서 논해 가는데, 그 초점은 "문예사회의 발달에 가장 편익을 주는" 사권보호의 부분, 즉 저작권 의식의 부분에 맞추어져 있다. '판권'이란 "문예소유권 즉, 저작자의 권리"로 "법률 이전의 권리"이지, "법률에 의해 비로소 존립하는 것 즉, 일종의 특권"이 아니라는 관점은 후의 무방식주의(無方式主義)와 통하는 것이다. 또한 가쓰난은 다음과 같이 서술했다.

> 판권은 법률의 보호를 받지만, 법률의 혜택을 받지는 않는다. 또한 판권 즉, 문예소유권은 소유권 중 가장 신성한 것이다. 왜냐하면 이 권리는 소유자가 지닌 천부의 속성과 가장 밀접하게 일치하기 때문이다.

"판권 즉 문예소유권"을 "소유자가 지닌 천부의 속성", 즉 저작자의 천부적인 재능 때문이라 하고, 그 때문에 가장 '신성'한 것이라는 가쓰난의 주장에는 글을 쓰는 기원(起源)으로서의 '작자'라는 인식의 맹아를 찾아 볼 수 있다. 그러나 이와 같은 인식이 널리 사람들에게 공유되고 있었던 것은 아니다. 저작이 발표될 때에 지명도가 있는 작가의 이름을 겉에 내세우는 일이 자주 일어난 것도 그 한 예이다. 애당초 최초의 근대소설이라는 영예를 누리는 『부운(浮雲)』 제1편조차도 '쓰보우치 유죠[坪內雄藏](쓰보우치 쇼요의 본명 – 역자주)'의 이름으로 간행되었다. 「부운(浮雲) 제1편 서(序)」에서 "합작으로 되어 있지만 사실 시메[四迷]의 손으로 지은 것이다"라고 밝혔어도, 표지와 판권장에는 "저자 쓰보우치 유죠"라고 쓰여 있다. 이런 사실은 작자와 작품의 일대일의 소유관계보다도 경제의 장(場)으로서의 출판계의 역학(力學)이 훨씬 강력했음을 보여준다. 그러한 역학 속에서 작가와 출판사가 어떤 관계를 맺었는가, 그것을 오자키 코요의 출판활동을 통해 살펴보고 싶은데 그것은 후술하기로 하고, 여기에서는 작품의 발표자명 및 흥행권 문제를 포함한 예로써 〈다키노 시라이토[瀧の白糸]〉 상연사건에 대해 검토하기로 한다.

이 사건의 경위를 『호치신문[報知新聞]』은 다음과 같이 보도하고 있다.

○오자키 코요 씨 가와카미 오토지로[川上音二郎]의 무례에 분개하다

오자키 코요가 일전에 이즈미 쿄카[泉鏡花] 씨와 함께 『의혈협혈(義血俠血)』이라는 소설을 써서 요리우리신문에 싣고 나중에 슌요도[春陽堂]에서 『아무개』라는 제목으로 바꾸어 출판했는데, 가와카미 오토지로가 이것을 보고 신쿄겐[新狂言]으로 만들고자 히로오카 가오루[廣岡香], 네모토 료하[根本凌波] 두 사람에게 하나의 각본으로 만들게 하여 아사쿠사좌[淺草座]에서 흥행하기로 하고 배역도 다 정한 후, 정본(正本) 한 권을 요미우리 신문사에 보내 비평해 달라고 청했다. 또 한편으로 다른 신문에 줄거리를 게재하고 『다키노 시라이토[瀧の白絲]』라고 제목을 붙였다. 그런데 원작자 코요 씨의 반응은 말할 것도 없다. 요미우리 신문이나 슌요도에 허락 한번 받지 않고 일을 이 지경에까지 이르게 했다며 매사에 호방한 코요 씨도 그 무례함에 크게 화를 내고 엄중히 항의하니, 그렇게 자신만만하던 가와카미 씨도 대단히 난처하여 갑자기 얼마간 돈을 낼 테니 흥행을 허락해 달라 청했지만, 본래 돈으로 문사(文士)의 의지를 굽힐 수 있는 게 아닌지라 코요 씨는 어떠한 조건에도 일절 응하지 않고 만약에 흥행을 시작한다면 바로 중지시킬 기세라고 한다.

『의혈협혈』은 1894년 11월 1일부터 30일까지 「아무개」라는 필명으로 『요리우리신문』에 연재되었는데 1895년 4월, 『예비병(豫備兵)』과 함께 『아무개』라는 제목으로 슌요도에서 간행되었다. 단행본에서는 코요가 쓴 서문에 저자가 쿄카임을 밝히고 있는데, 본문 1쪽의 제목 '아무개' 밑에 '코요 / 쿄카'라고 이름이 나란히 적혀있는 데다가 판권장에는 '저자 오자키 도쿠타로[尾崎德太郎]'라고 되어 있다. 후에 기타무라 로쿠

로[喜多村綠郞]가 회상하듯 무단상연을 둘러싼 코요의 분노가, "간행된 책에 저자로 되어있는 사정상 그 당사자인 쿄카가 당시 진두에 설 관록은 없어서, 코요가 자진해서 정면에 적극적으로 나선"[15] 것인지 아니면 작품 소유자로서의 자각에서 연유한 것인지 확실치 않다. 이 소동은 쌍방의 협의 결과 "지역의 일곱 신문에 전문(全文) 2호 활자의 사죄문을 게재"(『요리우리신문』, 1895.12.4)함으로써 일단락되고, 가와카미는 예정보다 삼일 늦은 12월 4일 무대의 막을 올렸다. "흥행이 시작되기 전 저자와 논란이 있었지만 오히려 세상의 이목을 집중시켜 요즘은 매일같이 대만원"(『지지신보[時事新報]』, 1895.12.12)이었다고 하니까 가와카미가 한 수 위였는지도 모른다.

가와카미 오토지로에 의한 〈다키노 시라이토〉의 상연은 일본 최초로 소설을 무대에 올린 것이었는데, 신극(新劇) 사상의 의의에 대해서는 여기에서는 잠시 제쳐 놓기로 한다. 흥미로운 것은 당시의 주위 반응이다. 지금의 우리 상식으로는 무단으로 작품을 각본화하여 내용을 고치고 새 제목을 붙여서 무대에 올리려고 한 것이니까 잘못은 가와카미 쪽에 있는 것 같이 생각된다. 그러나 1895년 당시의 반응은 반대였다. 그중에서도 「가와카미는 천하의 바보」라고 제목을 붙인 『미야코신문[都新聞]』(1895.12.6)의 기사는 판권 조약 및 각본 악보 조례와 관련지어 논하고 있어 주목할 만하다. 여기에서 가와카미를 「천하의 바보」라고 한 것은, 그가 코요의 저작자로서의 권리를 위협했기 때문이 아니다. 『미야코신문』은 법률상의 잘못이 오히려 코요측에 있음에도 불구하고 신문에 사죄 광고를 낸 가와카미를 '천하의 바보'라고 야유한 것이다. 종래에 연극관계자가 저작자에게 '대본료'를 지불하는 관례가 있었는데 그

---

¹⁵ 기타무라 로쿠로[喜多村綠郞], 「白絲考」, 『わが藝談』, 和敬書店, 1952.

것은 어디까지나 '덕의(德義)상의 이야기'였지 '법률상'으로는 아무런 의무도 없다. 코요 측은 "문학자의 체면을 보전하기 위해 대본료는 받지 않고" 끝까지 흥행정지를 주장한다는데 그것은 코요 측이 '덕의'를 저버린 것이다. '덕의'를 저버린 상대에 대해 사죄한다는 '덕의'를 보여주는 것은 '비겁'하다는 것이다.

그 소설이 누구의 저작이든 그것을 각본으로 해서 무대에 올리는데 무슨 사양이나 거리낌이 있단 말인가. 출판 및 판권조례에 따라 얻은 권리가 흥행권에까지 적용된다면 위와 동시에 발포된 각본 및 악보조례는 쓸모없게 될 것이다. (…중략…) 이 무식무학(無識無學)의 젊은 배우를 붙들고 판권 침해 운운하는 코요는 판권조례와 각본 및 악보조례의 구별을 알고 하는 짓인가.

각본악보조례 제1조에는 "연극 각본 및 악보는 출판조례 및 판권조례에 의거하여 이것을 출판하고 판권을 소유할 수 있다"고 되어 있고, 이어서 제2조에서 판권소유자가 '흥행권'도 함께 갖는다는 것을 정하고 있다. 판권조례에는 위판(僞版)에 대한 손해배상 규정이 상세하게 정해져 있고 또한 각본악보조례에는 흥행권의 침해에 대한 규정이 있는데 〈다키노 시라이토〉와 같은 경우는 상정되어 있지 않다. 따라서 『미야코신문』이 논하듯 가와카미 오토지로에게는 코요에 대한 법률상의 책임이 발생하지 않는 것이다. 마찬가지로 『와세다문학(早稻田文學)』(1895.11)의 「휘보」도 이 사건에 대해 "각본으로 되어 있지 않은 것을 단지 줄거리만 따서 각본을 만들어 상연한다면 판권 침해도 아니거니와 흥행권을 가로챈 것도 아니다. 사죄했으니 이쯤해서 너그럽게 용서하고 상연하게 하면 어떨까"라고 서술했다. 또한 『만조보(萬朝報)』(1895.12.8)의 기사 「다키노 시라이토」에서는, 세간에서 "이것을 옳거니 그르거니 하며 문학자의 덕의 권리 운운 하지만 이런 광고 이것저것 모두 매명(賣名)할 의도에서 비롯된 것이다. 어찌 덕의며 권리라는 것이 있으랴"라고 보도하며 코요가 항의한 행동의 동기 자체를 부정한다.

이와 같은 주위의 반응을 보면 1895년 시점에서 저작자의 작품에 대한 소유권이라는 것이 결코 일반적으로는 인식되어 있지 않았음을 알 수 있다. 오히려 그것은 원작자와 상연자간의 '덕의'의 문제로 이해되고 있었다. 『문단 내막 들여다보기』(사토 기스케[佐藤儀助] 편, 신세이샤[新聲社], 1901)에서는, "도키와좌[常磐座]의 사자(使者)를 질타하다"라고 〈다키노 시라이토〉와 〈여름 명주옷[夏小袖]〉(1892)의 상연을 둘러싼 에피소드를 소개하였는데, 거기서도 코요가 한 말로 소개된 것은 '흥행권'과 '덕의심(德義心)'이다. 훗날 이토 세세엔[伊藤靑々園]은 「문학의 의장권(意匠權)」(『신저월간(新著月刊)』, 1897.8)에서 "예전의 코요, 쿄카의 가와카미극단에 대한, 〈다키노 시라이토〉와 같은 사례는 아직 다행스럽게도 재판소를 성가시게하지 않고 조정될 수 있었지만, 만약 이것을 법률에 따라 심판한다면 원작자가 오히려 패소를 면할 수 없었다"는 것을 "사회가 문사(文士)의 의장권(意匠權)을 무시하는" 예로 들고 있다. 그 당시 인식으로는 권리보다도 '덕의'라는 윤리나 정(情)이 우월했던 것이다.[16]

코요 자신의 저작권 의식에 눈을 돌리면, 이 소동을 보도할 때『미야코신문』『지쓰교신문[實業新聞]』에서 코요의 말이라며 인용한 '문사(文士)의 의사(意思)' '문사의 체면'이라는 표현이 그대로 코요의 'authorship'의 표출인지 어떤지는 앞서 말했듯이 미묘한 사항이다. 다만 코요의 분노

16　이하라 세세엔[伊原靑々園]은 「각본 보호와 저작권」(『早稻田文學』, 1907.9)에서도 같은 주장을 되풀이하였고, 1899년에 저작권법이 시행된 이후에도 〈다키노 시라이토〉 상연과 유사한 사태가 빈번히 일어났다. 그것이 1909년 '작자구락부(作者倶樂部)'를 결성하게 했다고 생각한다.

가 사전에 인사를 하지 않은 가와카미의 '덕의'상의 무례에 대한 것이라고 해도, 그것이 근본적으로 작품의 소유자가 자신(혹은 쿄카)이라는 인식과 이어져 있다는 것만은 지적할 수 있을 것이다. 그러나 그러한 인식이 분명하게 권리의 문제로 의식되는 것은 뒤에서 언급할 인세방식의 채용과『코요전집[紅葉全集]』편찬의 체험을 통해서이다. 그러면 메이지 20년대에 코요와 그 주변 사람들은 어떤 출판활동을 벌였는가.

코요의 출판활동

다야마 가타이[田山花袋]는 메이지 20년대의 문단상황을 다음과 같이 회상한다.

겐유샤[硯友社]의 강점은 출판업자와의 굳은 결탁이었다. 당시 출판계에서 유력자로 불린 슌요도[春陽堂], 하쿠분칸[博文館] 모두 겐유샤가 주물렀다. 코요가 머리를 좌우로 흔들면 아무리 뛰어난 작가라도 책을 내지 못했다. 따라서 당시의 문학청년은, 자질이나 성격이 겐유샤[硯友社]와 전혀 맞지 않는 사람까지도 모두 코요의 수하에 들어가게 되었다.

—『근대의 소설』, 근대문명사(近代文明社), 1923[17]

또한 나가이 가후[永井荷風]도「쓸 수 없는 이야기들」[18](『미타문학[三田文

---

17 『明治大正文學回想集成』3, 日本圖書センター, 1983.
18 『荷風全集』十四卷, 岩波書店, 1963.

學』, 1918.3)에서 "그 무렵 문학 소설의 출판으로 말하면 거의 슌요도 한 곳이 전문적으로 도맡아서, 코요나 로한의 문하생이 아니면 거의 그 저술을 출판할 길이 없었다"라고 말한다. 출판자 측 회상으로는 사토 기료[佐藤義亮]가 다음과 같이 말한다.

> 1893,4년경부터 십 사오년 정도 명백하게 말하면 자연주의가 일어날 때까지 일본의 문예 출판은 거의 하쿠분칸과 슌요도가 독점했다고 할 수 있다. 하쿠분칸은 주로 딱딱한 책을 냈는데 여기는 너무나도 관료를 중시하고 대가(大家) 만능이어서 학위가 없는 사람은 쉽게 받아주지 않았고, 소설 전문인 슌요도는 겐유샤 일파를 중심으로 지명도 있는 작가의 책만 냈다. 아무리 역량이 있고 수완이 있어도 아무 배경이 없는 방계(傍系)에 있는 사람은 관심을 받지 못했기 때문에 불평불만의 목소리가 대단히 높았다.
>
> ─ 사토 기료, 「메이지 문단 옛이야기」, 『와세다문학』, 1927.6

이와 같은 회상기에 의해 코요의 문단적 권력 및 출판계에 대한 영향력은 자명한 사실이 되어버려, 그 출판활동의 실상을 추적해 보는 경우는 드물었다. 또한 이즈미 쿄카[泉鏡花]를 비롯한 문하생들의 작품이 코요의 이름이나 합작의 형태로 발표된 것에 대해서도, 그것을 1894,5년경의 코요의 창작 부진과 관련지어서만 해석하는 것은 일방적이고 편파적인 견해라 하지 않을 수 없다. 거기에는 "1894,5년의 전쟁 당시는 실로 문학자가 기근에 허덕인 해였다. 아직 문예구락부(文藝俱樂部)가 안 생겼을 때인데 원고를 사줄 곳은 없고 신문은 온통 전쟁에 관심이 쏠려 문학 따위를 실을 여유가 없었다. 이른바 문단의 아사 상태로 참담한 상황이었다"(이즈미 쿄카, 「도깨비를 좋아하는 이유 약간하고 처녀작」, 『신쵸[新潮]』, 1907.5)라는 문단 상황이 존재했고, 또한 뒷날 「문단의 악폐를 논하다 1」(『문고(文庫)』,

1900.3)에서 "후요[風葉]와 쿄카[鏡花]는 스승의 이름을 빌려 처음으로 책을 내게 되고, 류로[柳浪]나 료쿠우[綠雨]는 '열(閱)'(코요가 읽어 보았다는 의미-역자주)이라는 한 글자를 덧붙임으로써 작품이 비로소 사람들의 관심을 끌게 되니, 단지 문학사(文學士)라든가 문단의 총아라는 이름을 내걸고 한 푼의 값어치도 없는 졸작까지도 고가에 팔아넘기려는 출판업자가 있지 않은가"라고 비난한 것 같은 출판사 측의 요청이 있었다. 이하, 이와 같은 경제장(經濟場)으로서의 출판계의 역학 또한 시야에 넣고 코요의 출판활동에 대해 출판사와의 관련양상을 중심으로 서술하려고 한다.

코요의 출판활동을 생각할 때 우선 고려해야 하는 것은 요시오카 테쓰타로[吉岡哲太郎]의 요시오카 서적점[吉岡書籍店]과의 관계일 것이다. 코요의 문단 출세작 「두 비구니의 애정 참회[二人比丘尼色懺悔]」(1889)를 제1편으로 하여 『신저백종(新著百種)』을 간행한 것이 요시오카 서적점이었다. 요시오카 서적점은 "당시 좀 특이한 서점으로 알려져" 있었는데 "오래가지 못했기"[19] 때문인지 슌요도나 하쿠분칸에 비해 정보량도 압도적으로 적고 소개되는 일도 거의 없다. 자세한 프로필 소개는 제3장으로 미루고 여기서는 간단히 개요를 서술한다. 또한 다음 서술은 오자키 코요의 「겐유샤의 연혁」(『신소설(新小說)』, 1901.1), 우치다 로안[內田魯庵]의 「겐유샤의 발흥(勃興)과 도정(道程)」(『어제 오늘[きのふけふ]』, 하쿠분칸, 1916, 개정 『생각나는 사람들』, 슌쥬샤[春秋社], 1926) 및 『일본현금인명사전(日本現今人名辭典)』(일본현금인명사전발행소, 1900), 『현대인명사전(現代人名辭典)』(츄오쓰신샤[中央通信社], 1912), 『대일본인물지(大日本人物誌)』(핫코샤[八絋社], 1913), 『일본근대문학대사전』 제3권(고단샤[講談社], 1976)을 참고했다.[20]

19　아사이 다메사부로[淺井爲三郎], 「春陽堂物語其一 尾崎紅葉と春陽堂」, 『書物展望』, 1934.4.

20　우치다 로안, 「硯友社の勃興と道程」, 『內田魯庵全集』四卷, ゆまに書房, 1985;『日本現今人名辭典』, 『明治人名辭典 Ⅱ』上卷, 日本圖書センター, 1988;『現代人名辭典』, 『明治人名辭典』上卷, 日本圖書センター, 1986;『大日本人物誌 一名現代人名辭典』, 『明治人名辭典Ⅲ』

요시오카 테쓰타로는 1860년 9월 25일 구 막부 장군의 직속 신하였던 요시오카 마사나오[吉岡正直]의 장남으로 동경에서 태어났다. 그는 1883년 동경대학 물리학부 화학과를 졸업하고 이학사(理學士)가 된다. 우치다 로안에 의하면 "대학을 나오자 바로 출판업을 경영하기 시작했다"고 하며, 또한 『일본근대문학대사전』에는 "1885년경 …… 요시오카 서적점을 개업"했다고 되어 있는데 그 정확한 연도는 알 수 없다. 1885년 11월 학생 대상의 계몽적인 어학잡지 『THE STUDENT』를 발행했다. 이것은 "일본인이 발간한 외국어잡지의 효시"(우치다 로안)였다. 내무성 총무국 도서과(內務省總務局圖書課) 『출판서목월보』[21]에 요시오카 테쓰타로의 이름이 처음 등장하는 것은 1887년 6월분(제214호) 「무판권지부(無版權之部)」인데, "요시오카 테쓰타로 편집 영문소설집 중 본1책 동경부 / 정가 15전 출판 요시오카 테쓰타로 시타야구[下谷區] 야나카하쓰네마치[谷中初音町] 4정목"이라고 기재되어 있다. 또한 『판권면허 및 반납서목』과 『판권소유신고서 및 판권면허서목』[22]에는 1887년 9월분부터 기재되어 있다. 이에 앞서 『출판서목월보』의 1886년 11월분(제107호) 「유판권지부(有版權之部)」에는 '출판'인으로 부친 요시오카 마사나오의 이름이 기재되어 있다. 겐유샤와의 관계에 대해서는 후술하겠는데, 그 이전부터 테쓰타로는 영문텍스트나 어학자습서, 경제학이나 역사ㆍ화학의 개설서 등을 출판했다. 예를 들어 우에다 호키쓰[植田豊橘]와 요시오카 테쓰타로가 공역한 렘센(Remsen) 저, 『화학서(상ㆍ하)』(요시오카 서적점, 1888)는 "미국 존 홉킨스 대학 교수 렘센 씨의 저서로 영국 런던의 서점 마크밀런이 출판한" 것인데, 이것을 출판할 때에는 '초보자의 교과서'로 만들 것을

上卷, 日本圖書センター, 1994.

21　『明治前期書目集成 第三分冊』, 明治文獻社, 1971.

22　『明治前期書目集成 第七分冊』, 明治文獻社, 1973.

기획했다고 한다. 로안에 따르면 "출판업을 하는 한편으로 사립학교 교사를 하던" 테쓰타로는 이 렘센의 '화학서'를 "자기 학교 학생들에게 참고서로 팔았다"는데, 『화학서』 상권의 「머리말」에는 "이학서(理學書)는 특히 그림이 상세하고 인쇄가 선명할 필요가 있다. 이 책은 이 점에 유의해 종이 같은 것도 보통 책과는 조금 다르다"라고 서술되어 있는데, 교사와 출판업자로서의 높은 안목이 맞닿아 있어서 흥미롭다. 테쓰타로가 출판업을 그만둔 정확한 날짜는 알 수 없지만, 1896년 4월 농상무성(農商務省) 수산조사소(水産調査所) 기사가 되고 그 이후에는 대학을 졸업한 '이학사(理學士)'에 어울리는 코스를 밟은 듯하다.

이와 같이 요시오카 테쓰타로는 이색적인 출판인이었는데, 근대문학사상 특필할 만한 것은 『신저백종(新著百種)』의 간행이다. 코요에 따르면 1888년 말 "요시오카가 와서 매호 한편을 싣는 소설잡지를 내고 싶다"고 해서, "신저백종이라고 이름 붙이고 내가 제1편을 쓰게 되어" 다음해 2월 『애정참회[色懺悔]』를 출판했다.[23] '하루노야' 즉, 쓰보우치 쇼요[坪內逍遙]가 쓴 「신저백종서문」에는 "이번에 『신저백종』을 내는 게 누군가 하면 이익만을 쫓는 사람이 아니고 우리 문학에 충실한 벗 요시오카 군이다"라는 기술이 보인다.

각 작품은 1회로 완결되는 형태로 게재되었는데, 작자 측에는 『신저백종』이라는 시리즈에 대한 의식이 보인다. 코요의 「애정참회[色懺悔]」 첫머리에 놓여있는 "― 이 소설은 눈물을 주안으로 한다"로 시작되는 '지은이 가라사대'는, 코요의 창작의식을 보여주는 것으로 간혹 인용되는데, 제2편인 아에바 코손[饗庭篁村]의 「진흙 속의 진주[掘出し物]」(1889.5)도 마찬가지로 '지은이 가라사대'로 시작된다. "― 이 소설은 눈물을 주

---

23 오자키 코요, 「硯友社の沿革」, 『新小說』, 1901.1.

안으로 한다. (자, 대담하게 이름을 밝혔다) / ― 시대와 장소를 특정하지 않는데 일본 소설에 비슷한 예가 많다. 어떠한 맛도 없이 담백하고 뱃속에 남지 않아 콜레라의 직접적인 원인도 되지 않는다”고 이어지는 그것은, 코요의 ‘지은이 가라사대’의 패러디이다. 게다가 제3편 이시바시 시안[石橋思案] 「아가씨 마음[乙女心]」(1889.6)의 ‘구경꾼 가라사대’에서도 “― 이 소설은 ‘뭐냐’를 주안으로 한다(뭐냐는 무엇인가, 의문사이다. 일독해도 의미를 전혀 모르겠다. 그래서 작자에게 뭐냐고 묻게 만드는 게 주안)”이라고 되어 있는데 이후의 작품에서도 이어진다.

『신저백종』이 코요에게 가져다 준 것은 문단진출의 기회만이 아니었다.

> 내가 하루노야 군을 만난 것도, 코손을 알게 된 것도, 이 신저백종 편집 일을 통해서입니다. 그리고 또 이 편집하던 시절에 네 명의 동료를 얻었는데, 다케우치 케슈[武內桂舟], 히로쓰 류로[廣津柳浪], 와타나베 오토와[渡部乙羽], 그 밖에 또 한명 고인이 된 나카무라 카소[中村花瘦] ……
>
> ― 오자키 코요, 「겐유샤의 연혁」

『소설신수(小說神髓)』와 『당세서생기질(當世書生氣質)』 등으로 이미 신문학의 선봉에 나선 쇼요나 선배격인 코손과 알게 되고, 또한 “코손옹이 『요리우리신문』에서 물러남에 따라, 나에게 입사하지 않겠냐는 다카다[高田] 씨의 교섭”에 응하는 형태로 요미우리신문사에 입사하게 되고, 한편 코요 주변의 많은 이들을 하쿠분칸에 인도하게 되는 와타나베 오토와가 겐유샤에 가담하는 등, 문단에 진출한 이후에 코요의 출판활동에 중요한 의미를 갖는 인맥이 『신저백종』의 편집 일을 통해서 만들어진 것이다.

『신저백종』 대부분의 편집 겸 발행자가 요시오카 테쓰타로이고,[24]

'판권소유'인이 찍혀있는 것으로 보아 원고는 요시오카 서적점에서 매입한 것으로 생각된다. 다만, 원고료가 어떤 식으로 지불되었는지는 확실치 않다. 요시오카 서적점은 그 밖에도 겐유샤 계열 잡지인 『문고(文庫)』(『가라쿠타문고[我樂多文庫]』를 17호(1889.3.11)부터 제목을 바꿈)의 발행도 맡고 있었는데, 에미 스이인[江見水蔭]은 『자기중심메이지문단사[自己中心明治文壇史]』(하쿠분칸, 1927)[25]에서 "『문고』는 요시오카 서적점이 맡았는데 원고료는 아무도 받지 못했다"라고 회상한다. 그러나 코요가 요시오카에게 보낸 1889년(추정) 5월 22일자 편지에는 "25호 대금을 받았습니다. 시안[思案]이 서적을 구입할 돈을 써버려서 대단히 사정이 어렵고 난처합니다. 26호분 중 지금 5엔만 주셨으면 합니다"라고 되어 있는데, 이것은 호수로 판단하면 『문고』를 가리키는 것 같다. 게다가 같은 해 10월 12일자 요시오카에게 보낸 편지에는 『문고』에 대해 "불행히도 평판이 좋지 못한 바람에 귀사도 돈 융통이 잘 안 되고, 때문에 원고료는 다달이 동익사[同益社]의 빚을 갚는데 쓰느라 여유 자금이 없어서 사원에게 월급도 못주고 (…중략…) 우리는 원고료를 제대로 받지 못하고 귀사[貴社]는 「아무개(코요와 이즈미 쿄카가 합작으로 쓴 작품명 – 역자주)」로 인한 손실이 크고, 이것이야말로 일거양실(一擧兩失) 정말 도움이 안 되는 도락이라 하겠습니다"라고 썼다. 두 사람과 스이인[水蔭]의 회상을 종합해 보면 요시오카 서적점이 겐유샤에 약간의 원고료는 지불했지만 개인별 즉 한 작품 당 얼마라는 계약이 없어서, 수입은 그대로 전에 『가라쿠타문고[我樂多文庫]』의 출판을 맡았던 동익사[同益社]의 부채를 갚는 데 충당했다. 또한 요시오카 서적점과 코요 개인의 원고료와 관련해서는,

---

[24] 엄밀하게는 10호부터 14호는 요시오카 마사나오이고, 호외는 야마다 에쓰[山田悅]가 편집인으로 되어 있다. 편집인의 주소는 모두 요시오카 테쓰타로의 주소와 일치하고, 판매처는 요시오카 서적점으로 '판권소유'라고 명기되어 있다.

[25] 『明治大正文學回想集成 付錄』 2, 日本圖書センター, 1982.

1889년 8월 8일(추정연월) 요시오카 앞으로 보낸 편지에, 코요가 오사카에 가는 여비를 부탁하는 내용으로 "돈 십엔(이거 놀라는 건 아니겠지. 놀라는 건 아니겠지)을 빌렸으면 하네. 왜 십 엔인가 하면 오 엔이 다이와 아키라[大和昭] 군, 나머지 오 엔은…… 그 오엔은 말일세. 언제 뭔가 써서 갚음세"라는 구절이 보여, 역시 정식 계약에 의한 것이 아님을 추측할 수 있다. 같은 해 요시오카에게 보낸 또 다른 편지에서는, "절체절명(絶體絶命)의 때이니만큼" 요시오카에게 십엔을 빌려달라고 청했는데, "집사람에게는 극비여서 이 사람(심부름꾼-인용자주)한테도 비밀로 했으니, 봉한 다음 중요한 서류이니까 주의해서 가져가라고 전해 줘요"라고 주의시킨 것을 보면 작가와 출판인의 관계도 서류상의 관계보다도 인간적인 관계를 중시했다고 할 수 있다.

그것은 슌요도와의 관계에서도 마찬가지였다. 겐유샤 사람들과 슌요도의 교정(交情)의 일단은, 예를 들어 이시바시 시안[石橋思案]의 「사상누각(沙上樓閣)에서 놀다」[26]에서 찾아 볼 수가 있다. 에노시마[江ノ島]의 가타세[片瀨]에 체류 중이던 에미 스이인[江見水蔭]의 거처를 코요를 비롯한 겐유샤 일행이 관광길에 방문했을 때의 일이다.

슌요도 주인이 여행차림으로 들어왔기에 그것 참 신기하다며 손뼉을 치니, 방금 사자나미[小波] 선생님을 뵈었는데 여러분들이 계신다는 이야기를 듣고, 이 근처에서 해수욕을 하고 돌아가는 길인데요, 보고 싶은 마음에 잠깐 들렀습니다. 그것은 기우(奇遇), 이것 참 근사한 주택이라며 잠깐 쉬려고 벗어놓은 신발을 사람들이 감추는 바람에 일박(一泊)하게 되었는데……한 시쯤 문득 눈을 뜨니 옆에서 자던 슌요도 주인이 보이지를 않는다. 정신

---

[26] 에미 스이인, 『硯友社と紅葉』, 改造社, 1927.

을 차리고 찾아보니 발을 배게 삼아 거꾸로 자고 있었다. 이 세상에는 정말 보기 흉한 잠자는 모습이 여러 가지 있지만 꿈속에서 공중제비를 넘다니 비범한 재주라고 어이없어 했는데 더욱 놀라운 것은 류로[柳浪]의 코고는 소리! …… 너무 놀라서 이거 못 참겠다고 나도 모르게 혼잣말을 했더니, 슌요도 주인이 아래쪽에서 고개를 들며 하는 말, 대단합니다!

"슌요도 주인"이란 와다 도쿠타로[和田篤太郎]를 가리킨다. "코고는 소리"의 당사자인 히로쓰 류로[廣津柳浪]도 이 가타세에서의 추억을 다음과 같이 회상한다.

그 때가 고인이 된 슌요도 주인이 겐유샤 사람들과 마지막으로 논 것이라고 생각한다. …… 신나서 이야기를 나누고 오랜만이니까 자고 가라고 하여 한 모기장 속에서 오자키 군과 나 그리고 이시바시가 잔 적이 있습니다. …… 그 때입니다. 가타세신보[片瀨新報]라는 게 있어서 거기에다 그림을 그렸습니다. 내가 모기장 밖으로 발을 내밀고 있고 슌요도 주인이 조선사람 같은 갓을 쓰고 베개를 들고 도망가려는 모습이었는데, 이때가 슌요도 주인과 겐유샤 사람들이 마지막으로 함께 논 것이라고 생각됩니다.

—「코요 산진[紅葉山人]시추도록」,『신소설』, 1903.12

메이지 시대에 문학서의 출판을 리드한 슌요도의 연혁이나 와다 도쿠타로에 대해서는 많은 관련 서적에 언급이 되어있기 때문에 여기에서는 생략한다. 도쿠타로의 사촌동생이자 1891년부터 1892년에 걸쳐 "슌요도의 식객이 되어 2층의 6첩 방 하나를 차지했던" 아사이 다메사부로가, "슌요도와 가장 관계가 깊은 사람으로 말하자면 역시 오자키 선생일 것이다. 선생 작품의 대부분을 슌요도에서 냈고 게다가 선생의 문하생들도 물론 슌요도와 교류하는 사람들이 많았기 때문에, 자연스럽게 선생과의 관계도 깊어졌다"[27]라고 술회하듯이, 코요가 일생동안 가장 깊은 관계를 맺은 출판사는 슌요도였다. 「십천만당일록(十千萬堂日錄)(십천만당은 오자키 코요의 호로 십천만당일록은 코요의 일기—역자주)」에는 1901년 2월 19일부터 24일에 걸쳐 도쿠타로 서거 3주기에 관한 기사가 실렸다. 또한 도쿠타로가 작가와 어떤 방식으로 관계를 맺었는가에 대해서, 아사이 다메사부로가 다시 다음과 같이 말한다.

> 이 당시 도쿠타로가 모든 선생님들에 대해 취한 태도는 선생님들을 자기 친구 같은 마음으로 대했기 때문에 선생님들의 뒤치다꺼리도 잘 하고 때로는 가정사에 대한 의논도 하고 또 혼례준비도 거든다는 식이어서, 자연히 선생님들과 밀접한 관계가 맺어진 것이라 생각한다.
>
> —「슌요도 이야기 그 두 번째 초기 출판물 및 고다 로한(幸田露伴)」,『도서전망(書物展望)』,
>
> 1935.6

저작자와 출판인의 관계의 기반으로 인간적인 교정(交情)을 중시했음을 알 수 있다. 그러나 한편으로 "청일전쟁에서 개선했을 당시 그림엽서에 착안하여 해군성의 허가를 받아 판매한 그림엽서는, 그 매출고가 수만 세트에 달해 며칠 안 되어 대박을" 터뜨릴 정도로 "혜안"을 지닌 도쿠타로가,[28] 메이지 20년대 출판계의 경제장(經濟場)으로서의 의의를 정확히 이해하고 있었다는 것 또한 명백한 사실이다. 히구치 이치요[樋口一葉]의 다음 기사는 그 일례이다.

---

27 아사이 다메사부로, 앞의 책.
28 위의 책.

슌요도 사람이 내 작품을 꼭 달라는 전갈을 가지고 왔다. 계속해서 우리 회사의 책만 집필하겠다는 계약을 해주시면 대단히 감사하겠다. 그렇지 않더라도 꼭 쓰시라며 돈 같은 것은 선불로 얼마든지 지불하겠다. 필요할 때 엽서 한 장만 보내주면 바로 분부하신 만큼의 금액을 가지고 가겠다고 했다.

— 「미즈노우에 일기[ミづの上日記]」, 1896.6.2[29]

이러한 슌요도의 제안이 있기까지 그 전초전으로, "규수(閨秀)소설의 팔림새는 전대미문으로 일찌감치 3만부를 팔아치우고 재판까지 낼 지경이었다"(「미즈노우에[水のうへ]」, 1896.1)는, 하쿠분칸 『문예구락부』 제12편 임시증간호 「규수소설」(1895.12)의 경제적 성공이 있었음은 말할 것도 없다. 슌요도는 당시의 여류작가 중 가장 '상업적 가치'가 있을 것 같은 이치요에게 재빨리 전속계약을 제안한 것이었다.

『코요전집』 제12권(이와나미서점[岩波書店], 1995)에 실려 있는 「저서목록」에 의하면 코요 생전에 출판된 저서 57권 중, 37권이 슌요도에서 출판되었다. 원고는 모두 매입하여 모든 판권을 슌요도가 소유하고 있었다. 예를 들어, 코요가 슌요도에서 출판한 제1작 『이 양반[此ぬし]』(1890)의 원고료는 '금 삼십엔'이었다고 한다. 앞에서 나온 아사이 다메사부로의 회상을 인용한다.

이 당시는 아직 인세라는 것이 없었기 때문에 이 금 삼십 엔은 판권까지도 사들이는 대가인 것이다. (…중략…) 다만 그 당시 출판사에서는 초판은 대개 천오백 부를 규정으로 했었고 재판부터는 천부씩으로 되어 있어서,

---

[29] 『樋口一葉全集』第三 卷上, 筑摩書店, 1976. 여기에서 이치요는 "이것은 한 때의 헛된 명성을 이용하며 서점의 이익을 취하고 내 욕심을 채우려는 것일 뿐"이라고 작가와 출판사의 관계에 대해 언급했는데, 이치요와 출판계에 대해서는 다시 논의하겠다.

이 재판부터는 판마다 반드시 저자에게 금 십 엔의 사례금을 주었다.

— 「슌요도 이야기 그 첫 번째 오자키 코요와 슌요도[春陽堂物語其一尾崎紅葉と春陽堂]」,

『도서전망[書物展望]』, 1934.4

이것은 히로쓰 류로가 전하는 코요 미망인의 이야기와도 일치한다. 히로쓰에 따르면 저작권 이야기가 나왔을 때 부인은, "아니, 돈은 받았기 때문에, 재판(再版)이니까 대수롭지 않게 생각했습니다"[30]라고 대답했다고 한다. 또 아사이는 고다 로한[幸田露伴]의 원고료에 대해 "선생의 작품발행부수는 코요 선생과 비교하면 상당한 차이가 있기는" 했지만, "출판사의 선생에 대한 태도는 그 발행부수의 많고 적음에 상관없이 두 선생님에 대해서는 같은 수준의 원고료를 드렸다", 그것은 "두 선생님의 위치를 표준으로 했고, 그 발행부수에는 비중을 두지 않았기" 때문이라고 말한다.[31] 이것이 사실이라면, 정말 흥미롭다. 본래 인세방식이란 판매부수에 대한 비율로 정해지는 것이고, 저작자의 권리를 지키는 동시에 자본주의 경제에 따르는 이익 분배법인 셈인데, 여기에서는 완전히 거꾸로 된 가치관을 보여준다.

「십천만당일록」에는 코요 만년의 원고료가 기재되어 있다. 그 중에서 특히『금색야차』에 관련된 것을 발췌해 보았다.

집에 가는 길에 슌요도에 들러 금색야차 속속편, 지난 12월부터 지난달까지의 원고료 중, 금 사십엔을 받았다. (1901.2.4)

슌요도에서 금색야차의 원고료 사십오엔을 받았다. (1901.3.4)

30　『座談會 明治·大正·昭和 三代の文學·人間·社會』(出席者 正宗白鳥·廣津和郎·小林秀雄·高見順),『朝日ジャーナル』, 1962.1.

31　아사이 다메사부로, 「春陽堂物語その二 初期の出版物及び幸田露伴」,『書物展望』, 1934.6.

슌요도에서 3월분 금색야차의 원고료 오십 엔을 보내왔다. (1901.4.5)

닛슈샤[日就社]에 가서 연말보너스 십 엔 월급 백 엔을 받았다 …… (1901.12.28)

슌요도(금색야차 속편 정정료(訂正料) 육십 엔 지참). (1902. 3.5)

『금색야차』는 1897년 1월 1일부터 1902년 5월 11일까지 이어졌다 끊어졌다 하면서 『요리우리신문』에 연재되었다. 그와 병행하여 단행본이 슌요도에서 수시로 간행되었다. 간행된 해는 다음과 같다.

『금색야차(金色夜叉) 전편』, 1898년 7월 6일간

『금색야차(金色夜叉) 중편』, 1899년 1월 1일간

『금색야차(金色夜叉) 후편』, 1900년 1월 1일간

『금색야차(金色夜叉) 속편』, 1902년 4월 28일간

『금색야차(金色夜叉) 속속편』, 1903년 6월 12일간

일기 내용에 비추어 생각해 보면, 닛슈샤에서 받는 월급 백엔 외에 슌요도에서 『금색야차』를 단행본으로 내는 데에 따른 정정·교정료를 다달이 사십 엔에서 오십 엔 받았다는 것을 알 수 있다. 이것은 인세수입을 의미하는 것이 아니다. 그 밖에 잡지 원고료나 하이쿠[俳句] 채점료가 적혀있는데, 모두 일회성으로 코요의 저서가 모두 여러 판을 찍었다는 사실을 생각하면, 코요가 독일에 유학중이던 이와야 사자나미[巖谷小波]에게 "그와 관련해서도 형편이 어려운 것 보다 더 안타까운 일은 없다. 일본 같은 소국(小國)은 도저히 미술이나 문학을 수용하지 못할 것이라 체념했습니다"(1901.10.4)라고 편지를 보낸 것도 나름대로 이유가 있다.

"저작권이라는 것을 전혀 생각하지 않은 것이야. 코요같이 처세에 능한 사람도 몰랐다"라고 마사무네 하쿠초[正宗白鳥]가 회상하는데,[32] 앞

에서 서술한 것 같은 출판활동을 통해서 코요에게도 저작권에 대한 의식이 생겨나고 있었다는 것은 말년의 출판활동 속에서 엿볼 수 있다. 다음 절에서는 하쿠분칸과의 관계에 대해 언급하면서 코요 말년의 저작권 의식을 살펴보기로 한다.

코요와 저작권 의식

시노다 코조[篠田鑛三]는 「메이지의 문학서점 슌요도」에서 다음과 같이 이야기한다.

코요 선생이 본인의 문제로 오시는 적은 없었다. 어김없이 문하생들을 위해서, 특히 이즈미 쿄카 씨를 추천해 주려고 애썼는데 정의가 두터운 스승이라고 누구나 탄복했습니다. 와다도 그 점에는 감탄했습니다.

— 「메이지의 문학서점 슌요도」, 『메이지개화기담[明治開化奇談]』, 메세이도[明正堂], 1943[33]

이 "정의가 두터운" 모습이 한편으로는 가타이[花袋]나 가후[荷風]를 비롯한 그 당시 사람들 눈에 경제장으로서의 출판계를 독점한 것으로 비쳤다는 것은 이미 지적했다. 예를 들어 에미 스이인[江見水蔭]은 1894년 당시 『츄오신문[中央新聞]』으로부터 입사를 제안 받은 경위에 대해 "이 신문은 오오카 이쿠조[大岡育造] 선생이 사장이었는데 선생과 코요가 먼

---

32   앞의 각주 30번 참조.
33   시노다 코조, 『明治開化奇談』, 明正堂, 1943(角川選書, 1975).

저 손을 잡은 후 겐유샤에서 류로를 보내고, 또 류로가 케슈[桂舟]의 삽화를 싣고 오토와도 입사시켰다. 그러나 내 경우는 두 사람 다 퇴사한 뒤였기 때문에 케슈가 한마디 거들어주어서 입사하게 되었다"[34]라고 말한다. 또한 도쿠다 슈세[德田秋聲]도 "내가 선생의 소개로 요미우리에 입사한 것은 1897년경으로 생각된다"[35]라고 회상하는데, 비슷한 예가 너무 많아서 일일이 들 수 없을 정도이다. 코요가 신문사나 출판사와 원고 의뢰를 겐유샤에 관계하는 사람들이나 문하생들에게 나눠주는 모습은 그의 편지 속에서 많이 찾아볼 수가 있다. 예를 들어 1891년 마루오카 큐카[丸岡九華]에게 보낸 편지(6월경?)에는 "구마모토[熊本]의 『추아이신보[忠愛新報]』에서 소설이 필요하다며 (…중략…) 겐유샤 사람이 꼭 맡아달라고 하기에 귀형(貴兄)이 적당하다고 추천했더니 대단히 마음에 든다고 바로 착수해 달라네. 원고료는 24자×60줄 정도를 1일분으로 해서 60전"이라는 대목이 있고 "소개한 사람이 쇼지키 쇼다유[正直正太夫]이니까 원고료를 떼일 염려는 더더욱 없네"라는 추신을 덧붙였다. 또한 1893,4년에는 이즈미 쿄카에게 쓴 편지에, 그리고 1895년 4월에는 고스기 텐가이[小杉天外]에게 보낸 편지에서도 비슷한 내용이 많이 보인다. 특히 후자의 경우에는 코요의 소개로 텐가이가 『요리우리신문』에 연재 중이던 「신식 젊은 서방님[改良若殿]」에 대하여 그 내용에 대한 조언뿐만 아니라 "매수 4매로는 조금 부족하니까 4매 반과 5매로 번갈아서 써주었으면 하네 (…중략…) 신문의 1단은 원고 4매보다 조금 많은 정도라네"(1895.5.19자 서간)라고 매수 환산표까지 덧붙이고 있어, 소개나 알선한 것은 자신이 책임을 져야할 일로 인식하고 있음을 알 수 있다.

---

34 에미 스이인, 『自己中心明治文壇史』, 博文館, 1927(『明治大正回想集成』付錄2, 日本圖書センター, 1982).
35 도쿠다 슈세, 『思ひ出るまゝ』, 文學界社, 1936.

또한 앞서 인용한 마루오카 큐카에게 보낸 편지와 같이, 원고를 알선할 때에는 반드시 원고료에 대해 언급하고 있는 점도 특징의 하나이다.

이와 같이 출판계의 경제장으로서의 기능을 충분히 이해하고 있던 코요가 자신의 작품에 대해 인세방식을 취하게 되는 것은, 저작권법이 시행된 후 1897년 6월, 분로쿠도[文祿堂]에서 간행한 『아다나미[仇浪]』부터이다. 이보다 앞서서 이와야 사자나미[巖谷小波]에게 보낸 편지(1901.3.10)에 "소생(小生)은 금년부터 인세법을 따르기로 했습니다. 첫 단계로 분로쿠도와 계약하고 착수하려고 합니다"라고 쓰고 있다. 코요가 인세방식을 택하기로 결심한 계기가 무엇이었는지는 확실치 않다. 「십천만당일록(十千萬堂日錄)」에는 다음과 같은 대목이 있다.

> 분로쿠도에서 아다나미의 판권장 2천매를 보내와 거기에 날인을 시작했다. (1901.6.1)
>
> …… 분로쿠도에서 사람이 왔다. 인세를 지불하기 위해서이다. 오십 부는 기증 분으로 빼주고 천구백오십 부에 대해(7전5리) 백사십육 엔 이십오 전을 받고, 메신켄[明進軒]에서 회식을 했다. (1901.6.4)
>
> 오후에 아다나미의 재판(再板) 판권장 천 매가 도착 (…중략…) 그것에 인세 날인을 시작했다. (1901.10.12)
>
> 분로쿠도에서 왔다. 아다나미의 재판 천 부에 대한 인세를 가져왔다. (1901.10.14)

『아다나미』의 판권장에는 "1901년 6월 13일 발행"으로 되어 있고 "복제불허" 밑에 "십천만당"의 도장이 찍혀있다. 정가가 "금육십전"이라고 되어 있어서 인세율은 12.5%가 되는 셈이다. 또한 1902년 2월 23일 기사에는 "슌요도의 사토가 인력거를 타고 왔기에 만나서 함께 돌아갔는데 앞으로 출판할 때에는 인세로 하자는 쪽으로 이야기가 대충 정리되었다"라고 되어있고, 같은 해 3월 17일자 이와야 사자나미에게 보낸 편지에는 "또 슌요도 쪽도 금색야차가 완결된 후에는 인세법을 적용하게 되었습니다"라고 하였다. 사실 『금색야차』는 미완의 상태에서 코요가 세상을 떠났기 때문에 슌요도에서 출간한 저작에 인세방식이 적용되는 일은 없었다. 단행본 『금색야차』의 판권장에는 모두 "저작권소유" 밑에 슌요도의 도장이 찍혀있다. 실제로 슌요도는, 1906년 유린도[有倫堂]에서 간행된 사토 코게쓰[佐藤湖月] 편집 『대가문집』에 『금색야차』가 무단으로 수록된 것에 대해 '판권침해' 소송을 제기했다.[36]

1901년 이래 코요의 저작권 의식은 급속도로 높아진 듯하다. 그것은 이들 분로쿠도·슌요도와의 교섭 기사에 덧붙여 "긴코도[金港堂]의 삿사 메이세쓰[佐々醒雪] 씨가 찾아왔다. 원고를 받으러 오는 김에 위의 판권 문제를 상의하기 위해서다. 나는 결코 판권을 양도하지 않을 것이다"(「십천만당일록」, 1902.2.21)라는 기술에서 찾아볼 수 있다. 코요에게는 긴코도에서 간행한 저작이 없다. 따라서 이것은 같은 해 3월에 간행된 『문예계(文藝界)』에 기고한 하이쿠[俳句]와 『꿍꿍이[胸算用]』의 번역을 가리키는 것 같은데, 어쩌면 1901년 일기의 "긴코도에서 교과서 문제로 찾아왔다"(1901.3.9), "긴코도의 이와타[岩田] 씨가 교과서에 실을 글을 재촉하러 왔다"(1901.7.24)라는 대목을 가리키는 것인지도 모른다. 그리고 만년의 코요가 저작권에 대한 의식, 즉 저작자의 권리와 'authorship'에 대한 인식을 보다 명확한 형태로 갖게 된 계기는 『코요전집[紅葉全集]』의 편찬 및 간행이었다고 생각된다.

죽음을 목전에 둔 코요의 주변에서는 두 가지 출판 계획을 세웠다. 하

---

36 「金色夜叉其他版權侵害の訴訟」, 『東京朝日新聞』, 1906.9.6.

나는 이즈미 쿄카·오구리 후요[小栗風葉]·도쿠다 슈세[德田秋聲]를 비롯한 코요 문하생에 의한 단편집 『환과편(換果篇)』의 간행이고 다른 하나는 하쿠분칸판 『코요전집』을 편찬해서 간행하는 것이다. 전자는 와병중인 스승을 위로하기 위해, 그리고 후자는 아마도 투병중인 코요가 타계한 이후 그 유족의 생활을 고려해 계획된 것으로 보인다. 하쿠분칸판 『코요전집』의 간행에 대해서는, 저작자를 '오자키 도쿠타로[尾崎德太郎]'로 하여 십천만당 장판으로 함으로써 코요 사후에도 인세가 유족에게 지불되도록 도모한 것이라 생각된다. 『십천만당일록』의 1903년 3월 18일 기사에 「십천만당출판부창립」이라는 대목이 보이고 후에 그 일을 상의하러 에미 스이인 등이 내방했다. 코요는 25일자 일기에 "오후6시에 사사카와[笹川]가 인력거를 보냈다. 가메이시[龜石], 시안[思案], 사자나미[小波], 게슈[桂舟], 쿄신[虛心], 후쿄쿠[不曲]의 여섯 명이 회동하여 사후의 생계 대책을 상의했다. 상의가 끝난 후 나를 부른 것이다. (…중략…) 벗들의 후의에 감격하여 울 것만 같다"라고 썼다. 후에 사자나미는 "그 코요전집은 해마다 판을 거듭하고, 코요 생전의 이른바 예금은 자연히 그 집에 회수되어서 보험금 같은 것 보다 훨씬 큰 도움을 주고 있지 않은가"(「문사처세문제(文士處世問題)」, 『태양』, 1908.8)라고 『코요전집』에서 의도했던 바를 밝혔다.[37]

이 『코요전집』의 편찬이 안고 있던 최대의 난관은 '판권'이었다. 그

---

[37] 도쿠다 슈세는 앞의 책 『생각나는 대로[思ひ出るまゝ]』에서 다음과 같이 서술했다.
"그 인세도 한때 들어왔을 뿐이다. 전집을 재판정도는 찍었을지도 모르겠지만, 판권을 가진 슌요도가 따로 축쇄본 전집 네 권을 내놓았기 때문에 독자들은 그것만 찾아서 최근에 타계한 지 삼십년이 경과하여 판권이 소멸 될 때까지도 해마다 많이 팔렸을 정도였다. 때문에 굳이 판권을 빌려 발행한 하쿠분칸의 전집이 팔릴 리가 없었다. 따라서 인세도 그 때뿐이고, 여러 해를 슌요도의 돈 줄이 되어주었는 데도 선생의 유족들은 한 푼도 받지 못했다. 선생이 조금만 늦게 돌아가셨더라면 선생의 작품도 인세제로 바뀌어 유족들한테도 도움이 되었을 것이라는 생각이 드는데, 선생의 죽음은 그런 의미에서도 너무나도 빨랐던 것이다."

서문에는 다음과 같이 서술되어 있다.

> 그런데, 여기에 아주 곤란한 일이 생겼다. 그것은 거의 전후 20년 가까운 기간 동안, 코요 저작의 판권이 결코 일정한 서점에 속하지 않고, 갑은 모 서점에, 을은 모 서점에, 심한 경우는 갑에서 을로, 을에서 병으로 전전하며 옮겨져서 마침내 소속불명이 되는 경우까지 생기게 되었다.
>
> — 이와야 사자나미 · 이시바시 시안, 『코요전집』 1권, 하쿠분칸, 1903

위 글의 다음 부분에서는 요시오카 서적점 · 신신도[駸々堂] · 민유샤[民友社] · 슌요도 · 하쿠분칸에 대한 감사의 말이 이어지고, "여기저기 떠돌던 그 책의 판권을 우연히 소유하게된 것을 기화로 이 전집발행에 즈음해 단지 복제를 승낙하지 않을 뿐만 아니라 터무니없는 가격으로 양도를 제안한" 사람이 있었음을 전하고 있다. 『신소설』(1903.9)의 「시보(時報)」에는, "십천만당 출판부의 준비가 착착 진행되어 바야흐로 코요전집을 출판하려"고 하는데, "메이지 20년경에 쓰인 코요 작품의 첫 판권소유자에게 교섭할 필요가 생겼는데도 처음 소유자였던 히후미도[一二三堂]가 그 후 판권을 다른 사람에게 양도해서 지금은 누구 손에 넘어갔는지 알 수 없어서" 편집자가 현재 조사 중이라는 기사가 실려 있는 것을 보면, 『전집』 서문에서 사자나미가 언급했던 것과 같은 사태도 벌어진 것으로 생각된다.

다만, 이 전집의 간행을 지금까지 코요의 저작을 몇 권밖에 안 낸 하쿠분칸이 추진한 것에 대해, 슌요도 입장에서 생각하면 다음과 같은 견해도 있다는 것을 유의해야 할 것이다.

> 그러나, 뚜껑을 열어 보니 『코요전집』은 사실상 하쿠분칸 발행으로 되어

있다. 처음의 이야기로는 하쿠분칸이 단순히 판매만 맡겠다는 것이었는데, 『코요전집』의 판권장에는 발행자로 오하시 신타로[大橋新太郎], 발행처로 하쿠분칸의 이름이 뚜렷이 찍혀있다. (…중략…) 속사정이야 어찌됐든 하쿠분칸에서 발행됐다는 사실은 변함이 없어서 그런 점에서 보면 판권의 대부분을 가지고 있던 슌요도의 사주가 연약한 여자인 것도 아닐 텐데, 겐유샤 동인들의 압력에 굴복한 형국이다. 억측일지도 모르지만 사자나미도 시안도 결국 하쿠분칸의 사원이었으니까……

— 야마자키 야스오[山崎安雄], 『슌요도이야기[春陽堂物語]』, 슌요도 서점, 1969

병상에 있기는 했지만 코요는 몸소 전집 편찬에 적극적으로 관여했다. 사자나미 앞으로 보낸 1903년 5월 14일·15일·31일자 서간에는, 예를 들어 신신도가 소유한 『나무아미타불』의 판권에 대해 "슌요도의 경우와 마찬가지로 전집에 넣는 것을 조건을 달지 않고 승낙하도록 제의를 해주었으면 한다. 그 대신 단행본으로 신신도에서 출판하는 것은 그대로 해도 좋다"는 조건으로 담판을 해주었으면 좋겠다. 그 쪽이 납득하지 않을 경우에는 다시 "조금 더 궁리를 해볼" 생각이라는 것과 지금까지 애매했던 판권 소유자에 대한 정보, 또는 "히후미칸[一二三館] 및 학령관(學齡館)의 소식은 하쿠분칸에서 알아봐" 준다니까 사주 오하시 신타로[大橋新太郎]에게 그렇게 부탁해주었으면 한다는 편집에 관련된 사무상의 용건이 적혀있다. 표면상 움직이고 있는 것은 사자나미 같은 이이지만 실제 지시는 코요가 내렸던 것으로 추측된다. 또 같은 해 6월에는 당시 이미 서점에서 물러나 있던 요시오카 테쓰타로에게 『신저백종』의 판권에 대해 문의하고 있다.[38]

---

38 1903.6.12, 16일자 서간.

자기의 작품이건만 전집을 마음대로 편찬할 수가 없다. 코요는 이 편찬과 관련된 과정에서 새삼스레 '판권'이 의미하는 바와, 더 나아가서 자기의 저작이 의미하는 바에 대한 인식을 제고했을 것이라고 생각된다. 코요가 저작권 의식을 획득해가는 이러한 과정은, 후쿠자와 유키치[福澤諭吉]나 모리 오가이[森鷗外] 등과 비교해보면, 문단의 제일선에서 활약한 작가치고는 너무나도 뒤처진 것으로 보일지도 모른다. 메이지 문단에서 항상 코요와 쌍벽을 이룬 고다 로한[幸田露伴]은,『신소설』(1897.6)에 게재한「저작가협회」,「저작자와 출판업자」에서 "저작가는 저작가 조합을 설치해 저작가 전체의 이익과 명예를 보전하고 증진시켜야 한다"며 다음과 같이 주장했다.[39]

우리나라에서도 외적으로는 정부에 대해, 출판업자에 대해, 학교, 극장, 신문사 등에 대해 저작가가 불리한 위치에 서지 않도록, 내적으로는 저작가의 체면을 유지하여 외부로부터 모욕을 받지 않기 위해, 저작의 독립 신성(神性)을 지키기 위해, 저작가가 덧없이 불운을 한탄하지 않도록, 저작가가 자포자기나 부덕한 행위를 하지 않도록, 중재, 항의, 권고, 소개, 장려, 추천, 제재 등 제반 활동을 하는 기관으로 협회를 하나 설립해서 독선주의를 버리고 상부상조 주의를 토대로 하여 이 어수선한 사바세계의 각 단체에 대해 치립(峙立)할 필요가 있지 않은가.

—「저작가협회」

로한은 위의 두 글에서 저작가의 "신성한 직업의 독립"("저작가와 출판업자")을 지키는 것이 결과적으로 저술가와 출판업자 쌍방에게 진보를

---

39 『露伴全集』24卷, 岩波書店, 1954.

가져다준다고 주장하는데, 저작자의 권리와 "저작의 독립신성"을 불가분의 것으로 파악하고 있다는 점에서 로한의 저작권 인식을 읽을 수 있다. 그러나 반복해서 말하지만, 출판계 일반의 저작권 의식이 저작권법이 시행된 후에도 눈부시게 발전한 것은 결코 아니다. 예를 들어 1901,2년에는 『오사카마이니치 신문[大阪毎日新聞]』이나 『문학계(文學界)』, 『청년계(靑年界)』, 『부인계(婦人界)』 등 긴코도에서 발행한 여러 잡지들이 대표하듯이 많은 신문이나 잡지에서 '현상소설(懸賞小說)모집'이 이루어졌다. 그러나 응모규정에 '저작권'에 대한 언급은 거의 없다. 『문예계(文藝界)』(1902.5)에 게재된 '일기(日記)류 현상모집'에는 "저작권에 관한 책임은 응모자에게 있는 것으로 이해해 달라"고 되어 있는데, 이른바 저작권을 가리키는 것인지, 아니면 표절 같은 것을 경계하는 것인지 확실치 않다. 가장 명확하게 규정하고 있는 것은 『와세다문학[早稻田文學]』(1906.7)이 게재한 '소설 각본 현상모집' 규정으로, "一, 판권 및 흥행권 …… 상금을 송달(送達)함과 동시에 그 작품의 판권 및 흥행권은 와세다문학사로 넘어간다"라고 되어 있다. 하지만 대부분의 '현상소설모집규정'에는 자수(字數)에 대해서는 상세하게 되어 있더라도 저작권에 대한 언급은 찾아 볼 수 없는 것이다.

이상, 오자키 코요의 출판 활동을 중심으로, '판권'시대에서 저작권으로 이행하는 시기까지를 정리해 보았다. 코요가 수많은 출판활동을 거치고 만년에 이르러 자신의 전집 편찬이라는 구체적인 사례를 체험하고 비로소 저작권에 대한 인식을 갖게 된 것은, '판권'과 저작권 의식이 혼돈하는 1880년대 후반에서부터 1899년 저작권법이 시행될 때까지의 출판계전체의 상황을 상징한다고 할 수 있다. 코요는 자신의 작품에서 자기의 'authorship'에 대해서는 언급하지 않았다. 저작권에 대한 인식을 획득하는 것이 어떻게 '문학의 자율'과 관련을 맺고, 나아가서 작품의 기원(起源)으로서의 '작자(作者)'라는 자각을 갖게 하는지에 대해서는, 동시대의 문학론이나 작가들 자신의 발언을 폭넓게 섭렵할 필요가 있다. 예를 들어 1900년 6월, 우연히 같은 시기에 쓰인 우에다 반넨[上田萬年]의 「문사우우론(文士優遇論)」과 사이토 료쿠우[齊藤綠雨]의 「문사보호론(文士保護論)」(『신소설』, 1900.6)을 계기로, 문단에서 화제가 된 「문사보호론」과 그에 대한 작가들의 발언은, 저작자의 권리에 대한 인식이라는 시점에서 분석되어야 할 것이다. 이들에 대해서는 다른 장에서 논의할 예정이다.

'문사文士'의 경제사정
집필행위의 성(聖)과 속(俗)

들어가며

근대문학의 '자율(自律)'과정을 살펴볼 때 그것이 항상 근대적 출판기구와 보조를 맞춰왔다는 사실은 간과할 수 없다. 그 초기의 형태는 메이지 20년대 즉, 1880년대 후반에서 1890년대 후반에 이르는 시기에서 이미 찾아볼 수가 있다. 1885년 9월부터 다음 해 4월에 걸쳐 간행된 쓰보우치 쇼요[坪內逍遙]의 『소설신수(小說神髓)』를 하나의 기점으로 생각할 때 문학의 '자율'과 그것을 담당한 이들의 자기인식의 형성은, 동시에 하쿠분칸[博文館]으로 대표되는 근대적 출판기구의 발전 속에서 이루어졌다. 그런 점에서 메이지 20년대 이후 문학의 '자율'은 경제적 면모를 지니지 않을 수 없다.

그러나 그것을 집필행위와 그에 대한 경제적 보수라는 구체적 사상(事象)으로 바꾸어 놓았을 때, 그 담론에는 일종의 어색함이랄지 가책 같은 것이 따르게 마련이다. 예를 들어 마쓰우라 쇼조[松浦總三]가 "원고료나 베스트셀러(의 부수)에 대한 자료는 매우 적다"라며, 그것은 "메이지, 다이쇼, 쇼와(전쟁 전)로 이어지는 시대에 문사나 기자, 저널리스트를 꿈꾸는 인물 중에는, 거의 천하국가의식(天下國家意識)이나 지도자 의식을 가지고 사무라이를 자처하는 사람이 많았다. 따라서 원고료 같이 '남의 호주머니'를 더듬는 일은 수치스러운 일이었기"[1] 때문이라고 지적하고, 또한 "메이지, 다이쇼, 쇼와 작가의 원고료 등 수입을 실증적으로 보여주어야 한다는 과제"를 떠맡은 후쿠다 기요토[福田淸人]가 "남의 호주머니를 더듬는 것도 사족(士族)의 피가 흐르는 나로서는 어떨까 싶지만"[2] 이라고 표현하고 있는 것과 같은 심성은 아마도 현재까지 계승되고 있는 것으로 보인다. 그것을 메이지 20년대라는 시대 문제에 비추어 보면, '글을 쓴다'는 행위가 신성시 되어 게사쿠[戲作] 작가에서 작가·문학가로 글 쓰는 사람들의 자기인식이 변하는 한편, 그것을 직업으로 여기고 경제적 보수로써 원고료를 받는, 말하자면 성(聖)과 속(俗)의 양면을 어떻게 조화시킬 것인가는 메이지 20년대에서 30년대를 이른바 '문사(文士)'로 살아간 사람들이 직면한 중대한 문제였다. 그것은 예를 들면 다음 장에서 논의할 1900년 문단의 화두 '문사보호론'을 둘러싼 언설에서 여실히 드러난다. 주간신문 『태평양』(1900.7.6)의 코요 발언 중 "문학의 신성(神聖)과 특립(特立)"에서 볼 수 있듯이 '문학의 신성'은 이미 문단에 공유되는 개념이었다. 한편 히로쓰 류로[廣津柳浪]가 "나는 청빈에 안주할 수 있는 관용이 있다고 생각하기 때문에"(『태평양』, 1900.7.16)라고 말했듯이, 집필행위의 경제적 측면, 즉 금전상의 문제를 이야기할 때에

---

1 마쓰우라 쇼조, 「原稿料·印稅の歷史」, 松浦總三 編, 『原稿料の硏究—作家·ジャーナリストの經濟學』所收, みき書房, 1978.

2 후쿠다 기요토, 「三代文士收入史」, 松浦總三 編, 『原稿料の硏究—作家·ジャーナリストの經濟學』所收, みき書房, 1978.

는 이른바 청빈사상을 체현할 것을 요구하여 문인 스스로가 경제사정 운운 하는 것은 떳떳하지 못한 것으로 여기는 분위기가 있다. 에미 스이인이 그런 발언에 대해 "왠지 그런 인물이 높게 보입니다(『태평양』(1900.7.23)"라며 불만을 표명한 것은, 신성한 행위로 금전을 얻는 현실이 안고 있는 불투명한 감정을 잘 보여준다.

집필행위를 신성시하는 것과 그에 대한 경제적 보수라는 두 가지 관점에서 문학의 '자율'문제를 파악할 때 필요한 또 하나의 요소로, 저작권에 대한 인식의 생성을 들 수 있다. 예를 들어 로제 샬체는 『책의 질서』(하세가와 테루오[長谷川輝夫] 역, 치쿠마학예문고, 1996)에서 문학 저작권의 근거는 "작자의 소유권을 개인의 노동 성과로 간주하는"것에 있고, 더욱이 작품을 "그 표현의 특수성에 의해 식별되는 독창적인 창조물"로 여김으로써 그 정당성이 보증되어 "형식의 유일성, 작자 자신의 천분(天分), 그의 소유권의 불가침성"을 저작권이라는 개념이 합쳤음을 지적한다. 근대 일본의 저작권 법제사(法制史)는 "출판통제행정을 처음으로 조직적인 것으로 만든" 1869년의 출판조례에서부터 시작되는데, 1887년에는 "순수한 출판단속법규"로서의 출판조례와, "저작권 존중의 방향을 강하게 내세운"판권조례가 각각 제정되었다.[3] 판권조례는 "저작권 보호가 출판 단속으로부터 분리된 최초의 법규"[4]이며, "무릇 문서 도면을 출판하여 그 이익을 전유하는 권리"라는 '판권'의 정의는 훗날의 저작권과 거의 유사한 발상이다. 그렇지만 이 저작권에 대한 인식은 법이 선행하고 저작자 측의 인식은 오히려 법 제정 후 서서히 생성된다.

신성한 행위로서의 '글쓰기', 경제적 보수로서의 원고료. 그리고 이 둘을 연결하는 유력한 근거가 될 수 있는 저작권 의식이라는 세 가지의

---

3   「近代出版側面史-著作權の變遷と發賣禁止」,『日本近代文學大事典』第6卷, 講談社, 1978.
4   『著作權制度の變遷』,『文化廳月報』, 1986.2.

문제축을 설정했을 때 흥미로운 고찰 대상으로 떠오르는 것은, 겐유샤 및 오자키 코요의 문하의 작가들에 대한 출판 매니지먼트이다. 코요의 주된 문필활동은 메이지 20년대부터 30년대 중엽에 걸쳐 전개되는데, 그것은 1887년의 판권조례제정에서부터 1899년 저작권법이 제정되기까지의 시기와 정확히 일치한다. 인세방식이 일반화되기 이전의 출판계에서 코요를 중추로 하는 겐유샤 및 관련 작가의 출판 활동은 어떻게 전개되고, 또 그들은 어떤 경제 사정 속에 있었나. 그런 것들을 구체적으로 추적하기에 앞서, 우선 '글쓰기'의 신성시와 경제적 보수라는 두 가지가 어떻게 교차했는지 1900년의 언설들을 살펴보겠다.

'문사보호론'의 주변

발단은 사이토 료쿠우의 담화 「료쿠우 씨의 문단보호설」(『신소설』, 1900.6)이다.[5] 료큐우는 현 문단이 부진한 원인을 "사회가 소설가를 보호하지 않는" 데에 있다고 지적하고, "생활과 수양은 함께 할 수 있는 게 아님"에도 불구하고, "지금의 보수가 너무 적다", 그것은 "사회의 취미가 수준이 낮기 때문이다"라고 말했다. 그리고 구체적인 '문단의 보호' '장려'의 방책으로, '황실'이 주도하는 '경쟁제작'을 제안했다. 이에 앞서 고토 추가이[後藤宙外]가 「대작(大作)과 전원생활」(『신소설』, 1900.5)에서 "지금 우리 문사들이 이른바 가난뱅이는 쉴 틈이 없다고 말할 때의 바로 그 상

5　　료쿠우에 초점을 맞추어 문사보호론을 논한 것으로 아마노 가쓰시게[天野勝重]의 「齊藤綠雨と文士保護問題」(『國民論叢』, 1999.3)가 있다.

태"이고, 이것이 "현 문단의 부진"을 초래했으며 사회의 보호를 기대할 수 없다면 문사는 "스스로 보호"하기 위해 "전원으로 물러나 조용히 수양과 집필에 종사하는 것 외에는 없을 것이다"라고 주장했다. 또한 같은 시기에 전문학무국장(專門學務局長)이었던 우에다 반넨[上田萬年]이 "우리 소설계가 부진한 원인"을 문사에 대한 사회의 냉담함에서 찾아, "문계(文界) 개량의 한 방법으로 나는 사회가 문사를 우대할 것을 바란다. 그 방법으로서는 공적인 모임이 있을 때마다 반드시 문사를 도외시하지 말고, 천장절(天長節) 야유회 같은 때에 우선 문사를 초대하여 그 자리에 배석시킬 필요가 있다"(『중앙공론(中央公論)』, 1900.7의 「우에다 씨의 문사우대론」에서 인용)고 말했던 것이 '문사보호론'을 논의의 도마에 오르게 했다. 여기에서의 문제제기는 다른 형태로 1906년 이후의 문예원(文藝院) 설립문제로 다시 부상하게 된다. 그러나 1900년의 시점에서는 한 때 논의가 불거졌음에도 불구하고 이렇다 할 구체적인 방책은 강구되지 않은 채 사라져 버린다. 이 논의의 미적지근함이야말로 그 당시 문사가 직면했던 집필행위와 경제적 보수라는 딜레마의 발로였다. 실제로 이 '문사보호론'은 1900년 하반기 문단의 관심을 모았던 화두였었고, 특히 주간신문 『태평양』은 고다 로한 · 오자키 코요(1900.7.9) · 사이토 료쿠우 · 우치다 로안 · 히로쓰 류로(1900.7.16) · 이와야 사자나미 · 에미 스이인 (1900.7.23) · 쓰보우치 쇼요 · 오사다 슈우토[長田秋濤](1900.7.30)의 견해를 연재했다(니시무라 스이무[西村醉夢]가 담화필기). '글쓰기'와 그에 대한 경제적 보수라는 대응관계를 문사들은 어떤 식으로 인식했는가. 『태평양』과 그 주변의 언설을 살펴보기로 한다.

이 논의의 흥미로운 점은 보호의 대상인 문사 스스로 발의했다는 것, 그리고 그에 대해 비난이 집중되었다는 것이다. 특히 엄격했던 것이 『제국문학』(1900.8)인데 "지금 그들이 궁수(窮愁)에 만족하지 못하고 다른 보호색을 필요로 할 지경에 이르렀으니, 이미 문사로서의 자격이 없고 남아(男兒)의 건강(乾剛)한 성품을 잃은 것이다"(「문사보호론」), "문사가 우는 소리 하는 게 요즘의 유행이다"(「무기력과 오만」), "이런 논객은 필시 문단의 적(賊)이다"(「문단의 적(賊)」)와 같은 발언이 되풀이 된다. 혹은 『신성(新聲)』(1900.9)의 「편집소식」에서는 "어쩐지 술집을 찍어 놓고, 이복 한 잔 더 뭐 달달한 것 좀 없어하며 고래고래 소리를 지를 것 같은 기세로 보입니다"라고 비꼬았다. 료쿠우가 「료쿠우 씨의 문단 보호설」에서 "요즘의 평론가"는 "그저 작가를 붙들고 교제니 관찰이니 품위니 수양이니 하는 주문을 빗발치듯이 하는데, 왜 작가만 그런 수많은 주문을 한 번에 짊어져야 하는 것일까"라고 한탄한 것도 무리는 아니다. 세상이 문사에게 기대하는 것은 문사에 걸맞은 존재방식이라는 정신론의 차원이기도 했다.

앞에서 인용한 료쿠우와 추가이의 발언에서 볼 수 있는 곤궁감은 작가들뿐만 아니라 문단 전체가 공유하고 있었다. 예를 들어 『신성(新聲)』(1900.3)은 "문사의 보수 문제를 경시해서는 안 된다. 작가의 생활고가 결국 작품의 가치에 직접적인 영향을 미치게 되는 것은 당연하다"고 서술한다. 그러나 동시에 그와 같은 금전 문제를 운운 하는 것 자체에 대한 문사들 스스로의 강한 거부감도 있었다. 왜냐하면, '글쓰기'는 "독립독행(獨立獨行)"(고다 로한·오자키 코요)해야 하는 행위이기 때문이다. 문사보호의 옳고 그름에 대해서는 의견을 달리하면서도 이 점에 관해서는 로한, 코요 모두 일치했고 그 후에 발언한 사람들에 의해서도 반복된다. "창작은 타고나 재능에 의해 이루어지는 행위"로 "독립적"(히로쓰 류로)이고 "문학은 그 신성(神性)을 유지하며, 독립독행하여 세상에 선다"(에미 스이인)는 개념은 이미 정착되었다. 쓰보우치 쇼요가 『당세서생기질(當世書生氣質)』(1885~1886)을 저술했을 때 "『시사신보(時事新報)』같이 비교적 새로운 사상을 이해하는 곳에서조차 적어도 문학사(文學士)나 되는 사람이 야비(野卑)한 소설가가 되다니 당치도 않다고 공격"[6]을 한 것을 생각해 보면, 이 십 년 남짓한 기간에 문학의 개념에 대한 인식은 크게 전환되었다. 그것은 동시에 작품의 기원(起源)으로서의 작가자신의 자기인식까지도 성립하게 한다. 그렇지만 저작이 활자화되고 출판되어 유포된다는 것은 현실적으로는 집필행위가 경제적 영위를 수반하는 직업으로서의 한 측면을 갖게 되는 것이다. '문사보호론'을 둘러싼 언설에서는 이 양면(兩面)에 대한 문사들 자신의 석연치 않은 감정을 엿볼 수 있다.

예를 들어 『태양』(1900.9)의 시사평론 「문사란 무언인가」는, "문사라는 것이 올바른 하나의 직업일 수 있느냐 아니냐하는 문제는 잠시 접어 두고라도, 그들이 문필로써 생계를 잇는 한, 바꿔 말해 이것을 업으로 삼아 생활을 영위하는 이상은 문사도 또한 일종의 영업자이고 문학도 일종의 직업이다"라고 단정을 짓는다. 다만 이런 생각은 당사자인 문사들에게는 용인되지 않았고 또한 드러내놓고 발언하지도 않았다. 예를 들어 "나는 문학이 영업이 아니라는 것을 믿습니다"라고 말하는 쓰보우치 쇼요는, "다른 곳에서 정당한 직업을 찾아 자활(自活)의 길을 열고 그 여가를 이용해서 창작에 종사하는 것이 지극히 좋을 것"이라며 『속어(俗語)대사전』의 편찬사업을 제안하고, 오사다 슈우토는 '국어조사회'에 참가할 것을 제안한다. '글쓰기' 그 자체를 경제적 영위와 직결시키는 것에 대한 강한 저항감이 거기에는 있다.

'문학'에 대한 인식이 깊어짐에 따라 보다 높은 정신성이 문사들에게 요구되고, 그 결과 그들은 더욱 더 '문학의 신성(新聖)'과 경제적 영위라

---

6   이치지마 슌죠[市島春城], 『春城筆語』, 早稻田大學出版部, 1928.

는 두 가지의 가치 사이에서 자신의 존재의식을 모색하지 않으면 안 되었다. 결과적으로 '문사보호론'을 둘러싼 논의는, 이렇다 할 실현을 보지 못한 채 흐지부지 되었다. 그러나 그 논의를 통해서 알 수 있는 것은, 그것이 문학이 '자율'하는 과정에서 필연적으로 생기는 현실과의 알력의 한 형태였다는 점이다.

애초부터 '문사보호론'은 문단의 부진이라는 1897년 전후의 문단이 공유하던 위기감에서 비롯된 논의였다. 그 부진의 원인의 하나가 문사의 경제적 피폐였는데, 기성 작가 중 이 부진의 책임을 가장 추궁 당하던 이가 오자키 코요이다. 1897년을 전후해 심해진 코요에 대한 비판이 내포하는 동시대의 가치관의 전환을 저작권 의식이라는 관점에서 재검토하기로 한다.

작가의 서명(署名)

예를 들어, 도쿠다 슈세는 다음과 같이 회상한다.

> 후요와 쿄카 씨는 좌우지간 사이가 안 좋아서 쿄카 씨는 대작(代作)을 써서 돈을 받으면 안 된다고 하고, 후요 씨에게 물어보면 그거야 하기 나름이지 그렇게 비난할 만한 일은 아니라고 하기 때문에, 선생님이 후요 씨를 변호하곤 했다.
>
> —도쿠다 슈세, 『생각나는 대로』, 분각카이샤[文學界社], 1936

이와 관련해 다음과 같은 담화도 전해진다.

선생(이즈미 쿄카를 가리킴—인용자주)님께서 언젠가 이런 이야기를 하신 적이 있다. "오구리 후요나 야나가와 슌요[柳川春葉]는 서로 용돈이 떨어지면 좀 빌려 달라고 한다. 돈은 없으니까 책상서랍에서 적당히 거기에 있던 원고를 꺼내 건네주면 원고를 빌린 사람이 거기에다가 자기 이름을 써서 잡지사에 가져가 돈을 받는다. 갚을 때에도 원고로 갚는 식으로 융통할 수 있어서 아주 편리하지만, 내(선생님) 원고는 절대로 빌려주거나 할 수가 없어서 그럴 때에는 대단히 곤란합니다."
— 간다 긴조[神田謹三], 「이즈미 선생님과 나」, 『쿄카전집』, 월보9, 이와나미서점, 1941

지금 시점에서 생각하면 이러한 담화들에서 엿보이는 겐유샤[7]의 체질은 가차 없이 비난받을 것이고, 실제로 이른바 '대작(代作)'문제나 혹은 '열(閱)(코요가 읽어보았다는 의미—역자주)'이라는 한 글자를 부여받음에 따르는 서명(署名)의 애매함은, 겐유샤 및 코요의 전근대성을 보여주는 것으로 부정적으로 평가되어 왔다. 그러나 적어도 메이지 20년대의 그들은 지금의 우리와 동질의 윤리 관념을 소유하고 있지 않았다. 정확하게 말하면 이와 같은 원고의 변통이나 서명의 애매함은 그들의 윤리관에 저촉되는 것이 아니었다고 해야 할 것이다. 이들에 대한 평가의 패러다임 전환이 언제부터 나타나는지 명확하게 특정할 수는 없다. 그러나 그 변환의 한 물결이 1897년을 전후한 코요에 대한 공격적 비평 속에서 보이는 것은 분명하다.

---

7 어느 범위의 작가까지를 '겐유샤'라고 부를 수 있는가에 대해서는 이카리 아키라[伊狩章]의 『신정(新訂) 후기겐유샤문학연구[後期硯友社文學の硏究]』(文泉堂出版, 1983)에 상세하고 면밀한 고찰이 있는데, 본 장에서는 그 당시의 언설들이 코요 주변의 작가들을 폭 넓게 '겐유샤'로 불렀던 것에 따라 넓은 의미로 사용한다.

코요에 대한 비난이 현저해지는 것은 팔면루주인(八面樓主人, 미야자키 코쇼시[宮崎湖處子]의 필명)의 「겐유샤 및 그 작가」(『국민지우(國民之友)』, 1896.1)가 발표된 이후이다. 이때부터 메이지 30년대에 걸쳐 행해진 코요에 대한 비판에는 공통의 논점을 찾아 볼 수가 있다. 하나는 팔면루주인이 지적한 코요의 '상(想)'의 결여이고, 다른 하나는 문벌(門閥) 형성에 의한 문단의 독점이다. 팔면루주인은 "문하생이자 창작의 재능도 많은 이즈미 쿄카의 원고를 고쳐서 거기에 자기 이름을 쓰고 그것으로 근근이 세상의 눈과 귀를 가리는 지경에 이르렀다"고 코요를 호되게 비난했다. 또한 『청년문(靑年文)』(1896.2)의 「시문(時文)」도 "근 2,3년 코요가 오로지 번안에 전념하게 된 것이 사실이다. 특히 작년쯤부터 그 창작이라고 부를만한 것이 하나같이 문하생의 작품을 첨삭한 것이라는 것은 이미 세상이 다 아는 바"라고 서술했다. 이러한 비판들에서는 '상(想)'을 소유하지 못하고 창작력이 고갈된 코요가 문하생들의 작품에 자신의 이름을 써서 발표함으로써 자신의 이익을 취한다는 벡터(vektor)로 인과관계의 방향을 잡고 있다. 하지만 그 당시 출판계의 역학을 시야에 넣는다면 일률적으로 이렇게 방향을 잡을 수는 없다. "1894,5년의 전쟁 당시는 실로 문학자가 기근에 허덕인 해였다. 아직 문예구락부(文藝俱樂部)가 안 생겼을 때인데 원고를 가져가도 사줄 곳은 없고, 신문은 전쟁에 관심이 쏠려 문학 같은 것을 실을 여유가 없다. 이른바 문단의 아사 상태로 참담한 상황이었다"(이즈미 쿄카, 「도깨비 좋아하는 이유 약간하고 처녀작」, 『신쵸[新潮]』, 1907.5)라고 증언하는 것과 같은 출판계의 상황이 있었고, 또한 후에 「문단의 악폐를 논하는 것 하나」(『문고(文庫)』, 1900.3)가 "후요와 쿄카가 스승의 이름으로 처음 책을 내고, 류로나 료쿠우는 '열(閱)'이라는 한 글자에 의해 작품이 비로소 사람들의 관심을 끌게 되니, 단지 문학사(文學士)라든가 문단의 총아라는 이름만으로 한 푼의 값어치도 없는 졸작을 고가에 팔

아 넘기려는 출판업자가 생기는 게 아닌가"라고 비판한 것과 같은 사정
도 있었다. 즉 경제시장으로서의 출판계에서, 말하자면 상품의 스테이
터스 심벌로 '열(閱)'이라는 한 글자를 요구하는 경우도 있었던 것이다.
그러나 코요에 대한 비판에서 볼 수 있듯이 '열(閱)'이라는 글자는 규탄
의 대상이 되어갔다. 그 배경으로는 '글쓰기'를 신성한 행위로 여기고
그 근원을 작가로 보는 인식이 심화된 것, 더욱이 저작권법의 제정이라
는 법적 근거가 확정된 것을 상정할 수 있지 않을까. 일찍이 「저서와 직
위의 관계」(『출판월보』, 1887.9)에서 "직위에 있는 사람의 이름을 빌려와
저자 이름 옆에 아무개 대신(大臣) 훈 몇 등, 귀족 아무개의 제자(題字)라
든가 아무개 서기관 종(從) 몇 위의 서문이라든가 또는 아무개 학사(學士)
의 열(閱) 같은 것을 의기양양한 얼굴로 내보임으로써 그 저서의 가치를
높이려 한다" 라고 "우리나라 저술 사회의 상태"를 비판했던 구가 가쓰
난이 동시에 「독판권조례(讀版權條例)」(『출판월평』, 1888.1)에서 판권에 대
한 인식, 즉 저작권 의식에 선견적인 이해를 보여주듯이 작자의 서명은
신성한 행위로서의 집필행위의 기원을 보여주는 것이었다. 일본에서
저작권법이 제정된 것은 1899년인데, 1900년 7월에 개최된 파리 만국
저작권 회의에 출석한 오하시 오토와[大橋乙羽]가 그 보고서로 「파리만국
저작권회의」(『태양』, 1900.11)를 썼고, 같은 날 행한 야마다 사부로[山田三
郎](동경법과대학조교수, 법학사(法學士))의 연설 「대일본제국저작권법에 대
하여」가 마찬가지로 『태양』에 실렸다. 그것은 일본 저작권법의 개요소
개를 목적으로 하는 연설이었는데 그 중에서도 특히 다음 조항에 대해
언급한다.

　　제3 저작자의 인격보호론
　　우리 제국의 신저작권법은 저작권의 보호를 완비하기 위해 저작자의 덕

의권(德義權) 또는 인격권을 보호하고 그 저작자에게 그 계승자 및 세상사람 일반으로 하여금 저작자의 자격을 존중하게 하여 동의 없이 함부로 그 저작물을 개찬(改竄)하지 못하게 하는 권리를 부여했다. 즉 제18조에서 저작권 계승자로 하여금 저작자의 인격을 존중하게 하는 방법을 규정하기를, 저작권을 계승한 자는 저작자의 동의 없이 그 저작자의 성명과 칭호를 변경 또는 그 제목을 고치거나 그 저작물을 개찬할 수 없다

이러한 관심이 공유되어 가는 가운데 코요 및 그 주변 작가들의 서명의 애매함은 저작과 저작자의 일대일대응을 불투명하게 하는 것이었다. 코요에게 집중된 비판은 샬체가 언급한 "형식의 유일성, 작자자신의 천분(天分), 그의 소유권의 불가침성"(전게서)을 묻는 것이었다.[8]

겐유샤[硯友社] 관계 작가들이 문단을 독점했다는 것은 많은 작가들이 증언하는 사실이다. 다야마 가타이[田山花袋]는 "당시 출판계에서 유력자로 불린 슌요도, 하쿠분칸 모두 겐유샤가 주물렀다. 코요가 머리를 좌우로 흔들면 아무리 뛰어난 작가라도 책을 내지 못했다"(『근대의 소설』, 근대문명사, 1923)라고 말하고, 나가이 가후[永井荷風]도 "그 무렵 문학 소설의 출판으로 말하면 거의 슌요도 한곳이 전문적으로 도맡아서, 코요나 로한의 문하생이 아니면 거의 그 저술을 출판할 길이 없었다"(「쓸 수 없는 이야기들」, 『미타문학[三田文學]』, 1918.3)라고 회상한다. 또한 신쵸샤[新潮社]를 창시한 사토 기료[佐藤義亮]도 "소설전문인 슌요도는 겐유샤 일파를 중심으로 지명도 있는 작가의 책만 냈다. 아무리 역량이 있고 수완이 있어도 아무 배경이 없는 방계(傍系)에 있는 사람은 관심을 받지 못했기 때문

───────────────

8 이와 같은 '기원(起源)으로서의 작자'라는 생각은 '작자의 죽음'이라 하여 롤랑 바르트에 의해 부정되는데(하나와 고[花輪光] 역, 『서사의 구조분석』, 미스즈 서방[みすず書房], 1979), 여기에서는 우선 그 전제로 '작자'라는 관념이 어떻게 성립되었나를 묻는 것을 선결과제로 삼고 있다.

에 불평불만의 목소리가 대단히 높았다"(「메이지 문단 옛이야기」, 『와세다문학』, 1927.6)라고 술회한다. 이러한 문단의 독점이 어떻게 가능했을까. 코요 자신은 「오자키 코요 씨를 방문하다」(『활문단(活文壇)』, 1900.12)[9]에서, "문단에 파벌이 있다는 얘기를 하며, 항간에 종종 겐유샤가 파벌의 중심인양 얘기하는 사람이 있는 것에 대해" 질문하는 기자에게 "파벌! 파벌이라니 우리로서는 정말로 이해하기 힘들다"고 강하게 부정하는데, 기사 중에서 다음과 같이 말한다.

우리가 이렇게 하고 있는 한은 출판업자한테 여러 가지 원고 청탁이 들어온다. 나한테 뭔가 하나 이러이러한 원고가 필요하다고 …… 그런 부탁을 들으면, 그렇다면 저 사람이 좋겠군, 이렇다면 저 사람이 괜찮을 것 같군 하면서, 뭐 내 측근이라면 측근이라고 할 수 있는데 그 기량을 평소에 잘 아는 사람들에게 부탁하는 식이다. 정말로 어디 지방에 살면서 잡지에 한두 번 글을 실었다고 해서 내가 알 것 같지도 않은 사람은 일부러 부탁하러 가기도 뭐해서 부탁하지 않는다. (…중략…) 그 사람의 책을 읽고 굉장히 감탄하는 사람이 생겨난다. 즉 숭배자가 생기기 때문에 그렇게 되면 어느 사이엔가 그 사람 주위에 사람들이 모여들어 일부러 만든 것도 아닌데 하나의 단체 비슷한 것이 생긴다. 출판업자한테 여러 가지 부탁을 받으면 역시 내

---

9 전집에는 수록되어 있지 않다. 또한 글 중에 코요가 야마다 비묘에 대해 언급한 부분이 있기 때문에 아래에 인용하겠다.
"그 옛날 내가 야마다(비묘)와 한 방에 기거하며 이것저것 궁리를 하던 때인데, 그 때 야마다는 벌써 잘 나가서 출판된 것도 몇 개 있었다. 해질녘 그 근처를 산보하며 책 방 앞을 서성거리고 있으면 야마다의 책이 얼마간의 가격에 팔려서, 사가는 사람도 있었다. 방금 집을 나올 때까지는 함께 책상을 나란히 하고 있었는데, 나도 같은 일을 하고 있는데 라고 생각하면 부아가 나서 견딜 수가 없었다. ─ 원래 나는 옛날부터 내가 먼저 무릎을 꿇고 책방에 부탁하러 가지 않겠다는 방침을 세우고 있었기 때문에 ─ 뭐 이런 것이니까, 후배가 선배를 함부로 매도하는 것은, 내가 야마다에 대해 품었던 것 같은 생각부터 비난을 받아야 하지 않나 생각한다."

가 아는 사람한테 부탁하는 수밖에 없어서 그 사람에게 부탁한다. 이렇게 되면 또 세상 사람들은 파벌이라고 말할 테지. 이게 무슨 파벌인가.

코요는 지방도 포함해서 출판업자의 주문에 바로 대응할 수 있었다. 그 만큼 수단이 좋고 그 자신 또한 출판업자 — 코요 — 개개의 작가로 이루어진 네트워크의 중심으로 유효하게 기능했던 것이다. 물론 그 기능 중에는 코요의 어느 정도 전제적인 권력행사도 있었을 것이다. 이와 같은 체제는 겐유샤 초기부터 이미 형성되어 있었다. 다음에 구체적인 사례를 들어 코요의 출판 매니지먼트 양상을 살펴보겠다.

집필자 집단·겐유샤

오자키 코요가 야마다 비묘·이시바시 시안·마루오카 큐카 같은 사람들과 함께 겐유샤를 조직한 것은 1885년이다. 그러나 『가라쿠타문고[我樂多文庫]』의 경영은 "판매 방법이 허술했기 때문에 계산은 맞는데 돈이 부족한 꼴이어서 매호 꼬박꼬박 인쇄비를 지불하던 것이 점점 여의치 않게 되어, 2호가 늦어지고 3호가 늦어지는 쫓기는 듯한 상황이어서, 일시 중단할 때에는 '이시바시와 내가 함께 서명을 해서' 인쇄를 맡았던 '동익사(同益社)'에는 30엔씩 월부로 하기로 하고 200엔 남짓의 차용증서를 써"주었을 정도(오자키 코요, 「겐유샤의 연혁」, 『신소설』, 1901.1)였기 때문에 원고료가 문제가 아니었다. 야마다 비묘를 제외한 겐유샤 관계 작가들이 개별적으로 원고료를 거머쥐게 된 것은 요시오카 서적점이 『신저백종』을 간행한 이후일 것이다. 참고로 이와야 사자나미의 『나의 오십년』(하쿠분칸, 1920)에 따르면, "『신저백종』은, 원고지가 모두 백 매 정도에 대략 삼십 엔으로 정해져 있었다." 그러면 코요와 각 작가 사이에 어떤 출판 매니지먼트가 이루어졌는지 그 당시의 원고료에 대해서도 언급하면서 구체적으로 서술하겠다.

코요 자신의 초기 원고료에 대해서는, 아사이 다메사부로가 「오자키 코요와 슌요도」(『도서 전망』, 1934.4)에서 다음과 같이 회상한다.

> 그건 그렇고 선생의 원고료 이야기인데, 작품의 길고 짧음 또는 여러 사정에 의해 결코 일률적으로는 말할 수 없지만, 일례를 들면 단편이기는 했지만『이 양반[此の主]』(1890.8 간행 – 인용자주)의 원고료는 30엔으로 기억한다.
>
> 또한 이 당시는 아직 인세라는 것이 없었기 때문에 이삼십 엔은 판권까지도 사들이는 대가였던 것이다. (…중략…) 다만 그 당시 출판사에서는 초판은 대개 천오백 부를 규정으로 했었고 재판(再版)부터는 천부씩으로 되어 있어서 이 재판부터는 매판마다 반드시 저자에게 십 엔의 사례금을 주었다.

코요 자신은 자기 원고료에 대해 별로 언급하지 않았지만,[10] 첫 원고료라는 것이 모든 작가들에게 인상이 깊게 마련이어서 겐유샤 관계 작가들도 많은 글을 남겼다. 예를 들어 이와야 사자나미의『나의 오십년』(전게서)에는 "첫 작품인「첫 단풍[初紅葉]」(1889 – 인용자주)으로 '원고료 이십 엔'과 책 십 부를 받았다!'라고 쓰여 있는데, 이것은 원래『가라쿠타문고』에 게재한「5월잉어[五月鯉]」를 "코요 군의 주선으로 슌요도에서

출판한다. 즉 원고를 사주게 되었다"는 것이었다. 또 히로쓰 류로의 「지금과 옛날[今と昔]」(『개조(改造)』, 1926.12)에 따르면 「여자 참정 신중루(女子參政蜃中樓)」(『동경회입신문(東京繪入新聞)』, 1887.6.1~8.17)의 원고료는 "1회에 75전(원고용지 약 4매 분)"이었다. 또한, 에미 스이인은 『자기중심 메이지 문단사[自己中心明治文壇史]』(하쿠분칸, 1927)에서 "나도 빨리 원고료를 받고 싶었기 때문에, (코요의 권유에 따라―인용자주) 게슈[桂舟] 화백의 소개로 「아사히가와 강[あさひがわ]」을 긴코도(『미야코노하나[都の花]』를 가리킴―인용자주) 쪽으로 돌렸다. (원고료, 4백자 한 장당 25전)"라고 서술했다. 또한 도쿠다 슈세는 「첫 원고료」(『생각나는 대로』)에서, 처음 코요의 집을 방문했을 때 코요가 "영어로 된 통속소설 짧은 것을 몇 쪽 잘라낸 것을 꺼내더니, 시골 신문에 쓸 테니까 번안해 보라"고 지시하고, 훗날 "선생이 나를 구석으로 데려가더니 돈을 5엔 건네주었다"고 회상한다. 편집비에 대해서도 이야기하자면, 고토 추가이의 『메이지문단회고록[明治文壇回顧錄]』(오카쿠라서방[岡倉書房], 1936)에 따르면, "『신저월간』을 발행할 당시(1897.4 창간―인용자주), 데유샤[丁酉社]가 첫 편집료로 도카도[東華堂]에서 받은 것은 총 백 엔이었다. (…중략…) 그중 편집 수당으로 내가 이 십 엔을 받고, 또 호게쓰[抱月], 후토[不倒], 세세엔[靑々園], 텐가이[天外]의 네 사람과 나도 회원자격으로 각각 사 엔씩 보수를 받아, 남은 육십 엔이 원고료로 저자들에게 지불된 것"이었다.

앞에서 인용한 다야마 가타이나 나가이 가후의 회상에서 살펴보았듯이, 겐유샤가 '문단을 독점'한 배경에는 하쿠분칸이나 슌요도를 비롯한 유력 출판사와의 강한 관계성이 있는데, 그 중추에 있었던 이가 코요였다. 예를 들어 마루오카 큐카에게 보낸 서간(1891.6)에는 "구마모토[熊本]의 추아이신보[忠愛新報]에서 소설이 필요하다는데 단 너무 감성적이지 않고 날카로운 필치의 작품을 원한다고 하네. 겐유샤 사람이 꼭 맡아달라고 하기에 귀형(貴兄)이 적당하다고 추천했더니 대단히 마음에 든다며 바로 착수해 달라는군. 원고료는 24자×60줄 정도를 1일분으로 해서 60전"이라고 되어 있는데 원고를 주선할 때 원고료에 대해 언급하는 것이 코요의 평소 스타일이었다. 지방과의 연결고리를 가지고 있었던 것도 코요의 강점으로, 청일전쟁 후 문단이 침체에 빠졌을 때, "『오우미 신보[近江新報]』나 그 밖의 지방신문의 연재물을 동인 중 수완가들이 앞 다투어 거의 서로 빼앗듯이" 썼고, 코요의 소개로 동인 이외에도 "겐유샤 주변의 문객들까지도 열심히 이런 종류의 시골신문들에다 집필했다", "그래서 보수가 어땠냐 하면 하루 1회 3매 반으로 한 달에 7원 50전"이었다(이즈미 쿄카, 「도깨비 좋아하는 이유 약간하고 처녀작」, 앞의 책).

이러한 원고 알선 과정에서 때때로 앞에서 언급한 것 같은 '열(閱)'이라는 서명이 이용되었다. 이것을 이즈미 쿄카의 「간무리야자에몬[冠弥左衛門]」의 사례에서 살펴보자. 1892년 9월, 이와야 사자나미는 스기우라 시게다케[杉浦重剛]의 소개로, 교토의 『히노데신문[日出新聞]』에 입사하게 되었다. "그러나 부임하기 전에 뭔가 소설을 써서 보내라는 것이었다. 하지만 급히 쓸 시간이 없어서 코요 군에게 상의하러 갔더니 "내 제자의 작품이 있는데 어떻겠냐"고 한다. 그것을 좀 빌리자고 해서 그 「간무리야자에몬」이라는 원고에 내 이름을 써서 연재하게 되었다"(『나의 오십년』). 실제로는 "사자나미 열(閱) 이즈미 쿄카[泉鏡花] 저"로 해서 연재되었다. 이 경과를 사자나미의 「임진일록(壬辰日錄)」(『이와야 사자나미일기〈1887년에서 1894년까지〉 번역과 연구』, 게이오기주쿠대학[慶應義塾大學] 출판회, 1998) 9, 10월분을 확인해 보면, "26일 호소카와[細川]와 함께 코요 집에 들러 이즈미의 원고를 받았다" "28일 아마모리[雨森]한테 전보가 와서 바로 이즈미가 원고를 보냈다" "29일 오후 아마모리에게서 어음 팔 엔" "30일 코요에게 어음을 건넸다" "3일 이즈미가 원고를 가지고 10시에 돌아갔다” “31일 아마모리를 찾아갔다. 히노데신문과 계약 (…중략…) 이 때 원고료 이십사엔을 받았다. 코요에게 건네줄 것이다”라고 되어 있다. 그 당시 원고료가 사자나미의 손에서 코요에게 전해졌음을 알 수 있다. 쿄카의 「도깨비 좋아하는 이유 약간하고 처녀작」(전게서)에서는 원고료에 대해 언급하지 않았지만, 1894년에 “그게 삽화까지 그대로 『혹코쿠신문[北國新聞]』에 실려” 저자에게는 무단으로 “재탕한 것”을 알고 놀랐던 사실을 적고 있다. 지금 감각으로는 말도 안 되는 일이지만 그 당시에 원고는 거의 매입해 버려서 저작자의 저작권은 행사되지 않았다. 이 경우도 교토의 “『히노데신문』에서 직접 거래한” 것 이었다.

이 사례로도 알 수 있듯이 코요는 출판사측의 의뢰에 신속하게 대응할 수 있는 이른바 비장의 카드를 많이 가지고 있던 셈인데, 자신이 알선한 원고에 대해서는 끝까지 책임을 지려고 했다는 것은, 특히 문하생에 대한 자상하고도 꼼꼼한 지시에서 엿볼 수 있다. 제 1장에서도 소개한 것처럼 고스기 텐가이 앞으로 보낸 서간(1895.5.19)에는 원고용지와 신문원고의 환산표를 적어서 “신문의 1단은 원고 4매보다 조금 많은 정도라네”라고 설명해 준다.

고토 추가이가 『메이지 문단 회고록』(전게서)에서 코요는 “친구나 제자의 취직을 알선하는데 설사 당사자들에게 부탁을 받지 않았더라도 열심히 노력하셨다”, “이와야 사자나미 씨를 교토에서 불러들여 하쿠분칸의 『소년세계』 주임에 추천한 것도, 즈시[逗子]에 처박혀 있던 이시바시 시안 씨를 끌어내서 『제국문학』의 편집을 담당하게 만든 것도, 오하시 오토와 씨를 하쿠분칸의 양자로 들어가게 소개해준 것도, 모두 다 코요가 힘을 써준 덕분이었다”라고 말하고, 또 히로쓰 류로는 「이이다마치 시절[飯田町時代]」(『중앙공론(中央公論)』, 1925.12)에서 “요시오카 군이 내 힘든 처지를 딱하게 여겨, 이 『소문학(小文學)』의 편집을 나에게 맡긴 것이었

다. 이 일에 관해서는 코요가 중간에서 크게 힘써 주었음을 여기에서 덧
붙여 밝히지 않으면 안 된다"라고 하였는데, 그것은 또 작가들 간에 새
로운 인맥을 만든다. 이와 같은 네트워크가 형성됨에 따라서 겐유샤의
'문단 독점'이 가능해졌다. 물론 그것이 이 관계성 밖에 있는 작가들의
눈으로 봤을 때 '파벌'로 비치는 것은 당연하다. 다야마 가타이가 "코요
의 죽음은 …… 도당을 만들고 파벌을 꾸며서 일대 조합(組合)의 세력을
만드는 것을 저지하는 데 도움이 되었다"(『근대의 소설』)라고 말한 것도
나름대로 이유가 있다. 그렇지만 겐유샤 관계자 내부만을 놓고 보면 코
요는 그 매니지먼트의 중추로서 훌륭하게 기능했다고 말할 수 있을 것
이다.

　이상으로 저작권 의식 및 인세 방식이 일반화되기 이전의 문학계에
서 집필 행위가 갖는 경제적 측면에 대해 고찰했다. 덧붙이자면 각 서
점과의 구체적인 관계와 오하시 오토와 같은 편집자의 기능을 시야에
넣을 필요가 있는데, 이런 것들에 대해서는 앞으로의 검토과제로 삼으
려 한다.

제3장

초기 겐유샤와 요시오카 서적점

들어가는 말

오자키 코요가 문단에 등장해 동시대 문학을 리드하는 존재로서 사람들에게 인지된 1880년대 후반에서 1890년대 후반(메이지 20년대)은 근대일본의 출판기구가 성립되는 시기이기도 했다. 1887년 하쿠분칸[博文館]이 창업되고, 1889년 내각인쇄국이 마리노리인쇄기를 수입한 것은 메이지 출판계의 발전 방향을 상징하는 사건이라 할 수 있다. 즉 종합 출판사에 의해 다각적 경영과 미디어·믹스가 이루어지고 더욱이 대량 인쇄에 따라 수요층이 대폭 확대된 것이다. 또한, 법적 권리 의식이 생성되는 과정으로서도 1887년의 출판조례·판권조례에서 1899년의 저작권법 성립에 이르는 '판권'시대에 해당되어 출판에 대한 사람들의 의식이 높아진 시대이기도 했다. 앞에서 언급한 코요의 문단 활동이 이와 같은 출판기구와 관련을 맺고 이루어졌다는 것은 널리 알려진 사실이다. 다야마 카타이의 "겐유샤의 강점은, 출판업자와의 굳건한 결탁이었다. 그 당시 출판계에서 유력자로 불린 슌요도, 하쿠분칸 모두 겐유샤가 주물렀다. 코요가 머리를 좌우로 흔들면 아무리 뛰어난 작가라도 책을 내지 못했다"[1]라는 회상으로도 알 수 있듯이, 요미우리 신문사, 슌요도, 하쿠분칸 등과의 밀접한 관계는 다른 한 편으로는 문단의 독점·길드화로도 인식되어 왔다. 하지만 그것을 겐유샤 동인 및 그 문하생들, 즉 집필자·집필자 예비군이라는 하나의 집단을 어떻게 효율적으로 출판시장에 관여하게 하는가 하는 매니지먼트 전략으로 파악해 보면 대단히 흥미롭다. 그것은 메이지 20년대 출판계의 상호기능성을 전경화(前景化)하게 되기 때문이다. 따라서 코요의 출판활동의 구체적인 양상을 고찰하는 것은 근대문학 성립기의 중요한 한 측면을 밝히는 일이 될 것이라고 생각한다.

코요는 그 저작의 대부분을 슌요도에서 출판하고, 또한 오하시 오토와라는 유력한 인재를 통해 하쿠분칸 저널리즘과 강력한 인맥을 형성했다. 더구나 코요가 죽기 직전에 편찬된 『코요전집』(1904)도 하쿠분칸에서 간행되었다. 이러한 사정들로 미루어 보면 코요의 출판활동은 이 두 출판사에 대해 언급하는 것이 보통이다. 하지만, 코요의 집필·출판활동의 전체적인 모습을 살펴보았을 때 출판물은 적으나 간과할 수 없는 출판사가 두 곳 있다. 한 곳은 요시오카 서적점이고, 다른 한 곳은 오사카의 신신도이다. 특히 요시오카 서적점은, 『신저백종』으로 코요 및 초기 겐유샤 멤버들을 세상에 알렸고, 그런 의미에서 근대문학 성립기에 중요한 의의를 지님에도 불구하고 그 전체상이 논의되는 일은 거의 없었다. 그러므로 본 장에서는 코요와 요시오카 서적점의 관계의 일단

---

1   『近代の小說』, 近代文明社, 1923(『明治大正文學回想集成』 3, 日本圖書センター, 1983).

(一端)을 밝히고, 또한 「신저백종」의 성립에 대해서도 고찰할 것이다. 그것을 통해 근대문학 성립기에 특징적인 개인출판사가 수행한 역할의 한 측면을 보여주고자 한다.

요시오카 서적점의 출판 상황

하쿠분칸에는 『하쿠분칸오십년사[博文館五十年史]』(쓰보야 젠시로[坪谷善四郎] 편, 하쿠분칸, 1937)를 기초문헌으로 하는 연구사가, 또 슌요도에는 『슌요도이야기[春陽堂物語]』(슌요도, 1969)가 있고, 게다가 수많은 회상담까지 남아 있는 것에 비해, 요시오카 서적점에 대해서는 "당시 좀 별난 출판사로 알려져" 있었는데 "오래 가지는 않았기"[2] 때문인지, 단편적인 회상을 제외하고는 거의 문헌을 찾아볼 수 없고, 또한 요시오카 테쓰타로[吉岡哲太郎] 본인에 대해서도 프로필이 그다지 알려져 있지 않다. 그 중 비교적 의미 있는 발언이 오자키 코요의 「겐유샤의 연혁」(『신소설』, 1901.1) 과, 우치다 로안[內田魯庵]의 「겐유샤의 발흥(勃興)과 도정(道程)」(첫 게재『어제오늘[きのふけふ]』, 하쿠분칸, 1916; 개정『思ひ出す人々』, 슌쥬샤[春秋社], 1926)이다. 여기에다가 『일본현금인명사전(日本現今人名辭典)』(일본현금인명사전발행소(日本現今人名辭典發行所), 1900), 『현대인명사전』(츄오쓰신샤[中央通信社], 1912), 『대일본인물지(大日本人物誌)』(핫코샤[八紘社], 1913), 『일본신사록(日本紳士錄)』(고쥰샤[交詢社]) 및 동경여자학원(東京女子學園)『창립오십년사(創立五十年史)』(1952)[3]의 기록을 종

---

2   아사이 다메사부로[淺井爲三郎], 「春陽堂物語其一 尾崎紅葉と春陽堂」, 『書物展望』, 1944. 4.
3   본 자료에 대해 언급한 기무라 요시쓰구[木村嘉次], 「紅葉・露伴・柳浪の未發表の書簡」(『學

합해서 우선 그 프로필을 소개한다.

요시오카 테쓰타로는 1860년 9월 25일, 구 막부 장군의 직속 신하였던 요시오카 마사나오[吉岡正直]의 장남으로 동경에서 태어났다. 1867년생인 코요보다 일곱 살 위인 셈이다. 그는 1883년 동경대학 물리학부 화학과를 졸업하고 이학사(理學士)가 되었다. 우치다 로안[內田魯庵]에 의하면 "대학을 나오자 바로 출판업을 경영했다"고 하며, 또한 『일본근대문학대사전』 제3권(고단샤[講談社], 1977)에는 "1885년경 (…중략…) 요시오카 서적점을 개업"했다고 되어 있는데, 그 정확한 연도는 불명이다. 마찬가지로 요시오카가 출판업을 그만둔 정확한 날짜도 알 수 없는데, 『각카이 일록[學海日錄]』 1893년 2월 10일 항목에 "요시오카 테쓰타로 군이 와서 잡지 원고를 청했다"[4]라고 되어 있는 것으로 보아 그 이후인 것은 분명하다. 1896년 4월, 농상무성수산조사소(農商務省水産調査所) 기사가 되고, 1897년에는 상선학교(商船學校) 물리학과 강사를 겸임, 또한 수산강습소(水産講習所) 기사 겸 농상무성(農商務省) 기사가 되었다. 1903년 2월, 다나하시 이치로[棚橋一郞]·오가와 긴지로[小川銀次郞]·다카쓰 구와사부로[高津鍬三郞] 등 몇 명과 함께 시바[芝]의 미타시코쿠쵸[三田四國町]에 사립 동경고등여학교(東京高等女學校)를 설립했다. 그 후 1906년에는 이태리에 파견되고, 1908년부터 수산강습소 기사 및 시험부장을 역임한다. 참고로 『일본신사록』 제1판(1889)에는 "서적상(書籍商)"으로 기재되고, 2판 이후에는 기재가 없다가 제5판(1898)에는 "농상무성수산조사소(農商務省水産調査所)기사"로 다시 기재되었다. 또한 제 17판(1912)에는 "쿠사쓰경편철도주식회사[草津輕便鐵道株式會社]이사", 18(1913)·19(1914)판

苑』, 1960.6)에 대해서는 쇼와여자대학[昭和女子大學] 조교수인 요시다 마사시[吉田昌志] 씨의 가르침을 받았다. 감사의 뜻을 전하고 싶다.

4 『學海日錄』第九卷, 岩波書店, 1991.

에는 "쿠사쓰경편철도주식회사[草津輕便鐵道株式會社]사장, 모범양어주식 회사(模範養魚株式會社)이사"로 되어있다. 또한, 코지마 이노자부로[小島猪 三郞] 편 『동경안내감(東京案內鑑)』(시난샤[指南社], 1893)에는, "호부 제2서사 (書肆)"에 "요시오카서방[吉岡書房] 간다미나미노리모노쵸[神田南乘物町]"라 고 적혀있다. 1915년 8월 3일, 53세를 일기로 뇌일혈로 사망했다.

요시오카 서적점의 초기 출판물은, 모리 요시쓰구[森可次] 편저, 『교육문 답』(1887); 사네요시 마쓰미[實吉益美], 『평산(平算)교과서』(1887); 이노우에 쥬기치[井上十吉], 『영화척독서법(英和尺牘書法)』(1887); 다쓰미 코지로[辰巳小 次郞], 『만국소사(萬國小史) 권 1·2』(1887,8); 리처드 티 이라이 저, 사가네 후지 오[嵯峨根不二郞] 역, 『신구양파경제학요령(新舊兩派經濟學要領)』(1888); 렘센 (Remsen) 저, 요시오카 테쓰타로·우에다 호키쓰[植田豊橘] 역, 『화학 서』(1888) 등 광범위한 초보자용 학술서나 교과서 일반인데, 영어학상의 위치는 특필할 만하다. 요시오카 테쓰타로 편 『DIALOGUES FOR TRANSLATION EXERCISES』, 다쓰미 코지로의 『독영양어쌍학자재(獨英兩語 雙學自在)』(1888) 등의 어학 자습서의 출판에다 1885년 요시오카는 "일본에 서 영어 잡지의 효시"(도요다 미노루[豊田實])[5]인 순영어 잡지 『*THE STUDEN T*』를 발간했다. 이 잡지에 대한 언급은 거의 찾아볼 수 없지만, 『영어청 년』(1918.4.15)에 게재된 「1898년 이전의 영어잡지」(저자명은 S.K)에는 다음 과 같이 기록되어 있다.

The Student 1885년 11일에 창간한 국배판(菊倍判)크기의 가로쓰기 잡지 인데 요시오카 테쓰타로 씨가 주인이고 Cox 씨, 칸다[神田] 씨 등이 편집했 다. 저급한 기사도 있지만 주로 영어에 관한 것, 와다가키[和田垣] 박사의 영

어역, 이노우에 쥬기치[井上十吉]의 영어 문장도 있고 헤이스팅스의 주(註)도 있다. 내 수중에는 1889년 3월의 66호까지밖에 없다.

『*THE STUDENT*』는 잡지라고는 하나 2절판으로 된 12쪽짜리로 오히려 모양은 신문에 가깝다. 창간호의 목차는 다음과 같다.

CONTENTS

Prefatory Notes

On the Use of the Articles

Notes on Warren Hastings

Shakspere's Merchant of Venice

Animals as Barometers

Conversations

Idols

LITERARY AND SCIENTIFIC SOCIETIES··

The Romaji kai

The Eigo kai

Miscellaneous Notes and Extracts

Advertisements

창간호의 「Prefatory Notes」에는 그 발간 목적이 "The Student, as its name implies, is designed solely and entirely for the benefit of that large and in many ways neglected class, the students of Tokyo and other large cities and towns of the Empire"이라고 서술되어 있다. 또한 제2호의 'Remarks'에서 당시의 동경대학총장 가토 히로유키[加藤弘之]가 "This is the first Literary and Scientific magazine published in this country in the English language." "Mr. Yoshioka's efforts cannot be too highly commended"라고 말했다. 『THE STUDENT』는 현재 동경대학 법학부 명치신문잡지문고에 Vol. Ⅰ.No.1~3 및 Vol.Ⅲ.No.40이 소장되어 있고, 또한 도요다 미노루의『일본영학사(英學史) 연구』(치시로서방[千城書房], 1963)에는 도요다 씨 개인소장의 Vol.Ⅰ.No.1~12. Vol.Ⅱ.No.13~36의 일부가 소개되어 있는데, "본지의 큰 특징은 동양사상·동양문학을 영어로 소개하는 것"(도요타 미노루)이고, 그 내용이 영어영문학 관계에 한정되어 있지는 않다.

그 방면에서는 예를 들어 Shig'ch Satoh 씨에 의한 History of the Taira and Minamoto Families; Y.N., Yamaguchi 씨에 의해 가이바라 에키켄[貝原益軒]의『온나다이가쿠[女大學]』를 영역한 것, 또한 S.UYemura 씨의 Notes on Japanese Rhetoric; Prof. B., Nanjo(난조 후미오[南條文雄] 씨로 추측)의 Buddhism; 모쿠아미[默阿彌]의『호죠 다카토키[北條高時]』의 영역, K.W. 씨에 의한 a Scene from Chushingura(칸페[勘刑]의 할복장면), 이노우에 쥬기치[井上十吉] 역 Terakoya(a Dorama) 즉 스가와라 전수수습감[菅原伝授手習鑑]의 제4막과, 마찬가지로 이노우에 씨의 The Legend of the Lotus Flower(from the Japanese) 그 밖의 영어역(운문역 韻文譯)이 있고, 중국문학의 영어역으로는 와다가키 겐죠[和田垣謙三] 박사의「전후 적벽부(前後赤壁賦)」, 이노우에[井上] 씨의 전한(前漢) 무제(武帝)의「추풍시(秋風詩)」가 있다.

— 도요다 미노루, 『일본영학사연구』, 치시로서방[千城書房], 1963

『THE STUDENT』의 영어잡지로서의 특징을 엿볼 수 있다. 우치다 로안[內田魯庵]이 "지금은 국민 스포츠가 된 야구나 테니스 하는 법을 그 당시 고등학교 교사였던 영국인 스트렌지의 글을 보고 처음 배웠다"라고 표현한 것과 같은 독특한 내용이 인기를 끈 것일까. "한 때 상당히 많은 부수를 내서" "당시 영어를 공부하는 학생이라면 모두 이 잡지를 애독했다"고 한다.

아마도 이 영어의 보급과 계몽을 통해 요시오카는 쓰보우치 쇼요[坪內逍遙]를 알게 되었을 것이다. 『신저백종』 제1호(1889.4)에 게재된 「신저백종서문」에서 쇼요가 요시오카를 "우리문학에 충실한 앵촌(鶯村) 요시오카 군" 이라 부르는 것에서 알 수 있듯이, 두 사람의 교우(交友)와 『신저백종』의 성립은 깊은 인연이 있는데, 『신저백종』에 대해서는 후술하기로 하고, 여기에서는 영어학에 대해 살펴보겠다. 다만, 요시오카와 쇼요 모두 1883년에 동경대학을 졸업한 동창생으로 요시오카는 화학과, 쇼요는 정치학 및 이재학과(理財學科)이기는 했지만, 『동경대학 제3연보 1882년 9월부터 1883년 12월까지』(『사료총서동경대학사 동경대학연보(史料叢書東京大學史 東京大學年報)』 제2권, 동경대학출판회, 1993)에 따르면 이 해의 졸업자 총수는 불과 67명이었기 때문에, 재학 당시부터 교우관계가 있었다고 보아도 이상할 것은 없다.

영어학을 보급시키기 위한 두 사람의 공동작업의 하나를 『일본 타임스』(1885.9.8)에 게재된 "앞으로의 시대는 영어영문이 필요"하다는 기사에서 확인할 수 있다.

영문이 우리나라 사람들에게 필요하다는 것은 새삼 말할 필요도 없는데도 지금까지 유력인사들이 이것을 장려하지 않은 것에 대해 우리가 속으로 개탄하던 차에, 이번에 동경대학 예비문(豫備門)의 교원 간다 나이부[神田乃武] 씨, 이학사(理學士) 요시오카 테쓰타로 씨, 문학사(文學士) 쓰보우치 유조[坪內雄藏](쓰보우치 쇼요의 본명 - 역자주) 씨 등이 발기하여 학생경점영문(學生競点英文)을 기획한 것은 실로 쾌거라 생각한다. 학생제군은 분발하여 투고하도록. 단, 그 광고전문은 다음과 같다.

제목 A Burnt Child Fears The Fire.

The Pacific Ocean.

Time Is Money.

 (…중략…)

심사위원 해군성(海軍省) 초빙 교사 Chamberlain 씨

동경대학예비문교원 간다 나이부

응모처 동경 시모야구[下谷區] 나카오카치마치[仲徒町]2정목47번지

요시오카 테쓰타로

동경 간다구[神田區]) 히토쓰바시도리마치[一ッ橋通リ町]7번지

유히카쿠[有斐閣] 오노타로[斧太郎]

―『일본타임스[日本タイムス]』(1885.9.8), 『신문집성메이지편년사6』, 린센사[林泉社], 1936 수록

또한 이 「학생경점영문」의 입선작은 『*THE STUDENT*』 No. 2(1885.2)에 「Time is money a Prize Essay」로 게재되었다. 「학생경점영문」이라는 이벤트는 잡지 게재와 연동하고 있는 셈인데 여기에도 요시오카의 "과학자에 어울리지 않는 경제적 수완"(우치다 로안)이 발휘된 것인지도 모른다.

또한 『만국소사(萬國小史)』 권1(1888)의 권말 광고에는 "영문 학생 학술 잡지 및 영문 소설집을 발매합니다. 외국에 주문하는 서적이나 신문류는 주문하시는 대로 최대한 빨리 받으실 수 있게 하겠습니다. 미국 벌룬 상회의 출판서적 뉴내셔널리더 외에 모든 서적을 취급합니다"라고 되어 있어 양서(洋書) 중개업도 했음을 알 수 있다.

요시오카와 쇼요의 교우관계는 1890년에 파국을 맞은 것 같다. 「쇼요 일기 1890년 권―가장 서툴렀던 해」(『쓰보우치 쇼요 연구자료』 제3집, 1971.12) 의 기술을 보면 "유히카쿠(有斐閣)에 들렀다. '요시오카 대 미야모토(宮本)'의 문제가 지금도 여전히 해결되지 않았기 때문이다"(1890.1.17) "그길로 유히 카쿠에 갔다. 요시오카 대 미야모토의 일건(一件) 때문"(1890.1.19)이라는 기 술을 볼 수 있다. "이날 제일심 재판소에서 대심(對審)의 호출이 왔다. 또 요시오카의 연대(連帶)인가 싶어 집 사람을 유히카쿠에 보내 물어 보았더 니 추측했던 것과는 달리 나카하라(中原)의 연대였다"(1890.1.27)라는 것으 로 보아 쇼요가 요시오카와 '미야모토'라는 인물과 관련된 금전문제에 휘 말렸었다는 것을 알 수 있다. 이 세 사람의 관계는 점점 더 악화되어 갔다.

유히카쿠에 들렀다. 예의 미야모토 일건이 결렬되었기 때문이다. 유히카 쿠 사주와 함께 요시오카한테 가서 많은 이야기를 나누었다. 그는 낯이 두 꺼웠다. '회화(會話)' 판권과 영화자휘(英和字彙) 오십 부, 신저백종(新著百 種) 제8호 천 부(千部)를 확보해서 맡을 것이라고 하고 돌아왔다. 집을 비운 사이에 미야모토의 대리인이 구청 직원과 함께 재산을 압류하러 왔었다고 한다. 가족들이 놀란 모양이다. (1890.2.21)

요시오카를 만나 많은 이야기를 나누었다. 그와 나는 친구사이다. 재산 을 압류당하는 불명예스러운 일만 당하지 않았더라면 채무도 달게 받을 텐 데 오늘 같은 식이라면 그렇게도 못하겠다. 다만 미야모토한테는 에구사 [江艸](유히카쿠의 사주 오노타로[斧太郎―저자주])와 함께 갚을 테니 좌우 지간 자휘(字彙)와 신저백종은 약속대로 달라고 했다. 요시오카가 승낙했 다. 그리고 나서 유히카쿠에 가서 삼십 엔만 남겨 놓고 돌아왔다. 이것은 미 야모토에게 줄 돈이다. (1890.2.22)

『신저백종』 편집인의 명의가 제10호(1890.10) 이후 야마다 에쓰[山田悦]로 바뀐 것은 이 금전문제와 관련이 있을지도 모른다.

이후 요시오카와 쇼요 두 사람의 교우관계가 어떻게 전개되었는지는 알 수 없다. 다만, 여기에서 요시오카에게 책임이 있는 금전문제에, 유히카쿠 서점이 휘말린 것은 쇼요로서는 불쾌한 일이었으리라 추측된다. 유히카쿠의 사주인 에구사 오노타로와는 학생 때부터 친했기 때문이다. 다카다 사나에[高田무齒]의 회상을 인용한다.

> 지금의 대학생이 아직 히토쓰바시에 있었고 동경대학이라고 불렀다 — 그렇습니다.1879년경입니다. 서점 주인이 히토쓰바시 거리에 작은 중고서점을 냈다. 우리는 금세 주인과 친해져 소고기나 메밀국수가 먹고 싶어지면 책을 팔러 가고, 다 팔아치워 중요한 책만 남으면 주인에게 책을 담보로 돈을 빌린다. 마침내 담보로 할 책까지도 없어지면 돈을 빌려달라고 떼를 쓰곤 했습니다. 하지만 주인이 무사 집안 출신의 목석같은 사람이라면 좀처럼 빌려주지 않는다. 그러면 기를 쓰고 대표를 뽑아서 담판을 하는 식으로 어지간히 주인을 난처하게 했는데, 일 엔이라도 빌리면 큰 공을 세운 것처럼 일동은 개가를 부르곤 했습니다. 저나 쇼요 군이나 이치시마[市島] 군이나 모두 지금은 수염을 기르고 점잔 빼고 있지만 모두 이 패거리였습니다.
>
> —「고(故)에구사 오노타로씨 소전(小傳)」,『도서월보(圖書月報)』, 1908.3

여기에서 엿볼 수 있듯이 서점주인·출판인과 집필자들의 이해관계를 넘어선 인간적인 교류는 이 시대에서는 쉽게 찾아볼 수 있는 것이다. 예를 들면 오자키 코요를 비롯한 겐유샤 동인들과 슌요도 주인 와다 도쿠타로 사이에도 비슷한 교류가 있었다.[6] 물론 그것은 앞서 소개한 회상에서 다카다 사나에[高田무齒]가 언급했듯이 장래가 유망한 학생들에 대한 출판인의 선행 투자라는 일면도 있었을 테지만, 역시 거기에는 사무적이라고만 할 수 없는 인간관계가 맺어져 있고, 그리고 그것이 이 시대 출판계의 기반의 하나였던 것이다.

영어학 이야기로 돌아가자. 위에서 서술했듯이 요시오카 테쓰타로 및 요시오카 서적점은, 일본 영어학사의 초기, 특히 그 보급과 계몽이라는 점에서 많은 공헌을 했다고 할 수 있을 것이다. 요시오카 테쓰타로가 다음으로 주목한 것이 쇼요의『소설신수(小說神髓)』(1885~1886) 이후 대두하기 시작한 신문학(新文學)의 움직임이었다.

요시오카 서적점과 오자키 코요

『신저백종』을 간행하게 된 경위에 대해 오자키 코요는 다음과 같이 말한다.

지난 해 말 나를 찾아 온 이가 간다[神田] 미나미노리모노쵸[南乘物町] 요시오카 서적점 주인인 이학사(理學士) 요시오카 테쓰타로 군입니다. 내가 문단에 데뷔하기까지 대략 세 사람이 소개자로 수고를 해주었는데, 그 첫 번째가 이 요시오카 군, 즉 신저백종을 출판한 사람입니다. 두 번째는 문학사 다카다 사나에 군, 나를 요미우리신문사에 추천했습니다. 세 번째는 슌요도 사주인 고(故) 와다 도쿠타로 군, 내가 신문에 실은 소설을 어김없이

---

6 예를 들면 이시바시 시안의「沙地浪宅に遊ぶ記」(江見水蔭,『硯友社と紅葉』, 改造社, 1927 所收) 등에서 그 일단을 볼 수 있는데, 자세한 내용은 본서 제1장을 참고하기 바란다.

출판해 준 사람입니다. 그 요시오카 군이 찾아와 매호 한 편을 싣는 소설잡지를 펴내고 싶다는 이야기, 그래서 신저백종이라는 이름을 붙이고 내가 제1편을 쓰게 되어 1889년 2월에 애정 참회[色懺悔]를 게재한 것입니다. 내가 하루노야 군(쓰보우치 쇼요의 별호 ─ 역자주)을 만난 것도, 코숀[篁村]을 알게 된 것도, 이 신저백종 편집 일을 통해서입니다.

─ 「겐유샤의 연혁」, 『신소설』, 1901.1

또한, 이와야 사자나미의 「기축일록(己丑日錄)」(1889.2.17)에는 "코요, 료쿠[綠], 시안[思案], 큐카[九華], 비잔[眉山], 마케[麻溪]와 인력거로 야나카하쓰네쵸[谷中初音町] 3정목의 요시오카 댁에 초대되어 대접을 받았다. 4시쯤 하루노야 씨하고 사토 헨리[佐藤顯理] 씨가 찾아왔다"[7]는 대목이 있어서 『신저백종』의 간행계획이 진행되는 가운데 겐유샤 사람들과 쓰보우치 쇼요의 교류도 이루어졌음을 알 수 있는데, 아마도 이 날의 회합으로 추측되는 모임에 대해 사자나미는 다음과 같이 회상한다.

그 무렵 또 다시 요시오카 테쓰타로가 돈 줄이 되어 『신저백종』을 출판하게 되었는데, 우리 겐유샤 멤버에게도 집필해보라는 이야기가 있었다. 그 일을 소개해준 사람이 지금의 문학박사 쓰보우치 쇼요 씨였던 것으로 기억한다. 그래서 언젠가 우리는 코요를 필두로 가와카미 비잔, 이시바시 시안, 마루오카 큐카 같은 면면이 야나카하쓰네쵸[谷中初音町]에 있던 요시오카 이학사(理學士)의 별장에 초대받은 적이 있었다. 그리고 그 자리에서 이런 저런 문학이야기를 나누었다. 그 자리에는 물론 쓰보우치 쇼요 씨가 계셨다.

겐유샤와 쓰보우치 쇼요의 관계에 대해서는, 그 밖에도 "겐유샤 동인

---

7   『巖谷小波日記[自明治二十年至明治二十七年]翻刻と研究』, 慶応義塾大學出版會, 1998.

중, 이시바시 시안, 가와카미 비잔, 마루오카 큐카는 쓰보우치 쇼요와 사제(師弟)지간이었다", 즉 "1882,3년경, 세 사람이 혼고(本鄕)의 진문학사 (進文學舍)에 통학하던 무렵 그 당시 아직 대학생이었던 쇼요가 영문학 수업을 해서 매콜리의 워렌 헤이스팅스전 등을 강의했다"는 배경도 있었다.[8] 이 이른 시기에 쇼요라는 지기(知己)를 얻었다는 사실이 이제부터 신문학의 기수로서 세상에 이름을 알리려는 코요에게 있어 얼마나 유익하고 힘이 되는 일이었는가는 상상하기 어렵지 않다.

쇼요는 『신저백종』 제1호(1889.4)에 「신저백종 서문」으로 "이것은 서문이라기보다 겐유샤 전체에 대한 선생의 아첨이자 일동이 황송해 한 칭찬"(마루오카 큐카)[9]을 기고하여, "겐유샤 사람들은 온 몸이 곧 소설이다. 우리 문학의 미래에 기대할만한 반가운 사람들 뿐, 그 믿음직한 사람들을 조아지사(爪牙之士)(믿을 만하고 도움이 되는 신하-역자주) 로 삼고 또 다른 여러 명망 있는 작가들을 이중 삼중으로 포진하여 이번에 『신저백종』을 내는 게 누군가 하면 이익만을 쫓는 사람이 아닌 우리 문학에 충실한 벗 요시오카 군이다. 문학의 미래가 어찌 기대되지 않으랴"라고 서술하였다.

"메이지문학사상 초기의 대단히 획기적인 시리즈"[10]인 『신저백종』은, 제1호 「두 비구니의 애정참회(二人比丘尼色懺悔」의 호평도 거들어, "동시대(同時代)의 문단등용문은 뭐니 뭐니 해도 『신저백종』"(에미 스이인)[11]이라고 평가받는 위치를 차지하게 됐다. 여기에 『신저백종』 전호의 구성을 제시한다.

<hr>

8   후쿠다 기요토[福田淸人], 『硯友社の文學運動』, 巧藝社, 1950.
9   마루오카 큐카, 「硯友社文學運動の追憶」, 『早稻田文學』, 1926.4.
10   『近代文學大事典』第六卷, 講談社, 1979.
11   에미 스이인, 『自己中心明治文壇史』, 博文館, 1927(『明治大正文學回想集成 付錄』2, 日本圖書センター, 1982.

제1호 코요 산진[紅葉山人], 「두 비구니의 애정참회[二人比丘尼色懺悔]」(1889.4.1)

제2호 코손[篁村], 「진흙 속의 진주[掘出し物]」(1889.5.29)

제3호 시안 가이시[思案外史], 「아가씨 마음[乙女心]; 코요 산진[紅葉山人], 「풍류처자[風雅娘]」(1889.6.30)

제4호 사자나미 산진[漣山人], 「부부조개[妹背貝]」(1889.8.12)

제5호 로한[露伴], 「풍류불(風流佛)」(1889.9.23)

제6호 류로시[柳浪子], 「잔국(殘菊)」(1889.10.30)

제7호 삼마이 도진[三昧道人], 「송화록(松花錄)」(1889.12.27)

제8호 X,Y,Z, 「호키[芳李]」; 요다 햐쿠센[依田百川], 「오노노 다카무라[小野篁]」(1890.2.19)

제9호 비산진[眉山人], 「흑염앵(黑染櫻)」(1890.6.18)

제10호 와타베 오토와[渡部乙羽], 「로소수(露小袖)」(1890.10.26)

제11호 교신테 슈진[虛心亭主人], 「첩박명(妾薄命)」(1890.11.28)

제12호 오가이 교시[鷗外漁史], 「후미즈카이[文づかひ]」; 로한시[露伴子], 「진언비밀성천(眞言秘密聖天)님」(1891.1.28)

제13호 큐카[九華], 「야마부키[山吹]묘[山吹塚]」(1891.2.28)

제14호 우키요 유메스케[浮世夢介], 「이시쿠라신고에몬[石倉新五右衛門]」(1891.3.31)

제15호 니쥬산칸이도 슈진[二十三階堂主人], 「부자랭킹[長者鑑]」(1891.6.25)

제16호 교텐시[仰天子], 「신접살림[新世帶]」

제17호 나카무라 카소[中村花瘦], 「헤어진 원앙[離れ鴛]」; 익명씨, 「나팔꽃[朝顔]」

사자나미 산진[漣山人], 「할멈[ばアや]」

레스이세이[麗水生], 「벽류(碧流)」(1891.7.25)

호외(號外) 코요 산진[紅葉山人], 「신도화선(新桃花扇) 우즈마가와 강[巴波
川]」(1890.12.25)

처음에는 "소설 외에 정치, 공예에 관한 논설도 게재할"(후쿠슈 가쿠진[福
洲學人][12] 이시바시 닌게쓰[石橋忍月]의 별호 – 역자주) 생각이었는데, 우치다 로
안에 따르면 "코요가 먼저 눈부신 승리를 거두었기 때문"이기도 하여
『신저백종』은 겐유샤 사람들의 "요염하고 화사한 겐로쿠[元祿] 풍의 쿄겐
[狂言]을 첫 선 보이는" 무대가 되었다. 다만, 전 호의 구성을 보면 알 수 있
듯이 『신저백종』이 완전히 겐유샤 작가들에 의해 독점되었던 것은 아니
다. 제2호의 아에바 코손[饗庭篁村]을 비롯해 고다 로한 · 모리 오가이 같
은 이들의 작품도 포함되어 있다. 『각카이 일록[學海日錄]』(1889.9.1)에는
"요시오카 테쓰타로 군이 와서 새 작품을 청했다. 얼마 전에 새로 출간한
신저백종이라는 잡지에 실으려는 것"[13]이라는 기술이 있는데 작가를 선
정하는 문제에 있어서는 요시오카가 직접 움직이기도 했다. 참고로 이
와야 사자나미 『나의 오십 년』(하쿠분칸, 1920)에 따르면 "신저백종은, 원
고지가 모두 백매 정도에 대략 삼십 엔으로 정해져 있었다."[14] 이것은 사
자나미의 일기 「기축일록(己丑日錄)」에 「부부조개[妹背貝]」(1889.8.12)의 원
고료를 십오 엔 씩 두 번에 나누어 받았다는 기사(1889.8.17)가 보이기 때
문에 확인할 수 있다. 저작권법이 제정되기 이전의 일로 판권은 당연히
요시오카 서적점에 있었다.

---

12 후쿠슈 가쿠진, 「新著百種の『色懺悔』」, 『國民之友』, 1889.4.22.
13 『學海日錄』第7卷, 岩波書店, 1990.
14 『學海日錄』第8卷, 1890.2.19 기사(이와나미서점, 1991)에는 "요시오카 서적점에서 내 저술
    료 십 엔을 보내왔다"라고 되어 있는데, 이것은 『신저백종』 제8호에 게재된 각카이의 「오
    노노 다카무라[小野篁]」가 다른 작품의 1/4에서 1/5 정도의 분량밖에 안 되었기 때문이 아
    닐까 생각된다.

『신저백종』의 가장 큰 특징은 월 1회 발행의 1회로 완결되는 잡지 형태를 취한 점에 있다. 이 1회 완결이라는 형태가 당시의 소설 애호가에게 환영을 받았다는 사실은 "나는 잡지에 실리는 소설이 몇 호 내지 수십 호에 걸쳐 연재되고 따라서 그 사이에 세월을 허비하는 것도 대단히 길어서 모처럼의 주옥과 같은 문장도 단간잔편(斷簡殘編)임을 유감스럽게 생각하던 차에 이 잡지를 접하게 된 것은 고마울 따름"[15]이라는 평으로도 짐작이 된다. 한 권에 십이 전, 연간 구독하면 열두 권에 일엔 이십 전이라는 가격은 잡지치고는 싸지 않지만(같은 시기 겐유샤의 『문고』는 칠 전) 소설책으로는 싸다. 따라서 이 아이디어는 오사카 신신도[駿々堂]의 『신저총사(新著叢詞)』(1889.9 창간) 등 후발 시리즈를 낳게 되었다.

요시오카가 서적점 경영을 그만둔 후, 그와 코요의 교우관계는 한 때 끊긴 듯 했는데 코요가 다시 요시오카와의 교섭을 시도한 것은 1903년, 죽음을 앞둔 코요를 위해 겐유샤 동인을 중심으로 십천만당출판부가 결성되어 『코요전집[紅葉全集]』의 출판이 기획되었을 때이다. 『코요전집』을 편찬하는데 가장 큰 어려움은 분산된 판권의 소재였다. 『코요전집』 서문은 다음과 같다.

그런데, 여기에 아주 곤란한 일이 생겼다. 그것은 거의 전후 20년에 가까운 동안, 코요 저작의 판권이 결코 일정한 서점에 속하지 않고 갑은 모 서점에, 을은 모 서점에, 심한 경우는 갑에서 을로, 을에서 병으로 전전하며 옮겨져 마침내 소속불명이 되는 것까지 생기게 된 것이다.

— 이와야 사자나미 · 이시바시 시안, 『코요전집』 1권, 하쿠분칸, 1903

---

[15] 후쿠슈 가쿠진, 앞의 책.

　　각 서점에 분산되어 있는 판권의 소재를 확인해서, 그 무조건적인 사용 허가를 얻어내기 위해 코요 자신이 서점과의 교섭을 맡았는데, 요시오카에게도 같은 취지의 서신을 보냈다.

　　신저백종 중 졸저(拙著)의 판권에 대해 사자나미 군이 말씀드린 것을 즉각 흔쾌히 허락해주셔서 감사하기 한량없습니다. 그러나 판권을 소유하신 것으로 기억한다는 말씀은 왠지 불안하고 확실한 것이 아니어서 저희 쪽에서도 좀처럼 착수할 수가 없습니다. 실은 그 후에 메이지걸작집이라는 것으로 제목을 바꾸어 신저백종 중 오 권까지를 합본해서 가쿠레칸(學齡館)(?)에서 발행한 것으로 기억하는데, 그것은 판권을 양도하신 것이 아니고 잔본(殘本) 등을 팔아넘긴 것을 그 출판사에서 제목을 바꾼 것이 아닌가 심히 염려 되오니 지금 한번 알아봐 주시기 바랍니다.

— 요시오카 테쓰타로 앞으로 보낸 서간, 1903.6.12

　　이 서신에 대한 요시오카의 답장은 전해지지 않지만 같은 해 6월 16일자 요시오카에게 보낸 서간에 "따로 판권증을 보지는 않았지만 다른 곳에 양도하시지 않은 것으로 판명이 되었으니 그대로 잘 부탁드립니다"라고 되어 있는 것으로 미루어, 판권은 요시오카가 소유하고 있었고, 『신저백종』에 게재된 코요의 작품은 별 탈 없이 『코요전집』에 수록된 것으로 보인다. 결국 『코요전집』은 코요 생전에 간행되지 못하고, 제1권이 하쿠분칸에서 간행된 것은 1904년 1월 1일이었다.

　　이상 부족하나마 초기 겐유샤 및 오자키 코요와의 관계를 중심으로 요시오카 서적점의 출판활동에 대해 서술했다. 메이지 20년대 출판계를 짊어진 것은, 역시 하쿠분칸·슌요도·민유샤(民友社) 등이 필두이다. 그러나 한 편으로 요시오카 서적점 같이 특색 있는 개인서점이 근대문학 성립기의 일익을 담당했다는 것, 그리고 거기에서 배양된 출판인과 저작자의 개인적 교류가 그 후 출판계의 저류에 지속적으로 존재했다는 사실은 메이지기의 출판을 생각할 때에 꼭 기억되어야 할 것이다.

제4장

「독자평판기」의 주변

그리고 나는 독자에게 다음과 같이 요구할 권리가 있다고 믿는다.
즉, "만약 내가 '무량호(舞良戶) : 가느다란 살을 같은 간격으로 댄 널문—
역자주'라고만 써도 바로 그게 무엇인지 알고 그 이미지를 떠올릴 수
있는 독자야말로 '나의 독자'이며, 당신은 이 소설 이 부분에서 오래된
한 장의 무량호가 어떤 예술적 효과를 발휘하고 있는가를 알고 동시에
그것이 꼭 무량호이어야 하고 유리문이어서는 안 되는 예술적 필연을
직감할 수 있는 행복한 독자이다. ……"

— 미시마 유키오(三島由紀夫), 「소설이란 무엇인가」

들어가는 말

볼프강 이저의 『행위로서의 독서』(쓰와다 오사무[轡田收] 역, 이와나미서점, 1982) 등에 의한 계발을 계기로, 독서나 독서행위에 대한 관심이 지금은 근대문학 연구의 일각을 차지하게 되었다. 도야마 시게히코[外山滋比古]의 『근대독자론』(미스즈 서방[みすず書房], 1969), 마에다 아이[前田愛]의 『근대독자의 성립』(유세도[有精堂], 1973)에 의해 그 기반이 형성된 독자연구는, 특히 미디어 연구와 유기적인 관계를 맺음으로써 그 폭을 넓혀가고 있다.

그러나 정작 작가 자신이 '독자'를 어떻게 인식하고 있는가 하는 기본적인 의문은 의외로 제기된 적이 없다. 오자키 코요의 『독자평판기(讀者評判記)』(『모모치도리[百千鳥]』, 1889.9~1890.1)는, 독자 그 자체를 소재로 한 흔치 않은 텍스트이다. 뒤에서 언급 하겠지만 이 작품은 종래에는 코요의 언문일치론으로 취급받았는데, 여기에서 언급되고 있는 '독자'의 생태(生態)가 메이지 20년대 초라는 근대문학 성립기의 독서상황을 반영하고 있다는 의미에서 귀중한 텍스트라고 할 수 있다.

따라서 이 번 장에서는 오자키 코요의 「독자평판기」를 축으로 그 당시의 독서상황 및 독자관에 대하여 고찰하고자 한다.

'평판(評判)'이라는 스타일

'문학과 자연' 논쟁, 『우키시로이야기[浮城物語]』 논쟁, 인생상섭(人生相涉) 논쟁이 연달아 벌어진 메이지 20년대는 그야말로 「논쟁의 계절」(오치 하루오[越智治雄])[1]이었다. 비평이라는 독립된 장르의 성립과, 개인이 비평주체로서 탄생된 것이 그 전제가 되었다는 것은 말할 필요도 없다. 예를 들어 「소설비평의 변천」(『와세다문학』, 1896.11)은, 당시의 비평계를 다음과 같이 설명한다.

> 1885년 쓰보우치 쇼요가 『소설신수』를 써서 기성작가들의 소설을 일정한 심미안 (…중략…) 에 의거하여 논구하였는데, 이것은 메이지 비평계의 선구인 동시에 신기원을 개척한 것과 다름없는 것이다. 1886년 다카다 한포[高田半峰](다카다 사나에―역자주)가 하루노야(쓰보우치 쇼요―역자주)의 『서생기질(書生氣質)』에 대해 상세하게 비평한 것은 신작소설에 대한 비평의 선구로서, 중국류의 유평(諭評)을 갈파하고 평판의 가치 및 비평가의 책임까지도 통론(痛論)하여 대단히 세상의 이목을 끌었는데 그 후의 비평계에 많은 영향을 끼쳤다. (…중략…) 창작계의 상황이 이와 같았기 때문에 비평계 쪽도 덩달아 활발했다. 그리고 주로 이를 따른 것은 각카이[學海], 닌게쓰[忍月], 후지안[不知庵] 등인데 그 논의하는 바는 다소 산만하고 문장이나 부분적인 착상이나 의장(意匠) 등에 무게를 두었다.

이러한 문맥 속에 오자키 코요의 「독자평판기」(『모모치도리』, 1889.9～

---

1   오치 하루오, 『日本の古典⑤ 近代文學の誕生』, 講談社現代新書, 1975.

1890.1)를 놓고 보았을 때 거기에서는 일종의 시대를 역행하는 것 같은 느낌을 받을 지도 모르겠다. 「평판기」라는 타이틀이 보여주는 것은 명백하게 비평 이전의 시대이기 때문이다.

예를 들어 나카노 미쓰토시[中野三敏] 씨는, 모리 오가이 · 사이토 료쿠우 · 고다 로한의 「세 사람의 군소리[三人冗語]」와 「운중어(雲中語)」에 대해 "이것은 틀림없이 지금까지 서술한 명물평판기와 한 핏줄로 태어난 것"[2]이라고 말하는데, 「세 사람의 군소리」「운중어」가 그 후의 문예잡지의 원형이라는 것은 널리 알려진 사실이다. 나카노 씨가 작성한 「에도명물평판기일람[江戸名物評判記一覧]」에는 「게사쿠[戲作]류」 항목에 「견이평판기(犬夷評判記)」(1818)에 이어, 「세 사람의 군소리」(1896)와 「운중어」(1896~1898)가 기재되어 있다. 또한 간행된 해로 보면 에도시대의 마지막 평판기는 『아쿠샤평판기[嗚呼者評判記]』(1865)(1860년에서 1875경까지 게사쿠 작가나 호사가들 사이에 유행한 일종의 비밀 출판으로 평판기에 랭킹을 매긴 것 －역자주)이고, 그 다음이 「세 사람의 군소리」가 되는 셈이다.[3] 물론 이것들 사이에 「독자평판기」를 두는 것은(제목만 보면) 가능하다. 그리고 에도시대 평판기의 흐름이라는 측면에서 「독자평판기」와 「세 사람의 군소리」를 봤을 때 뭔가가 전도(轉倒)되어 있음을 알 수 있다. 어디까지나 '평판기'의 형식을 취하면서 '코요 산진[紅葉山人]'이라는 이름이 등장하는 한, 그것은 '오자키 코요'라는 개인의 이름으로 통괄되거나 통괄하

---

2 나카노 미쓰토시, 『江戸名物評判記案内』, 岩波書店, 1985.
3 배우 평판기를 모방한 것은 메이지기에 들어와서도 간혹 간행되었는데 가장 긴 것이 로쿠니렌[六二連 : 연극 애호가들이 만든 관객단체 －역자주]에 의한 「배우평판기」로, 1878년부터 1885년 사이에 스물일곱 권을 간행했고 그 후 메이지 20년대까지 이어졌다. 가나가키 로분[假名垣魯文]이 고문을 맡았고 초기 간사에 바이소 겐교[梅素玄魚], 주요 동인은 다카쓰 코엔[高須高燕], 도미타 사엔[富田砂燕], 세키네 다케지로[關根竹二郎], 오니시 시로보탄[大西白牡丹], 우에키 린노스케[植木林之助], 릿사이 히로시게[立齋廣重] 외에 수십 명이 있었다.

고 싶어진다는 사실이다. 그것은 앞에서 소개한 「소설비평의 변천」에서 개인으로서의 비평가의 이름을 거론했던 것과 호응한다. 물론 말할 필요도 없지만 "평판기의 비평도 여러 명이서 쓰는 것이 아니다. 한 사람이 쓴다."(와타나베 마모쓰[渡邊保])[4] 그러나 에도시대의 평판기작자들이 그 안목을 걸었던 것은, 그것이 자기 한 사람의 가치기준으로 수렴되는 것이 아니라 '혼자서 쓰고 있음에도 불구하고 다수의 인간을 점묘(点描)함으로써 자기 비평의 주체성을 상대화(相對化)'하고, 그리고 그것에 의해 '연극이라는 다면적이고 현재진행형인 것의 생생한 맥동(脈動)을 전하는 것'[5]이었다. 한편 '근대'라는 전제가 있을 경우 '코요 산진'이라는 이름이 등장하는 한 거기에서 전개된 비평 언설은 '코요 산진'이라는 개인의 소유가 된다. 그렇다면 「세 사람의 군소리」는 이 둘의 양상을 융합한 것이라 할 수 있을 것이다. 「세 사람의 군소리」에서는 어떤 가명을 썼던 간에 그 이름의 배후에는 꼭 일대일 대응이라고는 할 수 없지만 그 이름에 상응하는 여러 명의 인간이 있다. 거기에 좌장·우두머리로 모리 오가이가 있다 해도 그 비평의 장(場) 전체가 오가이 한 사람에게 수렴되는 일은 없다. 한 사람 한 사람이 비평주체로 독립되어 있는 동시에 비평의 '장(場)'으로서는 상대성을 갖는다. 분명히 "거기에는 엄격한 비평정신이라는 것은 거의 찾아볼 수 없고 때로는 야유, 빈정거림, 냉소로 일관하는 때도 있었다"[6]와 같은 일면도 부정할 수 없지만, 「세 사람의 군소리」의 본연의 모습은 보다 근대적인 의미의 '좌담문학(座談文學)'의 재생이었다.

---

4   渡辺保, 「劇評·もう一つの方法」, 『役者評判記集成·第二期』 月報5, 岩波書店, 1989. 다만 에도시대의 배우 평판기는 에지마 기세키[江島其磧](또는 그가 대필해준 작가 하치몬지야 지쇼[八文字屋自笑])를 제외하고는 집필자를 거의 알 수가 없다.
5   오구라 히토시[小倉齊], 「合評形式(合評)」, 『別冊國文學 森鷗外必携』, 1989.
6   위의 글.

그러면 뒤집어서 「독자평판기」에서는 어떤 비평의 '장(場)' 이 전개되었는가. 그리고 그 '장(場)' 의 소유는 '오자키 코요'라는 개인의 이름에 귀착시킬 수 있는 것일까. 그것을 생각할 때에는 먼저, 그것이 '비평'의 장(場)인지 아닌 지부터 되묻지 않으면 안 될 것이다.

왜냐하면 종래의 「독자평판기」는 코요의 문장론, 특히 언문일치론의 일환으로 소개되어온 경위가 있기 때문이다. 예를 들어 일찍이 사이토 쇼조[齊藤昌三] 씨는 「언문일치의 요람시대 - 코요의 「독자평판기」」(『와세대문학』, 1927.4)에서 본문의 일부를 소개하며 "여기에서 쿄요는 신체(新體)소설이 반드시 시종일관되어 있지는 않다는 것, 문체는 언문일치체가 지묘(至妙)하다는 것을 넌지시 신구인(新舊人)의 대화로 설명하려고 한 것"이라고 평했다. 「독자평판기」를 본격적으로 논한 것은 야마모토 마사히데[山本正秀]의 『근대문체 발생의 사적연구近代文體發生の史的研究』(이와나미서점, 1965)인데, 야마모토 씨는 사이토의 주장을 '그 소개하는 방식이 코요를 언문일치의 지지자(支持者)로 보고 있는데 그 점에 잘못이 있다'고 비판하고, 다시 '예술적인 소설문장으로 보았을 경우의 강한 언문일치체 부정관(否定觀)이 거기에 드러난다'고 말한다. 그러나 이번 장에서는 「독자평판기」를 코요의 언문일치론으로 이해하는 것, 특히 코요가 언문일치체에 대해 찬성과 반대 어느 쪽인지를 읽어내는 것에는 금욕적인 태도를 취하고 싶다. 「평판기」라는 스타일의 가장 큰 특징은 상대성에 있다. 무엇보다도 같은 부분을 해석하여 언문일치 찬성파와 반대파 양쪽으로 읽을 수 있다는 것이야말로 「독자평판기」가 어디까지나 전통적인 '평판'의 자세를 답습하고 있음을 여실히 보여주는 것이라 생각된다. 문제가 된 언문일치론은 모두 "기삼(其三), 애호가의 수작"을 대상으로 하고 있다. 하지만, '평판기'에서 "애호가의 수작"이라는 스타일은 결말이 나지 않는 것을 그 정형(定型)으로 하는 것이다.

또한 사이토 씨와 야마모토 씨 모두 같은 시기에 발표된 『문맹안내서[文盲手引書]』(1889)와 마찬가지로 「독자평판기」도 소설 읽는 법을 가르쳐주는 계몽서로 평가한다. 그러나 그것은, 오자키 코요라는 비평주체를 기점(基点)으로 한 이해일 것이다. 메시지를 보내는 쪽이 어디까지나 '독자'로 설정되어 있다는 점을 생각하면 여기에서 전개되고 있는 것은 '독서론'이라고 할 수 있다.

이어서 '평판기'라는 형식이 의미하는 바가 무엇인가를 명확하게 하고, 당시의 비평 상황 속에서의 「독자평판기」의 위치를 현재적(現在的)인 독자론에 대한 흥미라는 입장에 서서 분석해 보겠다.

「독자평판기」의 성립 배경

「독자평판기」는 1889년 9월부터 1890년 1월에 걸쳐 잡지 『모모치도리』 제1권 제2호~4호, 제6호, 제9호에 게재되었다. 이는 말머리의 대표 인사말 중 "익살맞은 역할이 전문인 배우가 처음에 실린다는 것은 배우 세계에서는 거의 드문 일이나, 독자 세계는 배우평판기의 기준과는 다릅니다"라는 대목에서도 분명히 드러나듯이 형식은 전통적인 배우평판기를 따르고 있다. 잘 알려져 있는 것처럼 배우 평판기는 가부키 배우에 대한 예능 비평서인데, 그것을 그대로 문학계에 적용시키면 당연히 '작자 평판기'가 되어야 하는 것이다. 그것을 '독자'에 대한 평판으로 전환시킨 점에서는 평판을 받게 되는 대상에 대한 시점의 전환, 즉 넓은 의미에서 보는 자 / 보이는 자가 역전되었음을 확인할 수 있다. 그렇다면 이 발상의 역전은 코요의 독자적인 것일까.

분카8(1811)년 시키테 삼바[式亭三馬]가 발표한 곳케본[滑稽本, 에도후기 소설의 일종으로 우스운 이야기를 단편적으로 쓴 것−역자주]에『꽃에도 삼대연극 객자평판기[花江戶 三芝居 客者評判記]』가 있다. 가부키 관객의 유형을 날카로운 비평과 묘사로 묘사한 것인데, 배우 평판기의 형식과 내용을 본 딴 스타일은 우테이 엔바[烏亭焉馬]의 샤레본[洒落本, 에도 소설의 한 양식. 유곽에서 발달한 문학인데 대화를 골자로 유함−역자주]『객자평판기(客者評判記)』(1780, 유곽의 손님을 평한 것)에서 따왔다고 한다. 첫머리에 "관객의 버릇과 습성을 모조리 보고자 연극 번창이라고 쓰인 수호팻말 속에 섞여 벽공위에서 내려다보고 있자니 이루 말할 수 없는 재미. 이거야 원 관객이 연극을 볼 때보다도 무대 쪽에서 관객을 봤을 때 더 한층 흥미로워 더 할 나위 없다. 지금까지 몰랐던 별세계, 일대 장관이 펼쳐진다"라고 되어 있듯이, '무대'로 향해지는 시선을 '관객'에게로 돌림으로써 보통은 '보는' 입장인 관객들이 '보이는' 쪽으로 바뀐다.

이 삼바의『객자평판기』를 코요가 실제로 참고했는지는 확실치 않다.『보정판 국서 총목록(補訂版國書總目錄)』(이와나미서점, 1989~1990)이나 그 밖의 자료에 의하면『객자평판기』는 1883년에 일본식장정 활자본으로 간행되어 후에 제국문고(帝國文庫) 제42편『사대기서(四大奇書) 하』(1895)에 수록되었다. 코요는 제국문고 제23·24편『사이카쿠집[西鶴集]』(1893)의 교정을 담당했는데 시간적으로「독자평판기」를 집필하기 전에 제국문고판을 보는 것은 불가능하다. 그러나, 코요가 일찍부터 삼바의 작품에 친숙했다는 것은 분명해서 후쿠다 키요토[福田淸人] 씨에 의하면[7] 겐유샤를 결성했을 당시 요코이 야유[橫井也有]의『메추리 옷[鶉衣]』, 모리카와 쿄

---

7   후쿠다 키요토,『尾崎紅葉 日本近代文學大系』5 解說, 角川書店, 1978.

리쿠[森川許六]의 『풍속문선(風俗文選)』, 사이카쿠[西鶴], 치카마쓰[近松], 엔바[焉馬]와 더불어 삼바를 애독했다는데, 초기작품에는 가세이기[化政期, 1804~1830년경 - 역자주] 문학의 영향을 드문드문 볼 수 있다. 예를 들어 「독자평판기」에 앞서 집필된 『에도노미즈[江戶水]』(「문고(文庫)」, 1889.7~8)는 그 타이틀 자체가 삼바에게서 유래된 것이고, 서두 인사말도 "모두 잘 아시다시피 에도노미즈는 삼바집안에 대대로 내려오는 약으로 다른 것에 비길 데가 없고 흉내 낼 수도 없는 물건. 그럴 줄 알면서도 잘못된 생각에 이렇지나 않을까하고 그 필체를 흉내 냈는데 전혀 다른 새빨간 가짜. 참말로 시키테 삼바의 필치는 일류 에도산. 고금독보의 문중호(文中虎)이다. 도저히 미치지도 못할 일이다"라고 하듯이, 작품전체가 삼바로 대표되는 에도문학에 대한 친근함에 바탕을 두고 있다. 그 후 사이카쿠 문학에 심취한 모습을 보여주게 되는데 만년에도 다음과 같은 발언이 소개되었다.

이러한 예를 일본에서 찾자면 디킨스는 딱 시키테 삼바야. 그야 물론 디킨스와 삼바는 학식이나 타고난 재능에 있어서 비교가 안될 만큼 디킨스는 세계적으로 탁월한 작가이지만, 그 해학을 그려내는 점에 있어서 신기하게도 삼바는 디킨스와 닮은 점이 있단 말이지. 그리고 어떤 점에서는 디킨스와 우열을 가리기 힘든 부분도 있을 정도야. 특히 그 문장의 간결함이라는 점에서는 나 같은 게 평가하기도 좀 뭐하지만 삼바가 디킨스보다 낫다고 생각하는데. 이것은 내 생각으로는 삼바라는 사람이 하이카이[俳諧 : 해학이 있는 일본 전통시 - 역자주]식 사고를 길렀기 때문이라고 생각하네. 하이카이를 하면 그 연습의 내공이 신기하게도 문장을 간결하게 만든다네. 그러니까 한번 보게나. 삼바의 작품은 문장이 짧고 여운이 깊네.

— 야마기시 카요[山岸荷葉] 필기, 「고(故) 코요 대인 단편[紅葉大人斷片]」, 『신소설』, 1904.1

평가가 옳고 그른지는 차치하고라도 특정시기에 한정시키지 않고 코요는 삼바의 작품에 호감을 가졌었다고 할 수 있다.

그렇다면 여기에서 삼바의『객자평판기』의 구성과 코요의「독자평판기」의 구성을 비교해 보자.『객자평판기』에서 제일 첫머리는 "삼인 일조 에도토박이·오사카 사람·쿄토 사람"으로 되어 있는데, 평판을 한 후 "대사집에서 가라사대"라고 모사를 이어간다. 이어서「입역지부(立役之部); 협객의 부」의 권두에 '애호가'가 나와 평판을 한 후, "애호가들의 수작"이 이어진다. 그 다음에는 "대사집에서 가라사대"와 "수작"이 거의 교대로 나타난다.「독자평판기」의 구성은 다음과 같다.

(其一) … 총권두 문맹(까막눈) 평판 / 대사집에서 가라사대(모사)

(其二) … 애호가 평판 / 대사집에서 가라사대

(其三) … 애호가의 수작 언문일치가 vs 아속절충가

(其四) … 도덕 평판

(其五) … 천착(穿鑿) 평판 / 대사집에서 가라사대(모사)

독자평판기는 5회를 게재하여 네 사람이 평판을 한 것으로 끝이 났는데, 이것만으로『객자평판기』와의 구성상 유사점을 지적할 수는 없지만 첫머리 부분의 구성에는 공통점이 보인다. 어쨌든 방증이라고 하기에도 근거가 약한 것 같지만, 앞서 소개한 삼바에 대한 발언이나 초기 작품에 대한 영향 등을 고려하면『객자평판기』를 읽을 기회가 있었을 가능성도 완전히 부정할 수 없을 것이다.

그런데 시선의 역전이 가져온 "별세계" "일대 장관"에 대한 유혹을 불러일으키는 것은『객자평판기』의 대부분을 차지하는 우타가와 쿠니사다(歌川國貞)의 삽화이다.「고뇌하는 장면」에서 어떤 이는 얼굴을 찌푸리

고, 또 어떤 이는 품에서 종이를 꺼내 눈물을 닦는다. 「정사장면」에서
는 몸을 앞으로 내밀고 보는 이가 있는가 하면, 소맷부리로 수줍은 듯
이 입을 가리는 이도 있다. 「익살스러운 대목」에서는 이를 드러내고 껄
껄 웃는다. 관객과 무대가 하나가 되어 일희일비하는 모습이 생생히 묘
사되어 있어, 삼바가 저자 후기에서 이야기 하듯 그야말로 "배우의 분
장, 관객의 몸짓, 모습에 그림자가 따라다니는 것 같다. 노려보면 노려
보고 울면 걱정한다. (…중략…) 악역, 광대역, 노파, 청년에서 아가씨
까지 모두 각자의 연극이 있고 단지 연주하는 음악소리가 없을 뿐, 이
것을 정면에서 바라볼 때는 관객이 하나가 되어 잡극을 하는 것 같고
배우는 오히려 연극을 관람하는 것과 비슷하다"는 모습이었다. 그렇다
면 이와 같이 관객을 향한 시선의 원천은 어디에 있는 것일까. 그러한
시선으로 바라보는 사람은 무대 위의 배우는 아니다. 왜냐하면 배우의
등 너머로 관객의 모습이 그려지는 구도가 있기 때문이다. 관객을 향한
시선의 원천, 그것도 역시 관객이었다. 호레키[寶曆](1751.10.27~1764.6.2)
무렵부터 안에[安永]・텐메[天明]・칸세[寬政]로 이어지는 에도 가부키의
최성기에, 무대 뒤쪽에 '나한대(羅漢臺)' '통천(通天)・가구라도[神樂堂]'라
고 이름을 붙인 관객석이 설치되었다. 그곳은 가장 싼 입장료에 제공되
는 자리로 관객들은 배우의 등 밖에 볼 수가 없다. 쿠니사다의 대부분
의 삽화는 이 '나한대'에서 바라보고 그린 것이다. 하지만, "막이 내리면
완전히 막 안으로 들어가 버리는 나한대의 관객은 동시에 정면의 관객
에게 보이는 사람들이기도 했다."(핫도리 유키오[服部幸雄])[8] 즉 『객자평판
기』의 시선은 말하자면 관객끼리의 상호비평인 것이다. 삼바의 『희장
훈몽도휘(戲場訓蒙圖彙)』(1803)를 평하기를 "극장과 관객과 연극 그 자체,

---

8 핫도리 유키오, 「芝居小說論序說—江戶歌舞伎の劇場と觀客に就いての覺え書」, 『夜想』四,
   1981.10.

이 세 가지를 하나로 통일시킨 관념상의 총체로서『희장국(戲場國)』이
라고 이름붙인 우주를 설정한 것은 깊은 의미가 있다”고 말하는 핫도리
유키오 씨는 또한 다음과 같이 말한다.[9]

> 무대 위에서 진행되고 있는 연극의 시공을 관객 한 사람 한 사람이 공유
> 하고 있다는 실감 ― 즉 무대와 관객석이 ‘같은 하늘 아래 있는’ 관계라는 기
> 쁨은 각별한 것이었음에 틀림없다. 그것이 바로 다름 아닌 ‘희장국’의 형성
> 이었다.

그것은 현재와 같이 무대와 객석이 완전히 구분된 공간이 아니다. 보
다 / 보인다는 관계가 고정된 것이 아니고 복수의 시선이 자유롭게 교
차하는 장에서만 ‘관객’에 대한 시선이 생겨난다. 그렇다면 “소설국(小說
國)”에서는 어떨까. ‘독자’를 ‘평판’하는 행위란 무엇을 의미할까. 애당초
왜 ‘독자’가 ‘평판’을 받지 않으면 안 되는 걸까.

연극의 관객 / 무대·배우의 관계와, 문학의 독자 / 소설·작자의 관
계를 비슷한 것으로 논한 사람은 도야마 시게히코[外山滋比古] 씨이다.

> 리얼리즘이 발달하면 무대의 돌출된 부분이 점차 후퇴하기 시작하여 결
> 국 완전히 들어가 버린다. 액자무대는 그렇게 해서 생겨났다. 그러면 무대
> 와 객석 사이에 커튼이 드리워지게 된다. 극장에 막이 생겼다는 것은 관객
> 이 무대 참가를 거부당하고 연극과 단절된 세계에 놓여 있음을 상징하는
> 것이다. (…중략…) 연극은, 춤에 ‘참가’하는 것에서 시작해서 ‘바라보는’연
> 극을 거쳐 ‘엿보는’무대로 변해 왔다. 관객도 그에 따라서 무대와의 거리를
> 크게 벌려왔다. 무대의 구조도 그와 더불어 변했다. 이러한 사정들은 문학

9　위의 글.

이 구비 문학에서 활자체 문학으로 전개되고, 화자 겸 청자였던 수용자로
부터 근대독자가 탄생되기까지의 경위와 거의 유사하다.

—『근대독자론』, 미스즈서방, 1969

「독자평판기」의 배경에는 이른바 '근대독자의 성립'이라는 시대의
움직임이 있다. 쓰보우치 쇼요가 『소설신수』(1885~1886)의 머리말에서
"고금미증유"의 소설 전성기라고 부른 시기는 동시에 '독자세계'의 변
동기이기도 했다. 「독자평판기」의 주안점은 변동하는 '독자세계'를 독
자자신의 언어로써 추출해내는 것, 그리고 독자의 입장으로부터 '소설
세계'로 시선을 되돌리는 것에 있다. 그렇다면 거기에서 독자들은 무슨
말을 하고 있을까.

독자상의 변천

"'소설'이라는 장르의 시스템 구조를 체계화한 『소설신수』는, 그런 의
미에서 '소설'에 대해 메타레벨에 설 수 있는 '소설' 언어를 만들어 내는 매
체 즉 미디어가 될 수 있었다"라고 말한 이는 고모리 요이치[小森陽一] 씨인
데,[10] 『소설신수』가 "소설의 주안(主眼)은 인정이다. 세태 풍속은 그 다음
이다"라고 인구에 회자되는 표현으로 근대소설의 '주안'점을 제시했을
뿐만 아니라 그 하권에서 구체적이고 실천적인 방법론을 펼쳤다는 것은
잘 알려져 있다. 또한 쇼요는 소설을 논하는 문맥 속에서 항상 이항대립

10　고모리 요이치, 「近代批評の出發」, 『批評空間』, 1991. 4.

적인 독자상을 제시했다. 예를 들면 다음과 같다.

그 중에서도 걸작 『장자(莊子)』 같은 것은 구안지사(具眼之士)들에게 추앙받아 성인(成人)들의 사회에서 읽혀지고 있는데, 다른 평범한 우화서는 그 책이 목적으로 하는 풍자와 교훈 같은 취지가 점차 효력을 잃게 될 것이다. 생각하건대 성인인 구안지사는 성현들의 책을 읽고 스스로 도의도 분별할 수 있기 때문에 다시 우화서에 의지해 배울 필요가 없다. 다만 그 문장의 능숙함이나 그 구성의 절묘함을 즐기는 것에 불과하다. 이렇기 때문에 뛰어나지 못한 작품 같은 경우 오로지 어린이용 동화로 전락하거나 아니면 부녀자들이 가지고 노는 단지 노리갯감이 될 뿐, 그 목적하는 풍자 같은 것은 통하지 않게 될 것이다. 왜냐하면 아이들은 그저 각색에만 눈이 가, 그 함축하고 있는 우의가 무엇인지를 알 수 없기 때문이다.
—「소설의 변천」

소설은 곧 인생의 평판기로, 갑이 실패한 이유, 을이 성공한 이유, 혹은 권력을 얻고도 의심이 부패한 사정, 혹은 정에 끌려 도리를 어기게 된 경위를 역력히 작품 속에 서술해 냄으로써 독자의 평판에 대비한다. 구안지사가 이것을 읽으면 그 숨은 뜻이 깊어져서 다른 경서나 정사를 읽는 것과 비교가 안 될 것이다. (…중략…) 우리나라에서는 일반적으로 옛날부터 소설을 노리개로 여겼다. 작자도 이것에 만족해 구태여 소설을 개량하여 어른이나 지식인을 즐겁게 하는 예술로 승화시키려는 사람이 없다. 그렇기 때문에 우리나라의 소설, 패사는 (…중략…) 이른바 격조가 떨어지고 세상의 글이 마음에 위안을 주기에는 부족하므로 아녀자들이 즐기는 게 고작이다.
—「소설의 비익(裨益)」

부녀자와 아동들의 경우는 원래 치몽천학하기 때문에 각색을 읽을 뿐 우의(寓意) 같은 것은 결코 알 턱이 없지만, 그렇다고 선악미추를 조금도 분별하지 못한다고는 하기 어렵다. 장려(奬勵)와 훈계에 주안을 두는 소설을 자주 읽는다면 권징의 의미가 자기도 모르는 사이에 마음에 새겨지고 어느 정도 자극이 되어 그 행동에 영향을 줄 것이라는 점은 의심할 여지가 없다. 다만 그 영향력은 구안의 독자의 경우와 비교하면 약하다. 이것은 소설이 오로지 아녀자만을 위한 것이 아니기 때문이다.

—「소설의 비익」(방점은 인용자)

쇼요는 독자를 "구안지사"와 "아녀자"로 둘로 나누고, 『소설신수』의 곳곳에서 근대소설이 "구안지사"가 감상할 만한 것이어야 함을 반복해서 말한다. 그것은 뒤집어 말하면 "구안지사"야말로 기대되는 근대소설의 독자상이라는 것이다. 즉, 쇼요는 여기에서 근대독자를 규정하고 있는 것이다. 근대소설의 성숙은 그 향수자로서의 자격을 갖춘 근대독자의 육성(育成)과 보조를 맞추지 않으면 안 된다. 그 근대독자의 성숙이 또한 근대소설을 더욱 발전시킨다. 『당세서생기질(當世書生氣質)』(1886)의 매회 머리말이나 부언에서 빈번히 되풀이되는 '작자'에서 '독자'로라는 구호는, 바킨[馬琴]의 『팔견전(八犬傳)』 등이 그렇듯이 에도 게사쿠[戲作]의 틀을 답습한 것이라고 하지만, 『소설신수』의 언설을 시야에 넣고 생각하면 그 구호에는 단순한 수사(修辭)를 넘은 적극적인 의지가 담겨있었을지도 모른다.

일반적으로 근대독자란 작자(소설)와 일대일의 관계를 맺고 '묵독(默讀)'을 행하며, 직접 작품세계에 참가하지 않고 '엿보는' 입장에 있는 "고독한 독자"로 불린다.[11] 쇼요는 동시에 그들이 "구안지사"일 것을 요구한 셈인데, 이와 같이 생각해 보면 「독자평판기」의 가장 첫머리에 '문맹(文

盲)'이 놓여있는 것은 우연이 아니다. '문맹'은 근대적 독서의 장에서 배제된 독자의 대표격이기 때문이다. '문맹'은 스스로 말하듯이 "쪽마다 그림이 있어서 글씨를 읽지 않아도 순서대로 그림을 잘 보면 결말까지의 줄거리를 잘 알 수 있는" 에도시대의 서적 같으면 어엿한 '독자세계'의 일원이었겠지만 근대적 독서의 장에서는, 평판 중에서 '법률가'가 말하듯이 "이른바 불능력자(不能力者)라는 것으로 소설을 읽을 권리가 없는 인물"이 되어 버린다. 가토 히데토시[加藤秀俊] 씨와 마에다 아이 씨는 "독자가 어느 정도 형성되어 있는가는 결국 교육제도의 문제"이고, "메이지 5년(1872)의 학제제정으로 소학교에 들어간 사람들이 읽기 쓰기를 배워 졸업하는 게 메이지 십 년대"인데, "그 세대가 청년기가 된 것을 십 년대 중반에서 이십 년경"으로 본다면 "쓰보우치 쇼요의『소설신수』나 후타바테 시메의『부운(浮雲)』등 새로 등장하기 시작하는 근대문학은 배경에 그런 독자를 확보하고 있었다"[12]고 서술한다. 실제로 당시의 식자율(識字率)이 어느 정도였는지는 알 수 없다. 예를 들어「일본제국 문부성제16연보(1888년분)」은 "관내 인민 중 6세 이상인 자에 대한 교육의 유무를 조사하여 보고한 것"으로, 시가[滋賀], 오카야마[岡山], 가고시마[鹿兒島]의 세 현에 대해 게재했는데, 그에 따르면 "이름을 못 쓰는 자의 백분율"은 시가가 26.01%, 오카야마가 44.00%, 가고시마가 77.59%로 되어있다.「제17연보(1889)」에서는 시가가 22.50%, 오카야마가 42.60%, 가고시마가 74.72%로 감소했다.「연보」에서도 우려하듯이 어떤 조사방법을 택했는지 분명하지 않고, 이름을 쓸 수 있는지의 여부가 그대로 "교육의 유무"에 해당하는지 어떤지도 의문이어서 이 숫자가 어디까지 신뢰할 수 있는지 미심쩍다. 오히려 흥미를 끄는 것은 오카야마현이 30세 이상과 이하로 구별하여 조사

---

11 도야마 시게히코의『近代讀者論』, みすず書房, 1969; 마에다 아이의『近代讀者の成立』, 有精堂, 1973 외.
12 가토 히데토시 · 마에다 아이,『明治メディア考』, 中央公論社, 1980.

한 결과, 이름을 못 쓰는 자의 비율이 30세 이하는 35.64%인데 비해, 30세 이상은 50.32%라는 점이다. 숫자의 정확도는 별개로 치더라도 세대에 따라서도 '글자'를 핵으로 하는 독서형태에 대한 적응에 차이가 있음을 알 수 있다. 「독자평판기」로 돌아가, '문맹'의 평판 중에서 '애호가'가 "세상은 열이면 열 하나같이 이러니까 너무 나쁘게 말하지 않았으면 좋겠네"라고 변호하듯이 이 시점에서 근대독자가 될 수 있는 사람들은 소수로, 일정 수준 이상의 교육과 교양을 익힌 '선택받은 독자'였다. "안목이 없는 주위의 독자" "독자에게 독서의 안목이 없음"을 한탄하는 쇼요에게 '선택받은 독자'를 육성하는 일은 근대소설 발전을 위한 필요조건이었다. 그 '선택받은 독자' 중에서 특히 두드러진 사람들이 비평가로 자립해 간다. 이와 같은 쇼요의 자세가 『견이평판기(犬夷評判記)』 등에서 엿보이는 바킨의 자세와 비슷하다는 점은 흥미롭다. 가메이 히데오[龜井秀雄] 씨는 바킨이 실천한 "선택받은 독자와의 커뮤니케이션"에 대해 다음과 같이 말한다.

바꿔 말하면 그것은 '작자'의 견식(見識)에 필적하는 독서 달인으로서의 비평가를 요구하는 것이고, 또 달리 말하면 샤레본[洒落本]이나 닌죠본[人情本]과 같은 텍스트 내에서의 서브텍스트 비평이나 '작자' 비평과는 다른 텍스트 밖의 또 하나의 텍스트, 즉 메타 텍스트로서의 비평을 분화하고 자립시키는 시도이기도 했다. 바킨은 그런 비평가가 될 수 있는 노력을 앞서 언급한 『평판기』나 「훈수 여덟 쉬[おかめ八目]」(1814) 「본조 수호전(本朝水滸傳)을 읽고 비평하다」(1833) 등에서 거듭하여, 당시의 그 레벨의 비평을 감당해낼 수 있는, 아니 오히려 그 레벨이 아니면 이해할 수 없는 텍스트이어야 한다는 것을 '작자'의 군소리에서 계속해서 이야기 했다.

— 「생산 양식과 비평」, 『문학』, 1990. 가을

바킨의 경우, 『견이평판기』의 "이 평 역시 뛰어나다 (…중략…) 제대로 보고 있다. 이런 말을 하는 이는 드물 것이다. 감탄하고 또 감탄" "평하는 말도 절묘하다 (…중략…) 구안지사가 아니면 이런 평은 하기 힘들다. 감탄하고 또 감탄" 같은 표현에 명백하게 나타나 있듯이 우위에 서는 것은 어디까지나 작자이고, 작자주도형이다. 이에 반해 『소설신수』의 경우는 작자와 독자가 서로 영향을 줌으로써 한층 근대소설의 발전이 기대된다고 할 수 있는데, 어찌됐든 그들 '선택받은 독자'를 직접적인 대상으로 하여 그 후의 근대소설은 성숙해가는 것이고 그렇게 방향을 잡아준 것은 역시 『소설신수』였던 것이다. 하지만 배제된 독자들도 할 말은 있다. '문맹'이 마지막에 "작품은 연극과 마찬가지로 즉 아녀자의 교육서이니까 아녀자가 쉽게 이해할 수 있게 쓰여 있지 않으면 소설의 본뜻에 어긋나는 것이다"라고 투덜거린 것은, "소설의 유용"(간접적인 유용이지만)을 "착한 일을 권장하고 악을 징계하는 것"이라고 주장한 『소설신수』의 소설관을 역으로 이용하여 한방 먹인 것이라고 할 수 있다.

그런데 '문맹'이 배제된 독자를 대표한다면 '애호가(애독자)'는 이른바 일반 독자의 대표일 것이다. '발행인'이 "저자들이나 비평가들 사이에서 이것이야말로 제대로 된 소설의 모습이라느니 문장이 좋다느니 하는데 아무리 대단한 저작이라도 애호가가 없으면 우리로서는 높은 원고료를 내고 출판해도 결코 팔라지 않아서 큰 손해를 보기 때문에 문장이나 각색이 어떠하든 인기가 많고 애독자가 많은 작가가 아니면 승낙하지 않습니다"라고 말하듯이, '저자들이나 비평가들'과 일반 독자들의 '문학의 표준'이 일치하지 않는다는 것은 현재에 이르기까지 불후의 진리인 것 같다. 또한, 앞 절 「'평판'이라는 스타일」에서 언급했듯이 '기삼(其三) … 애호가의 수작'에서는 언문일치가 화제의 중심이다. '기이(其二)

… 애호가'에서도 "이 사내의 작품은 또한 활자가 좋다" "교정이 잘 되어 있다"라며 활자본을 손에 들고 있는 "나리님"이 소리 내어 읽어주는 "세계는 적막의 손에 지배당해 누구 하나 반대하려는 자가 없습니다"라는 일련의 문장은, 야마다 비묘[山田美妙]의 언문일치체의 패러디일 것이다. '기삼(其三) … 애호가의 수작'에는 언문일치체와 아속절충체가 등장해 각자 좋아하는 문체를 변호한다. 앞에서도 언급했듯이, 이 장면이 특히 코요 자신의 언문일치론으로 인식된 것은, 양자의 발언 중에 표현자의 처지에서 말한 것과 향수자(독자)의 처지에서 말한 것이 섞여있기 때문이기도 할 것이다. 특히 주목할 만한 것은 언문일치가에 의한 "저자에게 치밀한 사상이 없는 게 아니라 원래(아속절충체의) 문장이 그렇게 생겼다"라는 지적이다. 여기에서는 언문일치의 문제가 단순히 문체상의 문제가 아니고 사상과 표현의 괴리를 피하기 위한 시도라는 언문일치의 본질을 시사하고 있다. 그러나 어쨌든 수작으로는 결론이 나지 않는 것이고, 만약 여기에서 전개되는 문장론을 오자키 코요라는 표현 주체에 환원시켜 본다면, 코요가 언문일치체와 아속절충체 양쪽의 장단점을 충분히 이해하고 있었다는 정도로 말할 수 있을 것이다.

그런데 이 언문일치가와 아속절충가는 첫머리의 "하우와유? (…중략…) 공부하셔? 황송한 일이네 이런 일요일에. 설마 예습?"이라는 어투로 추측해보면 여학생으로 설정되어 있었던 것 같다. 「독자평판기」보다 조금 먼저 『요리우리신문』에서 1889년 3월 20일, 24일, 31일, 4월 3일의 4회에 걸쳐 언문일치를 둘러싼 "작은 논쟁"(다카다 치나미[高田知波])[13]이 벌어졌다. 다카다 씨가 지적하듯이 논쟁의 발단이 된 「언문일치」는 기무라 아케보노[木村曙]가 기고한 글이고, 그녀가 사용한 필명

---

13 다카다 치나미, 「雅號・ローマンス・自稱詞-『婦女の鑑』のジェンダー戰略」, 『日本近代文學』, 1996.10.

‘요시카와 히데’는 『부녀의 귀감[婦女の鑑]』(1889)의 히로인 요시카와 히데코[吉川秀子]에서 따온 것으로 생각된다. ‘애호가의 수작’에 등장하는 두 사람이 여학생인 것은 어쩌면 이 논쟁이 배경에 있는지도 모른다. 언문일치의 안이한 사용을 비판하는 ‘요시카와 히데’에 대해 반론을 제기한 ‘호시노야 테루코’의 문장이 아문(雅文)으로 쓰인 것도 흥미롭다. 참고로 논쟁에 참가한 ‘시안가이시[思案外史]’ 즉, 이시바시 시안은, “스스로 써보면 압니다만”와 같이 구어체로 썼다. ‘요시카와 히데’는 글에서 다음과 같이 말한다.

> 언문일치체는 구어(口語)로 되어 있어서 미천한 계집아이들도 이해할 수 있을 텐데, 일전에 어떤 이가 언문일치로 엮은 이야기책을 골라 집의 여자들에게 읽어주었더니 좋아하는 기색은 없고 순식간에 슬며시 모두 자리를 뜨기에 그 이유를 물어보았더니, 왠지 서양과 일본이 뒤섞인 것 같은 이야기는 우리는 전혀 이해가 안 된다고 대답했다 (…중략…) 그 후 이번에는 바킨[馬琴]이 지은 이야기 몇 가지를 읽어주었더니 모두 재미있어 하며 또 다음 이야기를 들려달라고 했다.

이에 대해 이시바시 시안은 아래와 같이 반론했다.

> 언문일치는 계집아이들이 이해를 못한다는 둥, 바킨이나 쿄덴[京傳]의 문장이 이해하기 쉽다는 둥 하는 것은 조금 받아들이기 어려운 주장입니다. 언문일치를 이해하지 못하는 사람이 어떻게 쿄덴이나 바킨의 문장을 이해할 수 있겠습니까? (…중략…) 그것은 정말로 이해 한 것이 아니고 앞뒤의 내용으로 겨우 아는 척을 하는 것이죠. 조금 말씀드리기는 거북하지만 쿄덴이나 바킨이 쓴 문장을 처음부터 끝까지 글자 하나 구절하나 모조리 이

해하는 부인네는 …… 글쎄요 십중팔구는 어렵지 않겠습니까. 쿄덴은 아직
그 정도는 아니지만 바킨은 자신의 학문을 문장에 드러내려고 마구 어려운
문자를 쓰고 싶어 했습니다.

—「언문일치에 대하여」, 『요리우리신문』, 1889.3.31

두 사람 사이에는 독서형태에 차이가 있다. '요시카와 히데'가 '소리
내어 읽어주기'라는 독서의 장을 제시하고 있다는 점을 아마도 시안은
깨닫지 못했을 것이다. 바킨이 어려운 '문자'를 쓰고 싶어 했다는 시안
의 주장은, '문자'를 중심으로 하는 단 한 사람의 독서의 장을 전제로 하
고 있다. '소리 내어 읽어주기'라는 독서의 장에서의 언문일치와, 묵독
(默讀) 속에서의 언문일치는 같지 않다. "언문일치론에 대해 방관자적
태도를 지녔던 오가이조차도 (…중략…) 산문이 원칙적으로는 묵독에
의해 향수되어야 한다는 이해에 달해 있었다"[14](마에다 아이)라는 서술과
같이, 언문일치는 표현주체의 문제일 뿐만 아니라 독자의 문제이기도
했다. 『독자 평판기』가 언문일치를 화제로 삼는 것은 그것이 동시대를
석권한 문학상의 화두였을 뿐만 아니라 언문일치가 독자의 읽는 행위
자체의 문제였기 때문이다.

'애호가의 수작'이 그러 하듯이 「독자평판기」에는 동시대 문학계의
화제가 반영되어있다. '기사(其四) … 도덕'에서 평판의 대상이 되고 있
는 '도덕선생'은, "이 사람 같이 사회의 덕의를 문란하게 한다는 둥, 풍
속에 해를 끼친다는 둥, 작자에 도덕의 표준이 없다는 둥 말씀하시지만
소설이라니까요 그게" "이 사람이 독자라니 완전 잘못 본거지. 어느 여
학교에서 교장으로 앉히고 싶어 한다니까 그 쪽으로 보내는 게 좋겠네"

---

14 마에다 아이, 「音讀から默讀へ―近代讀者の成立」, 『近代讀者の成立』, 有精堂, 1973.

같은 평판을 보면 당시 기독교 사상에 입각한 윤리성 중시의 비평을 전개하던 이와모토 요시하루[嚴本善治]를 연상시키고, '사서 고생'이라는 인물의 "도덕 도덕하며 다그치면 결국은 소설인지 교육 강연인지 알다가도 모를 것이 되어 버려"라는 말에 대해, '애호가'가 "그렇게 되면 유럽같이 소설을 교과서로 삼아도 부끄럽지 않게 될 것이다"라고 말한 것은, 여전히 농후했던 개량 사상을 비꼬고 있다. 또한 '기오(其五) … 천착' 중 '대사집'의 화제의 중심은 「서목십종(書目十種)」이다. 「서목십종」은 잡지 『국민지우(國民之友)』(1889.4)가 행한 독자 앙케트인데, 코요 자신도 그것에 답하여 "타이헤이키[太平記], 마쿠라노소시[枕草紙], 후조쿠몬젠[風俗文選], 무스메세쓰요[娘節用], 사이카쿠[西鶴]의 이치다이온나[一代女], 쿄덴[京傳]의 코몬가와[小紋雅話], 토소시쥰[唐宋詩醇], 사이카쿠[西鶴]의 고닌온나[五人娘], 헤이케모노가타리[平家物語], 하이후야나기다루[俳風柳樽]"를 들었다. 참고로 야마다 비묘가 응답한 것은 "겐지모노가타리[源氏物語], 쓰라유키집[貫之集], 신황정통기(神皇正統記), 사기(史記), 가도(賈島)의 불시(佛詩), 밀턴시집, 돈키호테, 셸리의 시, 허영의 도시, 레미제라블, 실러 시집"이었다. 그 밖에 후타바테 시메, 요다 각카이[依田學海], 쓰보우치 쇼요, 후쿠치 오치[福地櫻痴], 스기우라 주코[杉浦重剛] 등 수많은 저명인이 이 설문에 응답했다. '대사집'만으로도 「서목십종」이 당시에 화제를 불렀다는 것을 알 수 있는데, 동시에 이 시도는 이와모토 요시하루가 「문학과 자연」(『여학잡지(女學雜誌)』, 1889.4)에서 "나는 「서목십종」을 훑어보고 절망했다. 또한 크게 낙담했다. 요즘의 문학자 중에 어찌 이렇게 경박하고 진실하지 못한 취향의 독자가 많은가"라고 표현했듯이, 평소에는 작자 혹은 독자를 계몽하는 처지에 있는 사람이 독자로서의 얼굴을 드러내는 것이었다. 이와모토의 말은 지나치게 일면적이지만 바꿔 말하면 그들도 독자라는 것을 새삼 보여주는 것이었다. 「천착」의 '대사집'

에서도, 여느 때 같으면 서양문학을 과시하는 '저자'들이 '독자'로서 평가받을 때는 도금이 벗겨져 버리는 모습을 조롱한다. 좀 더 정확하게 말하면, 이 「서목십종」은 뜻밖에도 작자와 독자의 관계가 결코 고정적인 것이 아니라 가변적임을 밝힌 것이다.

나가며

「독자평판기」는 근대적인 의미의 '비평'의 장이 아니며 각 부분에서 전개되고 있는 소설론·문장론 등이 오자키 코요라는 '개인'에 수렴되는 것도 아니다. 하지만 비평이라는 행위가 '선택받은 독자'에 의해서만 이루어지고, 또한 소설이 그들을 겨냥해 생산된다는 폐쇄적인 관계 속에서 근대소설의 영위는, 그 주변에 있는 독자에 대한 시선을 잃고 말았다. 그러한 시간의 축 속에 「독자평판기」를 놓고 봤을 때, 거기에 독자들의 다양한 목소리가 존재했다는 것 자체가 시대에 대한 '비평'이 될 만하다고 할 수 있다.

　표현자의 입장을 기점으로 한, 즉 표현주체로서의 발언이 아니라, 독자를 기점으로 한 발언의 장을 설명하는 것. 그것을 오자키 코요라는 '개인'의 문제로 돌려놓고 보면, 코요의 시선의 방향성이 고정적인 것이 아니라 가변적인 것임을 보여준다. 그러한 시선은 끊임없이 표현주체인 자신을 상대화한다. 따라서 그 표현행위가 하나의 표현주체의 사상이라는 중심으로 수렴되는 일은 없다. 그렇다면 표층(表層)으로 기능하는 언어 그 자체의 힘이 표현의 장을 형성하고 움직여가게 된다. 나아가 거기에 작품의 입장에서는 외부의 존재인 '독자'와 그 독서 행위가 거의 동시발생적인 것으로 의식될 때 작품세계는 어떠한 형성과정을 겪게 되는 걸까.

'독자세계'로부터 돌아오는 시선을 어떻게 받아들이고, 독자와 독서 행위까지도 포함한 '소설세계'가 형성될 수 있을지 어떨지는 이제 코요의 표현주체로서의 문제가 되는 것이다.

제5장

백합과 다이아몬드

『금색야채(金色夜叉)』의 꿈

이게 이야기의 결말이어야 하나? …… 하지만 만약 이야기가 없다면
어떤 결말이, 어떤 시작이 있을 수 있을까.

— 버지니아 울프, 『물결』[1]

들어가는 말

1903년 10월 30일 오후 11시 15분, 메이지 문단의 영웅 오자키 코요가
그 36년간의 생을 마감했다. 그 죽음은 사후 겐유샤 사람들이 발표한 수
많은 임종시의 모습이나 추억을 전하는 글, "나도 또한 일곱 번을 다시

1 　가와모토 시즈코[川本靜子] 역, 『ヴァージニア・ウルフ著作集5 波』, みすず書房, 1981.

태어나 문장을 만들 것이다"[2]라는 제자들에 대한 임종의 말, 그리고 죽음이 임박하여 수척해진 코요가 마루젠[丸善]에 센츄리(영어사전-역자주)를 예약하러 왔었다는 우치다 로안[內田魯庵]이 전하는 에피소드[3] 등과 함께 한 사람의 '작가'의 이야기로서 그것 자체가 유통되어 간다. 한편 코요의 죽음으로 마지막 작품『금색야차』는 미완인 채로 남게 되었다.

그러나 독자는 미완인 채로 남겨진 이야기의 '결말'을 원했다. 다양한 미디어·믹스 현상과 함께 만들어진 새로운 이야기는 각각 어느 정도 '결말'에 도달해 있다. 하지만 그것은 어디까지나 이야기 내용으로서의 '결말'에 지나지 않는다. 강이치[貫一] 입장에서 '이야기'가 정말로 끝난 것일까.

최근의『금색야차』연구 경향의 하나로 오미야[お宮]에 대한 재평가를 들 수 있다.[4] 오미야가 보여주는 과잉성이나 제도로부터의 일탈이, 그녀가 도미야마[富山]와 결혼생활을 하는 중에 일어난다는 점에, 코요가 말하는 "초 메이지식 부인[超明治式の婦人]"[5]이 실현되어 있음을 확인할 수 있는 것이다. 다만 개인적인 의견으로는 그 과잉성이나 일탈의 원천에는 어디까지나 '이야기'의 산출자로서의 강이치가 있다. 이하, 강이치 입장에서 본 '이야기'의 형태를 밝히고『금색야차』의 '결론'에 대해 생각하고자 한다.

2　『明治文豪傳之內 尾崎紅葉』, 文祿堂書店, 1965.

3　「硯友社の勃興と道程－尾崎紅葉」,『新編 思い出す人々』, 岩波書店, 1994.

4　高田知波,「『良妻賢母』への背戾－『金色夜叉』のヒロインを讀む」,『日本文學』, 1987.10; 山崎眞紀子,「『金色夜叉』論－お宮の空白」, 塩田聰「『愛』のかたち－『金色夜叉』覺書」, 專修大學大學院文學研究科畑有三研究室編,『續·紅葉作品の諸相』, 1993.6 등.

5　「金色夜叉上中下篇合評」,『藝文』, 1902.8.

후일담(後日譚)이라는 위상

1897년 1월 1일부터 1902년 5월 10일까지『요리우리신문』에 단속적(斷續的)으로 연재된『금색야차』는,「신속금색야차(新續金色夜叉)」(3)의 2, 오미야가 강이치에게 쓴 편지의 중간에서 중단되었다. 강이치와 미야는 어떻게 될 것인가, 그 이야기의 행방이 묘연한 채 '오자키 코요작『금색야차』'는 중단된 셈인데, 강이치·오미야의 이야기는 그 한 권의 책의 영역을 넘어 증식되기 시작한다. 그 대표적인 것은 문하생 오구리 후요[小栗風葉]가 쓴『금색야차종편(金色夜叉終編)』(1909),『아라오 죠스케[荒尾讓介]』(1912),『종편 아라오 죠스케[終編荒尾讓介]』(1914)인데, 그 밖에도 쿠로보시[黑法師] 즉, 와타나베 가테이[渡邊霞亭]의「금색야차총서」[6] 등이 있다.

물론 이것들은 아무런 방향이 없이 생산된 것은 아니다. 코요 자신이 남긴 것으로는『코요유문[紅葉遺文]』(1898)의 "이 자는 짐승과도 같다. 사랑 때문에 고리대금업자가 된다. / 돈이 없어 실연을 하고 세상은 돈이 아니면 안 된다는 잘못된 생각으로 스스로 차라리 사악한 길로 빠지고자 행하기를 10년. 2만 엔 남짓한 돈을 모았으나 하루아침에 큰 깨달음을 얻고는 돈 때문에 죽음의 위기에 처해 자살하려는 남녀를 구하고, 뜻을 세워 자살을 구제한다는 광고를 하여 50여 명의 목숨을 구하고는 무일푼이 된다"는 메모 외에「금색야차복안각서(金色夜叉腹案覺書)」에는, 미야가 발광한 후 사람들의 설득으로 미야를 용서한 강이치가 "미야를 차에 태워 돌아가는 길에 아카가시의 유골을 안고 화장터에서 돌아가던 미쓰에를 만난다"라는 대단원이 적혀 있다. 또한 이즈미 쿄카[泉鏡花]

---

6 제2권『間貫一』(萬字堂, 1912)의 권말에는,「금색야차총서」로『荒尾讓介』『間貫一』『間宮子』『後の荒尾讓介』『富山唯繼』『赤樫萬枝』와 같은 책 이름이 나와 있는데, 필자가 실제로 확인할 수 있었던 것은『荒尾讓介』(1912),『間貫一』두 책뿐이다.

와 하나부사 류가이[花房柳外]가 전하는 내용도,[7] 발광한 미야를 강이치가 돌보기로 하고 데리고 가는 길에 아카가시의 장례를 마친 미쓰에와 마주친다는 큰 줄거리가 일치한다. 그리고 앞에서 소개한 '『금색야차』의 후일담'들은 모두 이 '복안'을 토대로 쓴 것이다.

이 작품들은 오로지 이야기의 '결말'을 바라는 독자에 의해 탄생되었다고 할 수 있다. 오구리 후요는 「『종편 금색야차』의 집필에 대하여」[8]에서 "재작년 겨울, 「훗날의 금색야차[後の金色夜叉]」라는 초고를 가지고 와서 신쵸샤[新潮社]에서 출판을 하려던 사람이 있었다. 신쵸샤 측에서는 생각하는 바가 있어 바로 초고를 매수하고, 나에게 보여주며 별도로 새로 「종편 금색야차」를 써보라고 권했다"라고 기술하고 있다. 이 글의 의도는, 오구리 후요가 『금색야차』의 '결말'을 이어서 쓰게 된 배경과, 더불어 「고(故) 코요 산진의 복안각서」를 "수년 전 내가 『각본 금색야차』로 발표"했다고 명기함으로써 '오구리 후요 작 『금색야차종편』'의 정당성을 보여주는 것에 있다고 생각되는데, 오히려 「훗날의 금색야차」가 일찌감치 만들어졌었다는 사실(그 진위는 별개로 하고) 이 나에게는 흥미롭다. 마찬가지로 오구리 후요가 쓴 『종편 아라오 죠스케』(1914.1 발행판)의 권말에 게재된 『금색야차종편』 광고에는 "매진, 또 매진, 공전의 환영을 받아 제20판을 발매하는 쾌거를 달성했다"고 되어 있다. 독자는 확실히 이야기의 '결말'을 원하고 있었다.

『금색야차』에서 강이치의 욕망은, 「5년 전의 미야」라는 말하자면 존재하지 않는 것에 향해 있다. 그리고 그것은 "강이치의 미야는 5년 전의 미야다. 그 미야는 미야 자신도 되돌릴 수 없다. (…중략…) 아, 시기사와 미야[鴫澤宮]! 5년 전의 미야가 그립다. 내가 백만 엔을 모은다 해도

---

7 「小解」, 『明治大正文學全集』 第六卷, 春陽堂, 1927; 「故紅葉山人と演劇と」, 『新小説』, 1904.3.
8 『金色夜叉終編』, 新潮社, 1909, 권말에 수록.

옛날의 미야를 얻을 수는 없는 것이다!"라고 강이치 스스로 진작부터 인식하고 있듯이 두 번 다시 손에 넣을 수는 없는 것이다. 이 욕망 그 자체에 내포된 불가능성을 해소하지 않는 한 『금색야차』 이야기는 그 종언을 맞이할 수 없다. 그래서 준비된 것이 미야의 '발광'이었다. 다만 그것은 코요가 남긴 「복안」 속에 나와 있는 것에 불과하다. 『금색야차』의 작품속의 시간에서 미야의 '발광'을 찾아내려고 한다면 그 징후는 작품 속에서 개시(開示)된 미야의 두 통의 편지에서 찾아야할 것이다. 하지만 예를 들면 거기에 편지 문장이 심하게 망가져 있는 것 같은 객관적 징후는 보이지 않는다. 미야는 스스로 자기 '병'의 경과를 이야기한다.

지난 번(「속금색야차」 제6장을 가리킴 − 인용자주)에 화내신 것도, 지은 죄가 있는 몸이라 처음부터 각오는 했지만 너무나도 안타깝게 이별한 터라 더욱더 그리움은 사무쳐서, 집에 돌아온 다음부터 머리가 아프고 가슴이 찢어질듯 하여 밤에는 눈도 붙이지 못하고, 다음 날부터는 더욱 우울해져서 걸핏하면 눈물이 나서, 아무 일이 없는데도 가슴이 메어 갑자기 안 좋은 생각만 들고 밤낮없이 몹시도 괴로워서 나흘째에는 이제 일어나는 것도 힘들어져 오후부터 자리에 드러누운 채 오늘까지 시름시름 앓고 있습니다. 오로지 그리운 분 생각만하고 저의 처량한 처지를 한탄하며 가슴은 점점 더 아프고 눈은 보기 흉하게 퉁퉁 부어서 오늘은 어제보다도 더 수척해졌습니다.

— 「신속 금색야차」 1

마지막 편지에서는 자신의 병을 의사가 "이유 없이 히스테리"라고 이름 붙인 것에 불만을 나타내며, "제가 보기에는 이 넓은 세상에서도 보기 드문 다른 병인 것 같은데, 그렇게 흔해빠진 이름을 붙이면 저는 억울해요"라고 썼다. "낮에는 머리가 무겁고 가슴이 답답하며 심하게 피곤해서 뭘 해도 귀찮다"라는 미야의 자각증상은, 어떤 한 가지 점을 지향하고 있다. "이 목숨이 조금씩 약해져서 죽을 때가 가까워졌다는 것을 스스로 알게 되었습니다", 즉 그 도달점은 죽음인 것이다. 그리고 그것이 미야 자신에 의해 정확하게 파악되고 또한 바라는 것이기 때문에 미야의 '병'은 이른바 '발광'과는 다르다. 앞질러 말한다면 이 미야의 회오와 번민 끝의 죽음이야말로, 「속금색야차」(8)의 강이치의 꿈과 호응한 그가 바라는 이야기의 '결말' 그 자체였다. 그러나 코요의 「복안」에 인도되어 『금색야차』에서 증식해나간 '『금색야차』의 후일담'들은, 그 전개의 전제로 우선 미야의 '발광'을 준비했다. 그리고 그 '발광' 자체가 가사(假死) 상태로 바뀌어 읽혀가는 것이다. 예를 들어 오구리 후요 작 『금색야차 종편』에서는 '발광'하여 "고이시카와[小石川] 뇌병원"에 입원한 미야가 두 차례의 자살미수 끝에 도미야마 타다쓰구와 이혼하고 도미야마 미야였던 6년간의 기억을 잃고 만다. "실로 그는, 적어도 그의 마음속에서는 6년 전의 더럽혀지지 않은 시기사와 미야[鴫澤宮]로 부활하는 것 같았다." 이 전제가 있기에 비로소 강이치는 미야를 자기 곁으로 데려오는 것이다. 그야말로 그는 '5년 전의 미야' '시기사와 미야'를 손에 넣은 것이다. 『금색야차종편』은 정신을 잃은 미야를 품에 안은 강이치의 "미야, 두 사람은 외롭네!"라는 비창한 대사와 함께 끝난다. 주위 사람들이 모두 새로운 미래를 향해 떠나간 뒤, 황량하게 두 사람만이 남겨진다는 이야기의 '결말'을, 예를 들어 코요가 썼다면 어땠을까 하는 현실 불가능한 가정은 잠시 제쳐 놓고, 하나의 이야기의 '결말'로서 평가되어야 한다고 나는 생각한다. 그러나 독자가 기대하는 지평의 대단원과, 『금색야차종편』에서 제시된 결말과는 일치하지 않았던 것 같다. 따라서 오구리 후요는 계속해서 『아라오 죠스케』『종편 아라오 죠스케』를 쓰고[9] 그 속에서 미야의 '발광', 즉 가사(假死) 상태로부터의 회복과 재생(再生), 그리고 그에 따른 강이치의 새로운 인생 — 동경 생활을 버리고 교외에서 고아원을 열다 — 을 그려서 강이치와 미야의 '결말'을 보여주었다.

광기라는 일종의 가사 상태, 그리고 거기에서 부활·재생한다는 테마는 후에 생산된 이야기에서도 반복되어 간다. 어느 작품에서나 '부활' '재생'이라는 단어가 즐겨 사용된 배경에는, 가정소설에 대한 기독교의 영향을 찾아볼 수 있다. 강이치·미야뿐만 아니라 아라오 죠스케도 아카가시 미쓰에도 각자 새로운 삶을 향해 발걸음을 내딛고, 또한 새로운 이야기가 만들어진다. 반복하지만, 이러한 대단원은 독자가 기대한 지평에 따라 그려진 것이다. 왜냐하면 몇 개의 베리에이션은 볼 수 있어도 그 기본 라인인 부활·재생이라는 테마는 답습되어 갔기 때문이다.

그렇다면 이 이야기의 '결말'은 『금색야차』가 지닌 작품구조의 내적 요청에 의해 대단원이 무의식적으로 반영된 것일까. 「복안」에 따른다면 그럴 것이다. 그러나 중절된 미야의 편지가 그렇듯이 『금색야차』는 이미 코요의 「복안」으로부터는 독립하여 작품 그 자체로서 자율적이다. 그리고 독작들이 기대하는 지평도 작품 내적인 요청과는 동떨어진 곳에서 창조될 수 있다. "독자의 위치는 그 특권성 때문에 고유한 이야기에 편입되지 않는 오프사이드의 위치, 즉 '바깥으로부터의 시선'일 수밖에 없다. 이런 점에서도 독자의 욕망이 소설세계의 내적 논리를 따르는 이야기와는 다른 이야기를 만들어낼 여지가 생긴다."(가네코 아키오[金子明雄])[10] 그렇다면 오자키 코요의 『금색야차』에 이야기의 '결말'은 존재하는 것일까.

---

9   오카 야스오[岡保生] 씨는 "후요는 부분적으로 손을 대는데 그쳤고, 태반은 오가모토 레카 [岡本靈華]의 원고일 것이다"(『評傳小栗風葉』, 櫻楓社, 1975)라고 추정한다.

10   金子明雄, 「〈見ること〉と〈讀むこと〉の間に―近代小說における描寫の政治學」, 『日本近代文學』第55集, 1996.10.

과거의 개변(改變)

“다이아몬드!”

“음, 다이아몬드다”

“다이아몬드??”

“과연 다이아몬드!”

“어머, 다이아몬드야”

“저게 다이아몬드?”

“봐, 다이아몬드”

“어머나, 정말 다이아몬드??”

“근사한 다이아몬드”

“무섭게 빛나네, 다이아몬드”

“삼백 엔의 다이아몬드”

— 「금색야차전편」 1의 2

현대 독자라면 실소할지도 모를 이 ‘다이아몬드’라고 말을 전달하는 게임은, 그러나 『금색야차』에서의 하나의 가치 모드를 단적으로 보여준다. 이 ‘다이아몬드’라는 말의 전파가 “눈 깜짝할 사이에 서른 명 남짓한 사람들이 서로 부르고 답하며 신사의 부를 찬양했다”라고 표현되어 있듯이 여기에서의 가치는 곧장 그것이 ‘삼백 엔’이라는 수치와 ‘부’로 치환됨으로써 사람들에게 인식된다.

다만 이 ‘삼백 엔’에 대해서는 그것이 “그들이 아직 일찍이 본 적이 없는 크기의 다이아몬드로 장식된 황금반지”에는 어울리지 않는 가격이라는 지적을 자주 받아왔다. 이미 발표 당시에 “원래 다이아몬드는 무게를 다는 것인데 노란빛이나 검은빛을 띠는 것이나 짙은 보랏빛이 도는 것은 각별하며, 상처가 없고 무색투명한 것으로 삼백 엔이면 1부 2리에서 5리 정도, 하다못해 칠, 팔백 엔을 내고 3부 정도의 반지를 끼면 조금 있어 보이기는 할 텐데, 코요선생은 대단히 검소하셨습니다"[11]라는 조롱을 받았는데, 그 당시 문단에서 제일 많은 원고료를 받았을 코요 조차도 보석 하나를 사는데 들어가는 상상할 수 있는 큰돈이라는 게 고작 이 정도였다는, 직업작가의 주머니 사정을 짐작케 하는 에피소드로 자주 인용된다.

1900년 1월 발행, 텐쇼도[天賞堂] 영업일람에는 "18금 다이아몬드 1캐럿이 한 개 박힌 반지, 갑류 이백 엔, 마찬가지로 다이아몬드 1캐럿 을류 백칠십 엔, 마찬가지로 다이아몬드 병류 백오십 엔, 정류 백삼십 엔"이라는 기록이 남아 있다고 한다.[12] '삼백 엔'이라고 하면 고작해야 2캐럿의 가격일 것 같은데, 그것이 "그들이 아직 일찍이 본 적이 없는 크기의 다이아몬드"에 해당하는지 어떤지는 확실치 않다.

그 '삼백 엔'의 타당성은 잠시 제쳐두고, 여기에서 주목하고 싶은 것은 잔물결처럼 전파된 '다이아몬드'라는 부(富)의 기호가 전원의 시선을 거기에 집중시키고 있다는 그 가시성에서 비로소 기능했다는 점이다. 예를 들면 『신저월간(新著月刊)』 창간호(1897.4)에는, '요시누마[吉沼]'라는 '왕실애용 시계점'의 다이아몬드 광고가 '정가표'와 함께 게재되어 있는데, 먼저 독자의 시선을 끄는 것은 페이지의 거의 중앙에 그려져 있는 큰 다이아몬드가 달린 반지 그림이다. 눈이 부실 정도의 반짝거림을 표현하기 위해서 인지 요즘 만화 같은 것에서 자주 볼 수 있는 효과선까지 그려져 있다. 앞서 소개한 텐쇼도[天賞堂]의 경우도 『국민신보』(1896.7.7)

11 「金色夜叉上中下合評」, 『藝文』, 1902.8.
12 「座談會 日本の宝石100年史」, 『The 寶石Ⅱ』, 讀賣新聞社, 1976.

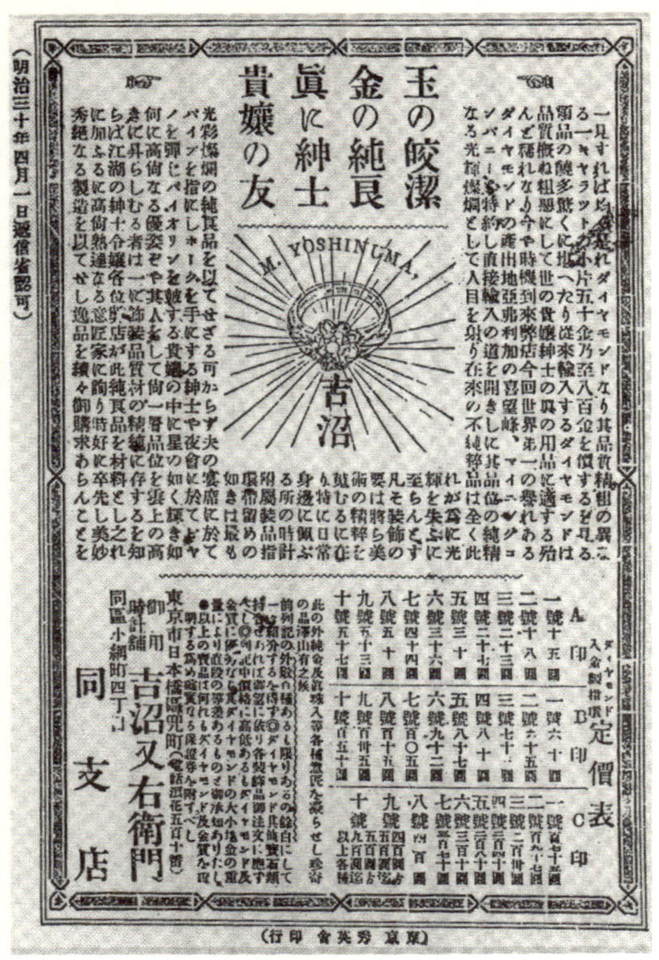

『신저월간』(1897.3)

에 게재된 '보석반지' 광고에서는 우선 첫머리에 네 종류의 반지삽화가 실려 있다. '요시누마'의 광고 문구처럼 다이아몬드는 "연회에서 파이프담배를 손에 쥔 신사나 야유회에서 피아노를 치고 바이올린을 켜는 숙녀들 사이에서 별처럼 빛나, 아무리 고상하고 우아한 모습이라도 더한층 그 사람의 품위를 천상으로까지 높여주는"것이며 일목요연한 부의 기호로, 그 크기가 의미하는 바에는 조금의 애매함이나 완곡함도 없는 것이다. 한편 그 자리에 동석한 미야의 '아름다움'은, "차림새부터 용모까지 월등하게 뛰어난 범상치 않은 미모는 화류계의 여자가 양가 규수인 척 하는 것이 아닌지 처음 그녀를 본 사람들은 하나같이 의심했다"라고 묘사되어 있다. "그들이 아직 일찍이 본 적이 없는 크기의 다이아몬드"와, 모든 이의 시선을 독점한 미야의 '아름다움'은, '가시성(可視性)'에 있어서 사람들의 시선을 모으는, 그 모드를 취했을 때 우선 가치를 발휘하는 것으로 정의되어 있는 것이다.

이 '부'와 '아름다움'의 경연의 장외에 있던 것이 강이치였다. 소설의 첫 장면 즉, 당시 몇 안 되는 남녀의 교류의 장이었던 설의 카르타 모임은 도미야마 타다쓰구(富山唯繼)의 '신붓감 고르기'라는 의미 작용을 부여받음으로써 간단히 일종의 시장(市場)으로 변한다. 이 첫머리 장면에서 등장인물뿐만 아니라 독자를 포함한 사람들에 의해 대등한 가치, 속된 말로 어울리는 한 쌍으로 인식된 것은 우선 가시(可視)라는 공통성을 지닌 '부' 와 '아름다움'이며, 강이치의 모습은 시장으로서의 카르타 모임이 없어질 때까지 작품세계에 등장하지 않는다. 그리고 가시성과는 다른 심급(審級) 가치를 표방하는 강이치가 '다이아몬드'라는 가시(可視) 앞에 간단히 무너지며 떠나가는 그 후의 경위는 독자들이 잘 알고 있는 대로이다.

일반적으로 『금색야차』의 삼각관계는 시기사와 미야에 대한 하자마 강이치와 도미야마 타다쓰구, 즉 한 여자와 두 남자라는 구도로 파악되고 있을 것이다. 익숙한 '욕망의 삼각관계'의 도식이다. 그러나 실은 이 관계는 성립되지 않는다. 왜냐하면, 당사자 도미야마 타다쓰구는 강이치와 미야가 장래 결혼할 예정이고 실질적으로는 이미 부부와 같은 관계에 있다는 것을 모르기 때문이다. 아타미의 매화 숲에서 잠시 이야기를 나누던 도미야마와 미야, 그리고 미야의 모친 앞에 돌연히 강이치가 나타났을 때도, 도미야마는 강이치의 등장에 남몰래 동요하는 미야 모녀의 근심은 아랑곳하지 않고 "언제가 이야기 들은 적이 있는 시기사와의 식객이 왔다"고 생각할 뿐, 미야 모녀의 "마음속에 그런 큰 파란이 일고 있다고"는 상상도 못하고 "강이치한테는 한 점의 의심도"없다. 따라서 도미야마의 미야에 대한 욕망은 강이치라는 존재와는 무관하게 생긴 것이다. 도미야마 앞에 연적·강이치는 존재하지 않는다. 한 여자와 두 남자의 삼각관계가 성립하지 않는 것이다.

미야에 대한 도미야마의 욕망은, 그 가시적인 '아름다움'에 대해 발휘된 것이기 때문에 그는 예를 들어 미야 친정의 경제 사정이나 신분의 차 같은 것은 문제 삼지 않는다. 결혼 이야기가 나왔을 때에도 시기사와 집안에 뭔가 압력을 넣으려고도 하지 않는다. 그것은 "너는 그렇게 생각하면서 왜 스스로 시집가고 싶다고 그런 거니." "네가 싫다는 것을 억지로 가라는 게 아니니까"라는 아타미에서의 미야 모친의 대사에 명백하게 드러난다. 결혼 후에도 "신랑은 미야를 사랑하느라 여념이 없어 온 힘을 다해 그녀를 떠받들었다"라고 되어 있는 것처럼 도미야마가 미야를 대하는 태도는 변함이 없다. 바깥에서 계집질을 시작한 것도, "다시는 타다쓰구의 아이를 낳지 않겠다"고 굳게 결심한 미야가 우울한 나날을 보내게 되면서부터이다. 단지 이야기의 표면상에서 언급되지 않았을 뿐인지도 모르지만, 적어도 『금색야차』의 작품 시간 속에서 도미야마는 미야를 전혀 학대하거나 하지 않았다. 즉, 도미야마에게는 도덕적으로 비난받을 만한 점이 없는 것이다. 물론 "아이를 낳은 후에도 미야의 미모는 조금도 변함없이 저절로 고혹적인 분위기가 더해지니 남편의 아끼는 마음은 더욱더 깊어지고 총애는 보는 사람이 눈살을 찌푸릴 만큼 점점 더해질 뿐이다. 그는 아내가 늘 우울한 이유를 전혀 몰랐다. 처음부터 단지 그 안색을 보고 천성이 우울한 것으로 지레짐작하여 이것저것 많이 묻지 않았던 것"이라는 도미야마의 태도가, 미야를 노리개로밖에 여기지 않는다는 비판을 받는다 해도 그것은 가치관의 문제이지 도덕상의 문제는 아니다.

그럼에도 불구하고 왜 도미야마는 독자들에 의해, 혹은 『금색야차』에서 파생된 다양한 미디어 믹스 현상 속에서 그렇게까지 악한 역할을 부여받은 것일까. "금전에 대한 대중의 욕망을 뒤집어서 체현하는"[13] 대상으로 도미야마가 가장 적합한 인물이었기 때문일까. 그게 다는 아닐 것이다. 도미야마의 악역으로서의 인물상이 독자의 의식에 각인되는 것은 미야가 그런 이야기를 『금색야차』라는 이야기 속에서 만들어가기 때문이다.

다즈미(田鶴見) 자작의 저택에서 강이치와 우연히 재회한 미야는 그후 자신의 이야기를 만들어가는 행위에 탐닉해 간다.

> 우연찮게 다즈미 저택에서 강이치를 본 다음부터, 그가 옛날과 별반 다르지 않은 일개 학생풍인 것을 본 다음부터, 한 번은 끝난 사랑이지만 아직도 막연하게 장래에는 희망이 있을 것 같았다. 그것은 그가 옛날 그대로의 모습인 것을, 지금도 독신을 고수하며 때가 오기를 기다리는 것으로 믿어버린 것이다.
>
> —「금색야차후편」 3

이 강이치에 대한 미야의 해석이 얼마나 일방적인 그녀의 욕망에서 비롯된 것인지는 말할 것도 없다. "미야가 남편의 사랑을 받는 것을 견디기 힘들만큼 괴롭다고 절감하게 된 것은 그 카메라 렌즈 앞에서 괴로운 나머지 기절한 날부터"였는데, 그녀는 과거로 거슬러 올라가 그것을 개작(改作)해간다. 즉, 재회한 강이치에 대한 그리움은 더해가기만 하고

---

13 關肇, 「『金色夜叉』の受容とメディア・ミックス」, 小森陽一・紅野謙介・高橋修 編, 『メディア・表象・イデオロギー—明治三十年代の文化研究』, 小澤書店, 1997.

그녀는 "무고한 타다쓰구"를 자기 사랑의 파괴자로 꾸며낸다.

> 처음부터 미야는 타다쓰구를 사랑하지는 않았지만 결코 그를 미워하는 것도 아니었다. 하지만 지금은 바로 그런 마음이 생긴 것이다. 스스로 생각건대 내 남편이야말로 당시 사랑과 부의 가치를 알지 못했던 나를 속여 공허하게 빛나는 부를 보여주고 돈 주고 살 수도 없는 사랑을 빼앗았다고, 후회한 나머지 이런 원망을 남에게 전가하며 미야는 자신의 잘못을 전적으로 남편의 죄라고 여겼다.
>
> —「금색야차후편」 3

이와 같은 미야의 자기 이야기 만들기 행위를 증식시킨 것은, 편지를 쓴다는 행위였다. 작품 속에 개시된 미야의 편지는 두 통뿐이지만 그 이전에 강이치가 읽지 않고 찢어버린 것이 몇 통이나 있었던 것을 생각하면, 미야는 그 편지들 속에서 지금까지의 자기의 인생을 되풀이하고 또 되풀이해서 이야기한 셈이다. 더욱이 「속금색야차」(3)의 2에는, 우체통에 넣지 않고 재가 되어 버린 여러 통의 편지가 존재했다는 사실이 언급되어 있는 것으로 보아, 미야가 글을 쓰는 행위를 통해 자신이 원하는 이야기를 만들어 간 것은 분명하다. 그러나 그런 이야기가 과연 미야의 창작이었을까.

"미야는 강이치를 잊지 못하고 또한 오랫동안 아타미에서의 슬픈 이별을 잊을 수가 없었다. 더구나 보게나, 해마다 찾아오는 1월 17일이라는 날은 그 슬픈 이별을 잊지 못하는 마음에 각인되어 미야의 회한을 새롭게 하지 않는가."(「금색야차후편」 2의 2) 해마다 반드시 찾아오는 1월 17일이라는 날이 미야에게는 반복되는 이야기의 기원(起源)이었다.[14] 1월 17일, 아타미 해안. 이 장면의 의미를 생각해보아야 할 것이다.

이야기의 기원

강이치와 미야가 아타미에서 이별하는 장면은 거의 대부분이 두 사람의 대사만으로 구성되어 있다. 화자의 객관적인 판단은 최대한 배제되고, 말과 말에 의해 그것도 거의 강이치 쪽의 일방적인 의미부여에 의해 구성되어가는 이 장면은,『금색야차』 중편 이후의 작품세계가 존재하는 방식을 시사해준다.

강이치는 미야의 마음이 변한 것을 나무라는 한편, 미야의 의외의 반응에 혼란스러워 한다.

강이치는 이렇게 힐책하는 사이에 미야가 반드시 과오를 후회하고 죄를 사죄하며, 그 몸은 물론이고 목숨까지도 자기가 바라는 대로 하겠다고 맹세할 것이라고 믿었던 것이다. (…중략…) 어찌된 영문인지 미야는 조금도 그런 기색이 없고 아무리 잡아당겨도 울타리에서 떨어지지 않으려는 나팔꽃처럼 한결 같았던 마음이 변한 것을 강이치는 좀처럼 믿지 못할 만큼 질려 버렸다.

―「금색야차전편」 제8장

이 아타미 해안에서 강이치는 처음으로 미야를 타자(他者)로서 만난 것이다. 그때까지 그가 품고 있던 미야의 이미지는 몸도 마음도 목숨도 "자신의 뜻대로"할 수 있는 여자였다. 하지만 여기에서 미야는 강이치가 온갖 말로 설득해도, 그가 예상했듯이 자신의 한 때의 과오를 후회

---

14 요시다 다쓰지[吉田達司],「呪縛する時間―『金色夜叉』の世界」(『静岡近代文學』, 1990.5)는, 마찬가지로 아타미 장면에 주목해 거기에서 과거라는 시간에 의한 속박을 읽어냈다.

하고 다시 그에 대한 사랑을 맹세하거나 하지 않는다. 독자들이 이미 알고 있듯이 미야는 강이치를 싫어하지는 않았지만 그 이상으로 "지체 높은 사람이나 부유한 사람 또는 유명한 사람이 나를 찾아내서 백마 타고 데리러 올 천생연분이 반드시 있을 것이라고 믿어 의심치"않았다. 그러나 그러한 미야의 욕망을 강이치는 전혀 인식하지 못했다. 이 아타미의 장면에서도 강이치는 미야에게도 그가 헤아리지 못하는 욕망과 욕망의 주체가 될 권리가 있다는 것을 무시하고, 그녀가 '金剛石(다이아몬드)'이라는 부(富)의 기호에 현혹되었다는 점에만 해석의 초점을 맞춰 도덕적 관점에서 그것을 단죄하려고 한다. 그리고 강이치는 미야를 타자로 인식하는 대신에 "미야, 이년, 넌 간부(姦婦)다, 야! 네년이 변심을 한 까닭에 하자마 강이치 놈은 말이다. 낙심한 끝에 발광하여 소중한 일평생을 그르치는구나. 학문이고 뭐고 다 끝이다. 이게 한(恨)이 되어 강이치는 살아서도 아귀가 되어 너 같은 년의 살을 씹어 먹어줄 테다"라며, "재물에 눈이 먼 계집에게 버림받은" 남자, 실연 때문에 소중한 일평생을 그르치고 살아서도 아귀가 된 남자라는 말하자면 '이야기 속의 삶'을 살 것을 선언하는 것이다.

한편, 강이치는 미야의 장래를 다음과 같이 이야기 한다.

네가 도미야마에게 시집가면 그야 잘 살고 영화도 누릴 수 있겠지. 하지만 저렇게나 많은 재산이 결코 아들 며느리를 위해 쓰려고 모은 것이 아니라는 것을 너는 알아야 해. 애정이 없는 부부 사이에 부귀영화가 다 뭐냐! (…중략…) 네가 시집가려는 타다쓰구도 전부터 소망하여 너를 데려가는 것이니 한동안은 많이 아껴주겠지만 그게 오래 가겠어. 재산이 있으니까 하고 싶은 짓은 다 하고 다른 데로 마음이 쏠려 금방 너에 대한 애정이 식어버릴 것은 뻔하지. 그렇게 되면 네 마음이 어떨 것 같니. 저 도미야마의 재산이 그 근심을 없애줄 것 같나. 집에 돈만 있으면 남편에게 소박맞고 뒷방신세가 되어도 너는 그래도 즐겁겠니. 만족하겠니. 내가 남에게 너를 빼앗기는 분함은 이루다 말할 수도 없지만, 삼 년 뒤에 네가 후회할 것이 뻔히 보여서 마음이 변한 네가 밉기는 하다만 그래도 가엾어서 내가 진심으로 말하는 것이다.

—「금색야차 전편」 제8장

여기에서 강이치가 예언한 결혼 후의 미야의 앞날은 작품 속에서 그대로 실현되어 가게 된다. 또한 결혼 후 "이미 부유함에 싫증난" 미야가 다즈미 자작집에서 강이치와 재회하고 나서 편지를 쓰는 행위를 통해 엮어낸 이야기 — 남편 타다쓰구가, 아직 어려서 진실한 사랑을 몰랐던 자신을 돈의 힘으로 현혹해 첫사랑과의 사이를 억지로 갈라놓은 것이다 — 도, 이미 이 아타미 장면에서 강이치가 예언한 것을 다시 재현하는 것에 불과하다. 즉 강이치는 '이야기'의 창조자인 것이다. 그리고 강이치가 이야기한 대로의 삶을 살아가는 미야는 비유하자면 강이치 이야기의 일부로서 살아가기 시작한다. 중편 이후 과잉으로 여겨질 만큼 미야가 '회오(悔悟)'라는 특성을 띠게 된 것도, 강이치가 이 장면에서 이야기한 내용을 따른 것이다. 그녀의 타자(他者)로서의 가능성은 영원히 봉인되어 버리는 것이다.

'이야기'의 기원, 시작은 여기에 있었다. 강이치가 '이야기 속의 삶'을 살기로 한 그 때부터 강이치와 미야의 '이야기'가 움직이기 시작한 것이다. 여기에서 말하는 이야기는 이른바 '이야기 내용'으로서의 그것이 아니다. '이야기의 삶', 그것을 사람의 삶을 자극하는 어떠한 충동, 근대 질서의 지평에서 본다면 일탈하고 유리(遊離)하려고 하는 로마네스크의 충동이라고 고쳐 말해도 좋을 것이다. 그리고 강이치는 스스로 이야기의 기원임을 선택하고 선언한다는, 그야말로 그 주체로서의 의식면에서 어쩔 수 없이 '근대'의 지평에 있는 것이다. 왜냐하면 "이야기는 이미 기원에 있어서, 기원으로부터 절단당해 간접성을 띠며, 이야기되어질 때마다 자신으로부터 이탈하듯이 하여 반복되고 지속되는"(우노 쿠니이 치[宇野邦一])[15] 것이기 때문이다.

"이게 한(恨)이 되어 강이치는 살아서도 아귀가 되어 너 같은 년의 살을 씹어 먹어줄 테다"라고 선언한대로 극악무도한 고리대금업자가 되어 다시 사람들 앞에 모습을 드러낸 강이치는, 스스로 선택한 '이야기 속의 삶'이 자신을 어디로 데려가는지 항상 불안을 느끼지 않을 수 없다. 그는 '이야기 속의 삶'을 의식적으로 살고 있기 때문이다. "하늘에 사람에 분노할 것은 있어도 두려운 것은 없다"는 강이치가 "가장 두려워하고 가장 꺼리는 것은 자신의 마음뿐"인 것은 그 때문이다. '이야기 속의 삶'을 살면서 한편으로 그런 자신에 대한 자의식에서 도망칠 수 없다. 이런 강이치의 존재 그 자체가 보여주는 모순은 그대로『금색야차』의 '결말'을 방해하고 끝없이 지연시키게 된다. 그것을 명확하게 보여주는 것이 「속 금색야차」(8) 중 강이치의 꿈 장면이다.

그 욕망을 기준으로 했을 때 시기사와 미야를 둘러싼 하자마 강이치와 도미야마 타다쓰구라는 삼각관계가 성립하지 않는 것에 대해서는 이미 언급했다.『금색야차』의 작품구조에서 그 근간과 관련이 되는 삼각관계는, 하자마 강이치에 대한 시기사와 미야와 아카가시 미쓰에[赤樫滿枝], 즉 한 남자와 두 여자라는 구도이다. 「속 금색야차」(8) 중 강이치의 꿈 장면은 이 구도의 의미를 풀이하고 있는데, 동시에 그것은 강이치가 무의식 속에서 바라는 이야기의 '결말'이기도 하다. 계속해서 강이치의 꿈이 시사하는 바에 대해 생각하고자 한다.

---

15 「物語の死線」,『物語と非知』, 書肆山田, 1993.

강이치의 꿈

도미야마 타다쓰구에게 악역이 맡겨져 있던 것과 마찬가지로 강이치를 둘러싼 두 여인, 시기사와 미야와 아카가시 미쓰에 중 독자들의 동정은(특히 미야가 '회오'한 이래) 미야에게 집중되어 미쓰에는 라이벌로서 그 평판이 신통치 않다. 『요리우리신문』의 「엽서집」에 "미쓰에는 여자의 집요함의 끝을 보여주고"(1900.12.25), "미쓰에가 원망하는 말은 요염한 구슬을 갖고 노는 것 같다"(1900.12.31)와 같은 독자평을 볼 수 있듯이 미쓰에가 강이치를 연모하는 마음은 정욕으로서 혐오스럽게 받아들여졌다. 그와 같은 독자의 인상은 말할 것도 없이 "미쓰에의 사람 됨을 미워해서 그 용모의 아름다움을 보지 못하고 그 애절한 마음을 헤아리려고도 하지 않는" 강이치의 미쓰에 대한 혐오와 일치한다. 「금색 야차」(1)의 신바시[新橋] 정거장 장면을 제외하고는 미쓰에는 거의 항상 강치이의 시선을 통해 묘사되고 있다. 즉 작품세계에 등장하는 미쓰에는 모든 장면에서 강이치의 '아카가시 미쓰에적인 것'에 대한 혐오를 필터로 하여 그려지는 것이다.

아카가시 미쓰에는 사람들에게 '소설 같은 인생'을 살아온 사람으로 알려져 있다. 여자 고리대금업자인 그녀의 이야기는 이미 사람들 사이에서 유통되고 있다. 그러나 그녀의 존재 양태는 강이치의 동료서생들이 소속된 공동체가 적용하는 이야기 틀로는 다 설명할 수 없다.

그 전해인가에 아버지가 죽었다는데, 마룻방에 거적 한 장 깔고 그 위에서 죽은 거나 다름없는 꼴이다. 병이 나기 전에는 변변히 가까이에 오지도 못하게 했다는데, 인정머리 없다고 그럴지 몰라도 어찌된 영문인지 도대체

그 속을 알 수 없다 — 허나 사실이다

—「금색야차 중편」—

　　분명 '하녀'였던 미쓰에가 어느 사이엔가 고리대금업자 아카가시 곤자부로[赤樫權三郎]의 첩과 같이 된 것을 "무사기질의 아버지"는 크게 진노했다고 하지만, 애당초 미쓰에는 아버지의 빚을 벌충하기 위해 아카가시에게 보내진 것이니까 아버지의 노여움은 표면적인 것에 지나지 않는다. "계집도 고리대가 돌아가는 모습을 유심히 지켜보는 사이에 어느새 이 장사에 재미가 붙어서 이 돈이 다 내 것이려니 생각하니 아버지 한 사람 보다는 돈이 제일이라는 못된 마음을 먹게 된 게지"라는 것은 공동체 측의 해석인데, 아버지가 아카가시에게 돈 대신에 넘긴 미쓰에는 공동체가 기대하는 부모자식간의 의리를 무시하고 아버지에게 복수하며 나아가서는 그 자신이 여자 고리대금업자가 됨으로써 교환·유통의 대상인 물건의 위치에서 스스로가 교환·유통을 조작하는 주체로 변신을 꾀했던 것이다. 그것은 미쓰에가 강이치에게 와니부치[鰐淵]에게서 독립할 생각이 있다면 융자할 테니 어떠냐고 먼저 제안한 것에 단적으로 나타난다. 그녀는 금전과 맞바꿔서 강이치를 얻으려고 한다. 여기서 유통되는 물건의 위치에 놓여있는 것은 강이치 쪽이다. 재작년쯤부터 "중풍을 맞아 아직도 움직이지 못하는"아카가시의 "대소변까지 받아낸다"는 미쓰에는, 그런 식으로 아카가시에게 힘을 휘두르며 지배하고 있다. 그녀가 "아카가시는 저를 두려워하겠지만 저는 조금도 그 사람을 무서워하지 않습니다"라고 말하는 것은 두 사람의 관계에서 이미 그녀가 권력자이기 때문이다. 즉 미쓰에는 파워 게임의 승자가 되려는 욕망을 가지고 있는 여자인 것이다.

　　그러나 아타미 장면에서 미야의 타자로서의 가능성을 봉인해 버린 강이치는, 이와 같은 '아카가시 미쓰에적인 것'을 받아들일 수가 없다. 다즈미 자작의 집에서 재회한 후 아라오[荒尾]와의 조우를 거쳐 처음으로 강이치를 찾아간 미야가 입에 담은 것은 "죽여줘요. 저는 당신이 죽여줬으면 좋겠어요. 자, 죽여줘요"라는 말이었다. 한편 그런 두 사람을 목격하고 미야와 직접 대면한 미쓰에는, 강이치에게 "난 이제 당신을 죽여 버리고 싶어!"라며 대든다. 남자에게 죽고 싶다는 여자와, 남자를 죽이고 싶은 여자. 이것은 그대로 두 여자의 대조적인 욕망의 방향을 상징하는 말일 것이다. 이것을 강이치에게 표현한 다음, 「속금색야차」(8)의 그의 꿈은 끝을 맺는다. 그리고 이 꿈은 아타미 장면 이래 변함없는 그의 선택이 무엇인가를 보여준다.

강이치의 꿈속에서 미쓰에는 죽음을 당하지 않으면 안 되었다. 왜냐하면 강이치는 스스로 힘을 휘두르려는 여자, 욕망의 주체가 되려는 여자를 받아들일 수 없었기 때문이다. 미쓰에가 여자의 몸으로 고리대금업자라는 힘든 삶을 주체적으로 살고 있는 여성이라는 점은 말할 필요도 없다. 그리고 동시대의 독자는, 강이치의 미쓰에에 대한 혐오에 이끌려가면서도 실은 한편으로 그녀의 삶의 형태를 매력적으로 느꼈을지도 모른다고 생각한다. 왜냐하면 '『금색야차』의 후일담'들 속에서 미쓰에는 해외로 진출하여 활약하고 행동하는 여성이 되어 새로운 히로인으로서 재생되기 때문이다. 하지만 강이치가 어떤 의미에서 시대를 앞서간 이 여성을 인식하는 일은 끝내 없었다. 그리고 이 꿈 속에서 미야에게 죽음을 당한 미쓰에는 작품 표면의 스토리에서도 모습을 감추게 된다.

1902년에 슌요도에서 간행된 『금색야차 속편』에는 가부라키 키요카타[鏑木淸方]의 접이식 권두화 한 장이 삽입되어 있다. 강이치의 꿈속에 나오는 미야의 익사 그림 즉 스스로 목을 찌른 후 물에 투신한 미야가

『금색야차 속편』(슌요도, 1902.4) 권두화

계곡의 여울에 잠겨있는 모습 그 구도가, 존 에버렛 밀레이스의 〈오필리어〉의 모습과 유사하다는 것은 널리 알려진 사실이다. 키요카타는 『금색야차』를 테마로 한 그림을 출품할 생각이었는데 그것이 코요에게 전해져 '익사한 미야를 그려보지 않겠나, 그림이 좋으면 『금색야차 속편』의 권두화로 써도 좋다는 제의가 들어왔다. 키요카타는 "어디선가 본 적이 있는 물에 떠있는 오필리어의 청결한 주검을 물결 속에 그리며" 미야의 익사 장면을 머릿속에 넣고 이미지를 부풀렸다고 한다.[16] 『십천

16 鏑木淸方, 「橫寺町の先生」, 『鏑木淸方文集 二』, 白鳳社, 1979. 참고로 키요카타가 어디에서 밀레이스의 〈오필리어〉를 봤는지는 분명치 않다. 예를 들어 "아마도 메이지 시대 최초의 미술사 해설서"(나카무라 기이치[中村義一], 『近代日本美術の側面 明治洋畵とイギリス』, 美術書造形社, 1976)라는 하쿠바카이[白馬會] 편, 『미술강화(美術講話)』(1901)에는, 이와무라 토오루[岩村透]의 「라파엘 전파(前派)의 기원[プレラフェリストの起源]」이 수록되어 있는데, 밀레이스의 작품으로 소개된 것은 〈이사벨라〉뿐이다. 메이지 30년을 전후해 라파엘전파에 대한 소개는 로세티와 러스킨을 중심으로 전개되었고 밀레이스에 대해서는 별로 상세하게 소개되지 않은 것 같다. 또한 잡지 『시라유리[白百合]』 2호(1903)에는, 감바라 아리아케[蒲原有明]의 해설로 「밀레 〈오필리어의 죽음〉」이 1색인쇄로 게재되어 있는데 시간적으로는 앞뒤가 뒤바뀌었다. 그리젤다 폴록의 『시선과 차이—페미니즘으로 읽는 미술사』(萩原弘子, 新水社, 1998)에서는 로세티가 그리는 여성을 '기호로서의 여자'라는 시점에

만당일록』에는 "키요카타 씨를 찾아가 그 미야의 익사 그림을 보고 비평하고"(1902. 2. 28) "키요카타 씨가 미야가 투신하는 장면의 스케치를 가져왔다"(1902. 3. 15) 같은 기사가 간혹 눈에 띄고, 또한 "오후 한 시 도키와기[常盤木] 클럽의 우고카이[烏合會 : 메이지에 결성된 일본화 화가들의 소단체－역자주]에 갔다. 키요카타가 금색야차 '미야의 익사를 큰 사이즈로 출품했다"(1902. 4. 4)라고 되어 있어서 코요와 합의하에 이 그림이 그려졌음을 알 수 있다.[17] 소세키의 『풀 베개[草枕]』(1906)에 등장하는 화가가 신부 모습의 나미[那美]와 밀레이스의 〈오필리어〉를 중첩시키는 것보다 한 발 앞서, 키요카타는 익사한 미야의 모습에서 자살에 의한 죄(罪)의 정화와 물에 출렁이는 에로티시즘을 읽어낸 것이라고 할 수 있을 것이다.

아타미 장면에서 유일하게 보여준 미야의 타자로서의 면모를 강이치는 받아들일 수 없었지만, 이 꿈속의 미야는 그가 바라던 환영(幻影)으로서의 미야와 일치한다. 이 꿈 장면에 앞서 강이치와 대면한 미야가 "죽여줘요. 저는 당신이 죽여줬으면 좋겠어요"라고 말하자, 강이치는 지체 없이 "스스로 죽어!"라고 대답한다. 그런 강이치의 욕망을 받아들여 꿈속의 미야는 "전 빨리 죽어서 이 간고(艱苦)를 묻어버리고 그리고 빨리 본래의 정결한 몸으로 다시 태어나고 싶습니다. 그렇게 되면 저는 다음 생에는 어떤 간난신고(艱難辛苦)를 겪더라도 꼭 당신과 함께 하겠습니다"고 맹세하며 스스로 죽음을 택한다. 그리고 나서야 비로소 강이치는 미야와 독자가 고대해 마지않던 한 마디, "용서하겠어!"라는 한 마디를 외치는 것이다.

서 분석했는데 〈오필리어〉의 수용을 생각할 때에도 시사하는 바가 크다.

17 「엽서집」(『요리우리신문』, 1902. 4. 7)에는 "대호평이던 우고카이에 구경하러 갔더니 나보다 먼저 금색야차의 그림을 보고 있던 사람이 있었는데 같이 온 사내에게 말하기를, 어라 이건 요전에 요리우리신문에 나왔던 단편소설이다"라는 '何思ひけん子'에게서 온 투고가 실려 있다.

그렇다면 가서 미야가 빠진 깊은 못에 몸을 던질 것이다. 가라앉자마자 그는 미야의 시신을 일으켜서 등에 업으니 그 가볍기가 한 장의 종이와 같다. 이상해서 뒤돌아보니 더욱더 이상하다! 향기가 코를 찌르고 사람 얼굴 크기 만한 한 떨기 백합이 만개한 꽃잎을 어깨에 드리운다.

이상해서 놀라 눈을 떴다. 깨고 보니 새벽에 꿈을 꾼 것이다.

—「속금색야차」 8

스스로 목숨을 끊은 미야가 순결을 상징하는 '흰 백합'으로 바뀌는 것은, 여기서 강이치가 손에 넣은 것이 자기를 죽이고 싶다던 여자가 아니라 죽여 달라던 여자라는 것, 즉 강이치가 받아들일 수 있는 타자(他者)이기 이전의 미야 "오 년 전의 미야"였다는 것을 보여준다. 그러나 오필리어 환상을 이끌어내는 이 장면에서 흰 백합은 물속을 떠도는 미야의 모습과 어울려 일종의 관능조차도 불러일으킨다. 예를 들어 기마타 사토시[木股知史] 씨는 소세키의 『그 후[それから]』(1909)에 등장하는 흰 백합의 '순결'과 '관능'의 양의성에 라파엘전파(前派)의 시인들을 매개로 한 "세기말적 왜곡"을 지적했다.[18] 메이지 20년대 후반부터 시작되는 시인 로세티 붐과 흰 백합을 배치한 아르누보풍의 그림을 빈번히 사용한 잡지 『명성(明星)』의 창간(1900) 등을 배경으로, '흰 백합'이 지닌 '순결'과 그로 인한 에로티시즘의 이미지는 이미 정착되었다고 생각된다. 「속속 금색야차」에서 시오바라[鹽原]에 가는 장면을 참조한다면 실제로 백합은 '산나리'[19] 이어야 하지만, 굳이 이 장면에서 '흰 백합'으로 되어

---

18 木股知史,『イメージの圖像學 反轉する視線』, 白地社, 1992.
19 「속속금색야차」(一)에는 다음과 같이 되어 있다.
    "가방을 놓아둔 도코노마에 유난히 큰 산나리 꽃 한 송이가 화병에 꽂혀 있었다. 줄기 모양이 비스듬히 굽어서 마치 이쪽을 향하고 있는 듯했다. 강이치는 무심코 발걸음을 멈추고 그 휘둥그레진 눈으로 꽃을 물끄러미 바라보았다. 갑자기 미야가 이미 여기에 와있는 것 같은 느낌이 엄습한 것이다. 이미 여러 곳의 실제 광경이 꿈과 들어맞는 적이 있었는데, 또

있는 것도 그러한 시대 분위기와 호응한 것일 것이다. 순백의 결백한 미야를 손에 넣음으로써 아타미 장면에서 시작된 강이치의 이야기는 그 '결말'을 맞이했다.

그러나 이것이 정말로 이야기의 '결말'인 것일까. 그렇지 않다. 왜냐하면 이것은 강이치의 꿈이기 때문이다. 이 장면의 첫머리, 즉 꿈 이야기가 시작되기 전에 강이치는 스스로 "내가 어쩌면 꿈을 꾸는 게 아닐까"하는 의혹을 제기하고 있다. 즉 그는 꿈을 꾸고 있는 그 잠재의식 속에서 이미 그것이 꿈이라는 것을 인식하고 있는 것이다. '이야기 속의 삶'을 의식적으로 살아가는 강이치의 모순된 존재양상은, 꿈이라는 것을 전제로 하지 않으면 이야기가 바라는 형태로 '결말'을 맞이할 수 없는 것이다.

비슷한 사태는 시오바라에서 사야마 모토스케[狹山元輔]와 아이코[愛子](일명 오시즈) 부부가 벌인 정사(情死) 미수사건에서도 찾아볼 수가 있다. 모토스케와 오시즈의 자살미수는 아타미의 강이치와 미야의 상황이 반복된 것이고, 또한 그것을 강이치가 바라는 형태로 복원한 것이다. 모토스케와 오시즈에게 과거의 자신들을 투영시킨 강이치는, "이여자가 미야가 아니라는 것도 잊고 그 칠 년간의 울분을 오늘 밤 지금처음으로 잠시나마 지울 수 있는 순간이 찾아왔다." "정말로 귀중한 이순간이야말로 그가 미야를 잃고 난 후 그것을 대신해 바라고 바라던것"이며, 강이치는 자신들의 대상행동(代償行動)으로서, 그들에게서 아타미에서 이루지 못한 신성한 사랑의 승리, 즉 부[富]의 가시적 기호인다이아몬드에 대해 불가시적 가치가 승리했음을 발견한다. 그러나 동

특히나 꿈속의 백합 한 송이가 여기에 있다는 게 필경 우연에 지나지 않는다 할지라도, 그래도 너무나도 그 꿈과 이번 여행이 들어맞는 것이 갑자기 깊은 인연같이 느껴져서 어쩌면 이렇게도 나를 놀라게 하는지 싶었다."

시에 화자(話者)는 강이치가 발견한 불가시적 가치의 승리를 가리켜서 "미라주" 즉 공중누각, 신기루라고 말한다.

강이치의 욕망에 부합되는 이야기의 '결말'은 한편에서는 틀 속에서 밖에 이야기되지 못하고 다른 한편에서는 화자가 그것이 "미라주"임을 언명해 버린다. 강이치의 이야기가 '결말'에 도달할 수 없는 한 『금색야차』의 '결말'도 한없이 지연되어 간다. 하지만 그러한 지연은 필연적으로 소설세계에 어떤 형태로든 느슨함을 가져다 줄 수밖에 없다. 『금색야차』또한 느릿하게 해체되어 가는 듯이 보인다. 코요의 죽음에 따른 『금색야차』의 미완성은 작품자체가 내포한 곤란에서 유래된 것이기도 했다.

제6장

고스기 텐가이 『마풍연풍魔風戀風』의 전략

여자는 왜 학문을 해야 하나요, 여자는 무엇을 위해서 학문하는 것일까요, 여자가 학문하는 것은 학자가 되기 위해서 일까요, 박식한 사람이 되기 위해서일까요, 아니면 교사가 되기 위해서일까요. 아니, 아니, 결코 그렇지 않습니다. 여자가 학문하는 것은 '범인(凡人)'이 되기 위해서입니다. (…중략…) 여자 교육의 목적은 여자로 하여금 평범한 '엄마'가 되게 하고 평범한 '부인'이 되게 하는 것에 불과합니다. 결코, 결코, 무라사키 시키부[紫式部, 헤이안 중기의 고위 궁녀로 『겐지이야기[源氏物語]』를 집필―역자주] 나 세이쇼나곤[清少納言, 헤이안 중기의 고위 궁녀로 『마쿠라노소시[枕草子]』의 작자―역자주]이 되는 것은 아닙니다.

―마쓰바라 이와고로[松原岩五郎], 『여학생 안내서[女學生の栞]』 서언, 1903

왜 『마풍연풍(魔風戀風)』인가

메이지 10년대에서 20년대에 걸쳐 수많은 정치소설을 세상에 내놓은 신문소설계는, 30년대에 들어서 새로운 유행을 만들어내고 있었다. 이른바 '가정소설'이다. 그러나 거꾸로 생각해보면 애당초 가정소설이란 무엇일까. 가토 다케오[加藤武夫]는 "가정에서 읽기에 적당한 것"이라는 점을 전제로 "건전, 다시 말해서 도덕적인 것", "가정에서 부모자식 형제간에 단란히 읽기에 조금도 지장이 없을 것 같은 소설"이기 때문에 "평화롭고 온자하며 되도록 우미(優美)한 정서를 표현"한 것, "결국 도덕의 승리를 구가하고" 희망이 있을 것을 그 조건으로 하고 있다.[1] 또한 가토가 전형적 가정소설가로 예를 든 기쿠치 유호[菊池幽芳]는 단행본 『가정소설 젖 자매[家庭小說 乳姉妹]』(1904)의 「서문」에서 "일가 단란한 가운데 읽히고 누구나 이해하기 쉬우며 또한 서로 얼굴을 붉히는 일도 없고 가정의 화목에 도움이 되며 취미를 조장(助長)할 수 있는 것"이라는 인식을 보여준다. 다도코로 히토시[田所周]가 「메이지 30년대의 신문＝가정소설」(『동양연구(東洋研究)』, 1970.7)에서 서술하듯이 "가정소설이란 작자의 의도와 상관없이 현실에서 가정소설로 읽히는 것"이라고 한다면, 필자 쪽에 시점을 둔 개념 규정이 다소 애매함을 남길 수밖에 없는 것은 어쩔 수 없을 것이다. 그것은 『대중문학연구』의 「일본의 가정소설」 1~10(1964.10~1967.7)에서, 각론의 필자들이 각각 가정소설의 개념을 규정하는 행위를 반복하고 있는 것으로도 입증된다. 그러나 가토가 "가정소설의 독자는 주로 여성이다"라고 분명히 말하듯이 적어도 가정

1 　加藤武夫, 「家庭小說研究」, 『日文本學講座14 大衆文學篇』, 改造社, 1933.

소설이 신문소설사상으로도 가장 선명한 독자의식을 가졌었던 것만큼은 부정할 수 없을 것이다. 예를 들어 세누마 시게키[瀨沼茂木]는 "신종의 '부녀동몽(婦女童蒙)의 노리개'"[2]라는 표현을 썼는데, 그것은 바로 다름 아닌 '부녀자와 아이들'이 신문의 유력한 독자층으로 성장했음을 의미한다. 새로운 시대의 여자 교육을 받고 그 후 가정에 들어간 과거에 여학생이었던 여성들이 그 독자층의 주요 구성원이라는 것은 상상하기 어렵지 않다.[3] 가정소설의 주제 중 하나인 부부애의 근저에 기독교적 윤리관이 보이는 것은 그 때문일 것이다. 일찍이 여학생으로서 꿈 많던 그녀들은 가정에 들어간 지금, 그 현실을 보상 내지는 보강하는 것으로 가정소설을 원했다.

이러한 가정소설이 유행하는 한편에서 공전의 인기작이 된 것이 고스기 텐가이[小杉天外]의 『마풍연풍(魔風戀風)』(『요리우리신문』, 1903.2.25~9.16)과 오구리 후요[小栗風葉]의 『청춘(靑春)』(『요리우리신문』, 1905.3.5~39.11.12)이었던 것이다. 특히 여학생의 타락과 그로 인한 파멸을 그린 『마풍연풍』은 "요미우리는 이 소설 때문에 매일 재판을 찍는다"[4]라고 할 정도의 화제작이었다. 기무라 키[木村毅]가 "좌우지간 『마풍연풍』과 『청춘』은, 도학자나 여자 교육가들에게 타락한 여학생을 그린 두 개의 표본으로 이것을 읽는 사람도 타락으로 끌어들일 우려가 있다는 말을 듣곤 했다" "1909년 봄, 내가 16세 때의 일이다. 오사카의 나카노시마[中之島]도서관에서 이 두 권을 빌리려고 했더니, "젊은 학생이 그런 불건전한 소설을 읽으면 해롭다"라며 도서관 직원에게 잔소리를 들은 기억이 있다"라고

---

2 瀨沼茂木, 「家庭小說の展開」, 『近代日本文學の構造 Ⅰ 明治の文學』, 集英社, 1963.

3 예를 들면, 「小說界」(『早稻田文學』, 1906.2)에는 "여학생 내지는 여학교를 거친 부녀자를 주인공으로 한 「불여귀(不如歸)」 「나의 죄[己が罪]」 등이 열렬한 환영을 받게 되었다는 사실은 더욱더 명백하게 독서계의 인기를 좌우하는 세력이 어느 방면에 있는가를 보여준 것이다"라고 되어 있다.

4 草村北星, 「文壇小觀」, 『文藝界』, 1903.3.

회상하듯,[5] 그 내용이 한 주류를 이루던 가정소설과 대조적인 것은 분명할 것이다. 예를 들어 「소설계(35~38년)」(『와세다문학』, 1906.2)는, 가정소설의 풍조에 대항하는 것으로 "소재는 상중층(上中層)사회에서 가져오고 착상면에서는 여전히 자연주의의 흐름을 좇아 달릴 수 있는 것은 텐가이나 후요 같은 사람들"이라고 이름을 거론하며 다음과 같이 말한다.

> 『마풍연풍』은 1903년 전반에 『요미우리』에 게재된 것인데, 이에 대한 여론은 한편에서는 할 수 있는 온갖 악담을 다 퍼부은 것 같은 느낌을 주었지만, 수많은 비난과 함께 다른 한편에서는 그 이름과도 같은 마력을 지녀서 독서계의 일부를 풍미한 것도 부정할 수 없는 사실이었다.

즉, 『마풍연풍』은 광명(光明)소설의 흐름을 잇는다고 할 수 있는 가정소설과 얼핏 대립하는 것으로 자리매김할 수 있을 것 같기도 하다. 하지만 둘 사이에는 공통의 키워드가 있었다. '여학생'이 그것이다.

주지의 사실이지만 메이지 30년대는 여자 교육이 가장 진흥을 이룬 시기인 동시에 여자의 교육목표가 현모양처 일색으로 물들기 시작한 시기이기도 했다. 그것을 배경으로 한편에서는 과거에 여학생들이었던 여성들의 현실을 보상해주는 가정소설이 융성하고, 한편에서는 현역 여학생의 '타락'을 선정적으로 그려낸 『마풍연풍』이 인기를 끌었다. 여기에서 시대의 공기를 읽어내는 것은 간단하다. 둘은 결코 서로 대립하는 것이 아니라 공통의 가치관에 뿌리를 둔 것이다.

더욱이 신문소설사적인 면에서 볼 때 『마풍연풍』이 오자키 코요의 『금색야차』(『요리우리신문』, 1897.1.1~1902.5.11)의 뒤를 잇는 것이었음은

---

5   木村毅, 『明治文學を語る』, 恒文社, 1982.

간과할 수 없다.

　오자키 코요가 요미우리 신문사를 퇴사한 것은 1902년 여름의 일이었다. 코요가 퇴사함에 따른 타격은 예상 이상으로 커서 다카기 다케오[高木健夫]의 『신문소설사 메이지편』(국서간행회, 1974)에 따르면, 독자로부터 매일같이 비난하는 투서가 쇄도하고 부수가 급격히 감소했다고 한다. 고민에 빠진 신문사 수뇌부에게 기사회생의 작품이 된 것이 『마풍연풍』이었다. 대히트를 친 이 작품은 결과적으로 어떤 의미에서는 가장 신문소설적인 작품이기도 했다. 코요의 『금색야차』가 요미우리 신문사와의 마찰을 현실적인 배경으로 하면서도, 본질적으로는 신문소설이라는 장르가 요구하는 제약과 충돌하여 자신의 위치를 확립하는데 힘이 된 신문소설계에서 물러난 것과는 대조적으로, 『마풍연풍』은 그 발표의 장으로서 신문을 최대한 유효하게 이용했다고 할 수 있다.

　『마풍연풍』은 메이지 시대의 베스트셀러였음에도 불구하고 현재는 잊혀 버린 작품의 대명사격의 하나이다. 그것은 그 시대만이 공유한 공통의식에 작품이 의존하고 있기 때문일 것이다. 하지만 반대로, 말하자면 끝없이 새로움을 주는 소설이 아니기에 비롯된 유혹을 이 작품이 칭송하고 있는 것도 사실이다. 이하, 신문소설 『마풍연풍』의 성공비결인 화자(話者)의 수법에 주목하여 작품 속에 매몰되어 있는 문제점을 고찰하고자 한다.

'타락'이라는 틀

고스기 텐가이는 단행본 『마풍연풍』의 전편(前篇) 서문(1903.11) 및 중편 서문(1903.12)에서 각각 "작품 속 주인공 및 두세 명의 주요 인물들은 일찍이 세상에 존재했던 사람과 지금 실제로 세상에 존재하는 사람을 모델로 한 것이다. 특히 주인공과는 대여섯 번 만난 적이 있다" "이 소설의 주인공인 여자 아무개와 생전에 가깝게 지냈다던 사람이, 필자 때문에 고인의 명예가 훼손되었다고 분개했다 한다"라고 서술하고 있다. 또한 후년의 청취록 「사실소설(寫實小說)시대―졸라이즘을 묻다」(유치 타카시[湯地孝] 기록, 『국어와 국문학』, 1934.8)에서도 "그건 모델이 있는데요, 간호사를 하던 젊은 여자로 ……"라고 그 사실성을 강조했다. 소설의 소재를 『만조보[萬朝報]』에 게재된 여학생 스캔들에서 찾을 수 있다는 도사 토오루[土佐亨]의 상세한 조사 「『마풍연풍』고―수용·재원(材源)·텍스트에 대한 노트」(『문예와 사상』, 1975.2)도 있다. 즉 독자에게 '있을 법 하다'라는 인상을 줄만한 재료는 충분히 갖추어져 있던 셈이다. 그리고 말할 것도 없이 여기서 문제가 되는 것은 『마풍연풍』이 실제로 실화인지 아닌지가 아니라, 독자에게는 실화로 받아들여졌다는 점이다. 작품과 독자의 단선적인 관계의 매개로 신문이라는 미디어가 관련되게 될 때, 그 힘의 관계에 미묘한 차이가 생기는 것은 명백하다. 예를 들어 다도코로 히토시 씨는 앞서 소개한 논문에서 도구토미 로카[德富蘆花]의 『불여귀(不如歸)』를 "상류층의 가정사를 폭로한 실화물"이라고 파악했을 때 "극단적으로 표현하면 신문=가정소설이 문학이 아니라 저널리즘으로 정리될 법한 일면을 지녔음을 이미 이 작품의 성공은 분명하게 보여주고 있다"고 지적했다. 사정은 『마풍연풍』에서도 마찬가지이다. 날마다 단편적인 정보에 의해 전해진 여학생의 '타락'이라는 추문이 일관된 이야기로 전개된다. 『마풍연풍』의 신문소설로서의 성공은 독자의 관심을 사로잡은 시점에서 이미 약속되어 있었다. "'하쓰노[初野]'는 시대조류(時代潮流)에 희생이 된 사람이다"[6]라는 훗날의 텐가이의 발언과는 모순되게, 『마풍연풍』의 화자는 명백히 하쓰노의 '타락'을 독자들에게 기대하게 만들고 있고 또한 스스로도 기대하는데 『마풍연풍』의 전개가 그것을 배반하지 않는다. 『금색야차』를 연재 중이던 코요를 오쓰카 쿠스오코[大塚楠緒子]나 우에다 류손[上田柳村, 우에다 빈[上田敏]을 가리킴 —역자주]의 부인 등이 둘러싸고 ""선생님" "선생님" "대체 시오바라의 지형(地形)이 어떻다는 거에요" "시오바라의 남쪽에서 …… 이 다 뭔가요, 미야를 어쩔 셈이세요""라며 저마다 몰아세웠다는 에피소드는 유명하다.[7] 강이치와 미야의 앞날은 '어떻게 될 것인가', 즉 줄거리의 행방 그 자체가 독자들의 관심의 대상이었다. 그리고 코요가 죽음으로써 미야의 운명이 '어떻게 될 것인가'는 영원한 수수께끼가 되었다. 반면 『마풍연풍』에서 결말이 '어떻게 될 것인가'는 자명한 것이었다고 할 수 있다. 연재1회부터 여주인공 하기와라 하쓰노[萩原初野]가 자전거를 탄 채로 넘어진 시점에서 이미 하쓰노의 앞날에 불길한 그림자가 드리워져있음은 쉽게 예상되고, 그리고 이야기는 예상대로 전개된다. 등장인물에 대해서도 도노이[殿井]가 하쓰노에게 흑심을 품은 신용할 수 없는 인물이라는 것은 처음부터 밝혀져 있어서, 예를 들어 하쓰노가 그 "갈색 망토가 달린 외투에 같은 색 양복, 선채로 갈색 구두를 벗는 모습도 멋진 하얀 옆얼굴" "유연하면서도 느긋한 말투"에 속는다 해도 독자가 속는 일은 없는 것이다. 아니, 애당초 '마풍연풍'이라는 타이틀 자체가 여학

---

6   小杉天外, 「處女作時代の回顧 附、作家の主張と魔風戀風」, 『新潮』, 1907.5.
7   泉鏡花, 「『金色夜叉』小解」, 1927.2.

생의 '타락'을 환기시키는 노골적인 징표였다. 즉『마풍연풍』의 화법은 미리 여학생 하쓰노의 '타락'이라는 틀을 명시한 다음 그 '타락'의 과정을 이야기하는, 말하자면 '어떻게 될 것인가'에서 '어떻게' 타락하는가로 독자의 흥미를 전환시키는 것이었다.

이와 같은 방법을 취했을 경우 작품에 대한 독자의 우월성은 커진다. 독자는 작품의 결론을 정확히 파악하고 있고 게다가 작품의 전개가 그것을 배신하는 일도 없으니까, 독자가 작품의 전개 여하에 따라 농락을 당하는 일도 없다. 말하자면 그들은 결승점 도달이 미리 보장되어 있는 마라톤을 보고 있는 것과 같은 것이다. 결말을 예측할 수 있는 마라톤 중계를 재미있게 하는 것, 그것은 카메라 앵글과 과장된 이야기 외에는 없다.『마풍연풍』의 화자는 항상 두 방향에서 정보를 준비한다. 하쓰노에 대해 "물론 당신 여동생을 구하겠다고 해도, 뭐 당신과는 상관없는 일이야. 여동생을 구해서 당신에게 사죄하겠다는 것도 아니고, 그렇다고 내 마음을 보여주겠다는 것도 아니오. 어디까지나 죄는 죄니까 나를 증오한다면 달게 미움을 받겠소. 형편없는 놈이기는 하지만 난 그렇게 비열하지는 않다고 생각하는데"라고 기특한 소리를 한 도노이가 뒤에서는 하숙집 안주인과 "그렇게 홀딱 반하셨면 이런 경우엔 빨리 어떻게 하시면 되잖아요." "어떻게 하냐고. 좋은 방법이라도 있나?"라는 대화를 나누고 있는 것을 독자는 알고 있다. 독자는 무대의 앞과 뒤를 모두 안 다음 경과를 지켜보게 된다.

화자가 독자를 공략하는 방법[8]은 이뿐만이 아니다. 화자는 독자가 더욱더 소설에 참가하도록 도모한다. 예를 들면 「입원료1」에서 하쓰노가

---

8 이 점에 대해 신도 마사히로[眞銅正宏], 「通俗性の問題―小杉天外『魔風戀風』」(『ベストセラーのゆくえ 明治大正の流行小說』, 翰林書房, 2000)는, "작자는 이 '타락'의 스토리를 예상할 수 있게 하기 위해 그것에 어울리는 수법으로 독자를 조종했다. 그것이 '엿보기'와 '엿듣기'의 장면 설정과 '소문'에 의한 서술이다"라고 지적하고, 각각에 대해 분석했다.

하숙집 안주인의 도움을 받아 옷을 갈아입는 장면에 대해 에구사 미쓰코[江種滿子] 씨는 화자가 "하숙집 안주인의 시선에 따라 이야기를 시작하는데 여자가 알몸에 가까워짐에 따라서 장지문 밖 불량청년의 눈으로 위치를 옮겨 간다", 즉 "안주인의 시선 배후에서 중첩되어 있던 화자에게, 처음부터 잠재해 있던 남자의 시선이 표면으로 떠올랐음"을 지적했다.[9] 그러나 여기에서 시선이 중첩되는 것은 안주인과 도노이 그리고 화자뿐만이 아니다. 독자의 시선도 또한 하쓰노의 나체를 향한 화자의 시선에 중첩된다. 왜냐하면 신문 연재분에서는 가슴을 드러낸 하쓰노가 서 있는 모습을 그린 삽화가 확실하게 독자 쪽을 향하고 있기 때문이다. 신문 삼단 크기의 삽화는 독자와 마주함으로써 역으로 독자의 시선이 머무는 곳을 규정한다. 즉 공범으로서의 독자가 생성된 것이다.

　신문소설이라는 형태에서 삽화가 어떠한 효력을 발휘하는가는 지적할 필요도 없을 것이다. 『마풍연풍』에 앞서 연재된 것이 『금색야차』였는데 오자키 코요는 삽화무용론자였다.[10] 예를 들어 「코요 씨의 신문소설론」(『요리우리신문』, 1899.2.13)에서는 "도대체 소설에 삽화를 넣는다는 것은 이해가 안 되는데, 그림의 힘을 빌릴 정도라면 글로써 그 정도를 해 보이는 게 우리 소설가의 기량이다"라는 코요의 발언을 소개하고 있다. 결국 코요는 요미우리 신문사와의 관계가 악화되어가는 가운데 「속속(續續) 금색야차(속)」(1900.12.4~1901.1.27)부터 어쩔 수 없이 작품에 삽화를 넣게 된다. 가지타 한코[梶田半古]의 삽화와 더불어 「속속 금색야차(속)」의 연재가 재개되자마자, 「엽서집」[11]에는 "기다리고 기다리던

9　江種滿子,「わたしの身體, わたしの言葉―『煤煙』『蒲團』の周邊」,『日本文學史を讀むV 近代1』, 有精堂, 1992.
10　槌田滿文,「『金色夜叉』と揷繪無用論」(『文藝論叢』, 1980.3)이 상세하다.
11　『요리우리신문』이 1898년 6월 27일부터 개시한 독자투고란. 물론 신문관계자가 독자를 가장하여 쓴 글도 포함되어 있을 가능성이 있다.

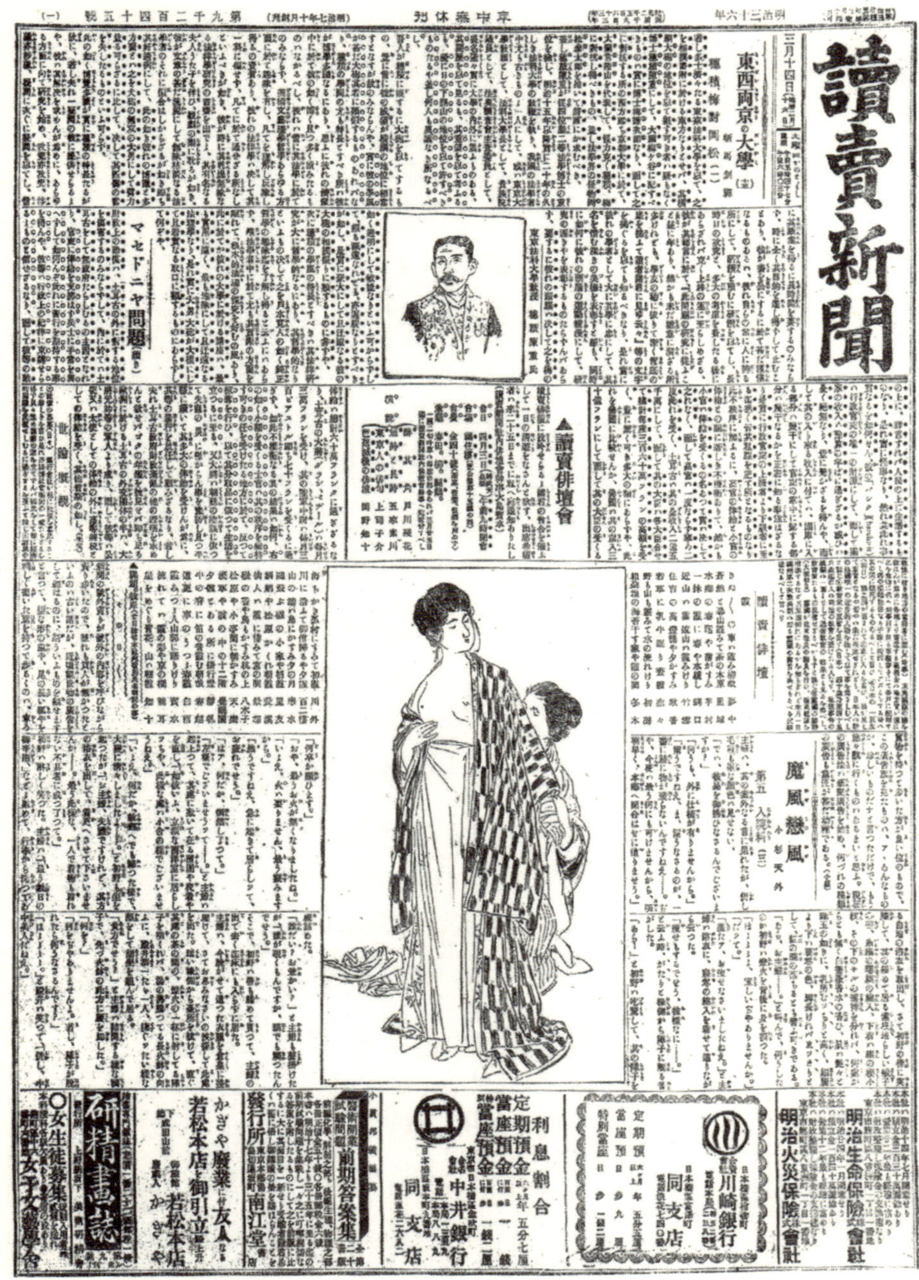

『요미우리 신문』(1899.2.13)

금색야차가 나왔다 (…중략…) 게다가 가지타 선생의 명화도 곁들여지
니 이보다 고마운 일은 없다"(1900.12.5), "속속 금색야차는 코요 선생의
대사의 달콤함과 한코선생의 그림이 서로 어울려서 마치 연극을 보는
것 같은 기분이 든다"(1900.12.25)는 것과 같은 감상이 잇달아 도착했다.
코요로서는 아이러니한 상황이었지만 신문소설에서 독서의 장이 대사
와 삽화라는 두 방향의 시각(視覺)에 의해 형성된다는 것은 이것으로써
도 명백할 것이다.

　하쓰노의 알몸은 독자의 눈에 노출되었다. 이 때 도노이와 시선을 공
유해버린 독자는, 연재가 진행됨에 따라 더욱더 도노이와 안주인이 저
지른 하쓰노 방 침입, 옷장에서 엿보기, 편지 훔쳐보기에 함께 참여하
게 된다. 이렇게 해서 독자는 무의식중에 하쓰노의 사적(私的)인 영역을
침범하는 공범자가 되어 가는 것이다. 하쓰노의 성실한 면학 자세를 강
조하는 한편으로 다른 한편에서는 그 내막을 폭로해 간다. 이러한 서술
시스템 속에서 독자는 하쓰노의 '사적인' 부분에 의해 진실을 찾아내려
고 하게 될 것이다. 여기에는 공적인 생활의 이면에 감춰져있는 것이야
말로 그 인간의 진실이라는 자연주의적 문학관이 교묘하게 역설적으
로 이용되었다. 일상 속에서 스캔들의 대상으로 선택되는 것이 뭔가 신
성(神性)함을 띠었을 때 가장 자극적이라는 것은 말할 필요도 없지만,
여학생이 지니는 '신성'함의 일부를 이루는 것은 학문, 즉 교육이었다.
그것은 또 거꾸로 학문이나 교육 같은 혜택을 받은 인간은 틀림없이 인
격적으로도 뛰어날 것이라는 착각을 하게 한다. 따라서 여학생을 둘러
싼 스캔들을 이야기하는 언설은 항상 '타락'을 그 중핵에 놓게 된다.

　이렇게 해서 독자를 장악한 화자는 예정대로 하쓰노를 '타락'으로 이
끈다. 그러나 하쓰노는 의존심을 버리고 오로지 독립과 입신출세를 꿈
꾸며 학문에 힘쓰는, 객관적으로 본다면 대단히 기특한 마음가짐의 여

학생이었을 것이다. 아니 언뜻 보기에는 그렇게 꾸며져 있었다고 말하는 게 옳을지도 모른다. 바꿔 말하면 하쓰노는 바람직한 여학생의 모습과 — 그것은 실재하는 것이라기보다는 교육이라는 표현이 가져다준 환상으로서의 모습이라고 해야 할 것이다 — , 그 때문에 사람들의 호기심을 불러일으키고 가학성을 자극하는 소설의 히로인으로서의 모습, 두 가지를 책임지고 있다고 할 수 있을 것이다. 그런 그녀를 필연적인 결말인 파멸로 이끌기 위해 과연 무슨 일이 꾸며져 있던 것일까.

예정된 결여(缺如)

금강석도 연마하지 않으면 구슬이 빛나지 않을 것이요
사람도 배워야 비로소 진정한 덕이 나타날 것이니
시계바늘이 끊임없이 도는 것과 같이 잠시도 그늘에서 쉬지 말고
정진하면 무슨 일이라도 이룰 것이리.

황후가 지은 「금강석의 노래」는 여자의 교육을 장려한 것이다. 하루하루의 부단한 노력이 어느 정도의 달성으로 이어짐을 깨우쳐 주는 이 노래는, 학문과 하루하루의 노력의 중요성에 글의 대부분을 할애하고 있다. 그런데 달성의 내실에 대해서는 마지막 1절에서 막연하게 언급할 뿐이라는 점에서 하쓰노 안에 설정된 결정적인 결여(缺如)를 예고하고 있다고도 할 수 있다. 하쓰노는 열심히 면학에 힘써서 "무슨 일"을 이루려고 한 것일까.

예를 들면 다음과 같은 그녀의 속마음이 반복적으로 묘사된다.

이렇게 달리 주목을 받는다 해도 중요한 것은 이번 여름의 졸업시험뿐이다. 사회에 나가 좋은 지위를 얻는 것도 큰 명예를 떨치는 것도 오로지 졸업 성적으로 결정되는 것이다. 그 생각을 하면 한시도 이렇게 놀고 있을 틈 같은 게 없다.

— 의외(意外) 2

이렇게 슬픈 것도 독립해서 세상에 설만한 재능이 없기 때문이다. 돈이 없기 때문이다. 아무리 한탄한들 졸업시험에서 뛰어난 성적을 거두어 좋은 지위를 얻는 것 외에는 방법도 수단도 없는 것이다. 뭐 졸업이라고 해도 이번 6, 7월이 되면 동생도 살아나는 거다. 오로지 그때까지만 참으면 된다!

— 약해지는 마음 3

그래도 몸도 소중하지만 나한테는 학교 졸업도 중요하다. 정든 고향을 버리고 그리운 어머니와 헤어져서 시험마다 다른 사람들이 부러워할 성적을 얻을 정도로 공부를 계속한 것도, 명예로운 여자학원의 졸업생으로서 보란 듯이 사회에서 학자의 이름을 얻기 위함일 뿐이다. (…중략…) 6월만 넘기면, 졸업만 해버리면, 전지요양이든 무슨 치료든 모두 내 뜻대로 할 수 있는 것이다.

— 진단 1

이렇게 보면 하쓰노의 미래도(未來圖)에 분명하게 적혀있는 것은 졸업시험까지이고 그 이후의 일, 즉 졸업 후 "무슨 일"을 하려는 지는 대단히 막연하다. 하쓰노에 대한 '마풍(魔風)'의 구현자 도노이의 "졸업을 하고 말이야 그리고 나서 어쩌겠다는 거야?" "모두 각자 사정이 있단 말이지. 독립해서 생계를 꾸려나가야 한다든지, 아니면 약혼자가 바래서라든지 ……" "그렇지 않으면 여자가 공부해서 뭐가 되려고 ……?"라는 대사가 훨씬 현실감이 있는 것은 아이러니하다. 하숙집 안주인이 "작년에 졸업한 분인데 (…중략…) 히로시마의 어느 학교에 월 50엔에 채용되어 떠났어요. 하기와라 님은 어떤 생각이신지 모르겠지만, 월급쟁이가 되시면 50엔이 아니라 70엔도, 80엔도 받으시겠죠"라고 말하듯이 교사가 되는 것이 가장 가능성이 높겠지만, 한편에서는 "거참 당신, 학교에서라도 힘써주지 않으면 요즘은 시골 여선생 자리도 좀처럼 없다네요"(오구리 후요, 『청춘』)라는 현실도 있었다. 「문부성 제31연보」(1903~1904)에는 "공립고등여학교의 전년도 졸업생 2,712명에 대한 올해 말의 상황을 보면 해당고등사범학교학생 10명, 그 밖의 학교학생 367명, 학교교원 300명, 실업(實業)에 종사하거나 가사에 종사하는 자 1,013명, 결혼 91명, 소재미상 374명, 사망 13명"으로 되어 있어서, 여학생의 직업으로 인정받는 것은 역시 교원이 그중 으뜸이었음을 알 수 있다.[12] 앞에서 서술했듯이 메이지 30년대는 여자 교육의 진흥기여서 고등여학교의 학생 수도 비약적으로 늘어난 시기였지만, 졸업 후 그녀들이 자주 독립하는 길은 아직 극도로 곤란했다고 할 수 있다.

　예를 들면 여자고등사범 제1회 졸업생이었던 야스이 테쓰[安井てつ]는 동경여자대학의 발전에 온 힘을 쏟았고, 마찬가지로 노구치 유카[野口ゆか]는 각슈인[學習院]의 교수를 역임하고 가난한 사람들을 위해 보육원을

---

[12] 『여학잡지(女學雜誌)』 제421호(1896.4)는, 여자의 직업으로 "의사, 음악가, 소설가, 학교교원, 보모, 전화교환수, 간호부, 안마, 방적, 제지, 제융(製絨), 조폐, 활판, 편물, 조화(造花), 미싱사, 자수, 상자세공, 양잠, 실잣기, 재봉, 베짜기, 산파, 미용사, 중매쟁이"를 들고, 호시노 스미레[星野すみれ], 『現代女學生寶鑑』(1906)는 여성의 새로운 직업으로 '여자사무원', '철도작업국의 여자고용원'(매표계, 조사계), '전화교환수', '여자체조교원'을 들었다.

열었다. 하쓰노도 그녀의 학문과 자주독립 정신의 진가가 발휘되는 것은 어쩌면 졸업시험후의 선택에 있었는지도 모른다. 그러나 "졸업하기만 하면, 세상에 나가기만 하면, 입신(立身)! 명예! 행복! 뜻대로 되는 내 신세는 아니지만, 그 졸업도 불과 한 달이면 끝나잖아!"라는 하쓰노의 대사에서도 엿볼 수 있듯이 그녀에게 입신출세란 완전히 관념적인 것으로 가장 중요한 그 내용이 결여되어 있는 것이다. 소수이기는 하나 현실에서 여학생들이 구체적인 형태로 자신들의 미래도를 그리기 위해 분투하고 있던 것에 비하면 작품속의 그녀가 구체적으로 그릴 수 있는 미래도는, 졸업시험까지의 말하자면 제도 속에 격리된 시간 속의 미래도에 불과하다. 고향의 원조가 끊긴 하쓰노가 의존심을 버리고 어디까지나 '독립'하여 졸업할 때까지 헤쳐 나가려는 자세에 대해 오야 유키요[大屋幸世] 씨는 일찍이 그것이 "단순한 관념에 지나지 않음"을 지적했다.[13] 하지만 그 이전에 하쓰노에게는 그녀가 열망하는 명예도 입신출세도 모두 관념이고 환상인 것이다. 이 환상이 어디까지나 하쓰노의 것이지 화자의 것이 아니라는 것은, 화자가 진작부터 하쓰노의 '타락'을 암시하고 또한 기대했던 것으로 미루어 명백하다. 그리고 하쓰노의 입신출세가 '학문하는 여자'의 환상에 지나지 않는다는 것은, 작품 속에서 그 내실이 완전히 구체성이 결여된 것으로 묘사됨으로써 독자에게도 자명한 사실이 된다. 실제로 독자로부터도 연재개시 후 1개월도 채 지나지 않아 "제발 야비하게 끝나지 않도록, 야비함은 시대에 맞지 않으니까요" "텐가이 씨 제발 부탁이니까 하기와라를 타락시키지 마세요. 난 점점 싫증이 나기 시작했다니까"(「엽서집」, 1903.3.20) "텐가이 씨는 …… 야비하게 끝날 것 같아 지금부터 걱정이 되요. 제발 연풍(戀風)이라면 불가항력이라 어쩔 수 없겠지만 마

---

13 大屋幸世, 「魔風戀風(小杉天外)」, 『國文學解釋と鑑賞』, 1980.5.

풍(魔風)만은 불지 않도록 부탁해요"(1903.3.24)와 같은 투고가 들어왔다. 물론 이것들은 극히 일부이고 투고의 대부분은 작품이 불러온 여학생에 대한 비판과 야유로 고조되어 있어서 메이지 20년대 전반에 이어 제2차 여학생 비난 붐과 같은 느낌을 준다. 이런 점에서도『마풍연풍』의 독자 공략법이 주효했음을 확인할 수 있다.

독립·명예·출세와 같은 환상을 좇던 하쓰노는 졸업시험을 목전에 두고 비참한 죽음을 맞이하고, 자기희생을 마다 않는 순종적인 양가 규 수로 결혼 시기가 앞당겨진다면 학교를「이번을 끝으로 그만둘지도 모 르」는 가모토 요시에[夏本芳江]는, "이번 10월에는 새로 법학사(法學士)가 되는 토고[東吾]와 혼례를 올림"으로써 행복을 손에 넣게 된다는 이 소설 의 구도가 의도적으로 시사해주는 바는 분명할 것이다. 하쓰노에게 찾 아온 파멸은 교육이라는 특혜를 받은 신여성에 대한 시대의 반감이다. 그것은 화자와 독자가 일체가 되어 기대한 하쓰노의 '타락'이라는 한 단 어로 수렴되어 간다. 동시에 이 '타락'이라는 틀은 그것이 너무나도 자 명한 것으로 제시되고 예정대로 전개되었기 때문에, 여학생 하쓰노가 지닌 또 하나의 측면을 은폐하게 되었다. 독자의 앞에서 교묘하게 은폐 되어 간 것, 그것은 대체 무엇이었을까.

하쓰노는 누구인가

『마풍연풍』에 국한하지 않고 여학생의 수난은 그것이 등장할 때부 터 이미 시작되었다. 쓰보우치 쇼요의『아내[細君]』(1889.1)에서는 사범

학교 출신의 아내가 "교육이니 학문이니 해도 여자의 학문이야 뻔 하지 뭐. 학문으로 부엌일을 할 수는 없죠. 어중간하게 좀 식견이 있으면 잘난 체 하는 게 여자의 천성. 권리니 동등권이니 하며 아니꼬운 말을 하는 것을 보면 아무리 미인이라도 두 번 다시 볼 마음이 안 난다고 접때도 주인양반이 그럽디다"라고, 동성(同性)의 입을 빌린 가부장적 언사에 의해 단죄(斷罪)받고 있다. 또한 이즈미 쿄카의 『X사마귀복어철도[X蟷螂鰒鐵道]』(1896.12)에서는 "학교에서는 야마시나[山科]라고 하면 위 아래로 다 통하던" 여학생 출신의 주부가 "그런 학문 같은 것을 안했더라면 조금은 속편하게 살 수 있을 텐데 어중간하게 그게 방해가 되어 때때로 견딜 수 없이 울컥 울컥 가슴에 뭔가가 치밀어 올라", 여학생 시절의 학문이 "방해가 되고 방해가 되고 방해가 되서, 난 왜 쓸데없이 학교 같은 데에 갔는지. 방해가 되어 견딜 수가 없어요"라며 고민한다. 교육이라는 혜택을 받은 여성들의 수난이 같은 여성의 입을 빌려 말하는 식으로 잘 표현되었다.

그러나 하쓰노의 수난은 전적으로 그녀의 학문 때문만은 아니다. 그것은 무엇보다도 하쓰노의 태생과 관련이 있었던 것이다.

하쓰노의 어머니는 첩 출신으로 하기와라가문에 후처로 들어왔다. 아마도 하쓰노가 처음에 서자로 태어났을 것이라는 사실은 "그래도 집에 오는 사람들이 말이야, 언니에 관한 기사가 신문에 나왔다고 하면, 그까짓 여자의 학문 따위 뻔하다, 머지않아 남자라도 만들어서 사생아라도 낳을 판이라고" "고향 오라버니 같은 사람은, 여학생 따위는 사생아라도 낳아가지고 오기 십상이라는 등 내내 험담만 하는 걸"이라는 그녀를 둘러싼 고향의 소문으로 짐작할 수 있을 것이다.

가독상속인(家督相續人)이 가독상속의 특권을 조성하는 재산 및 호주 소유의 모든 재산을 계승하는 형태를 취한 구민법(舊民法)에 대해, 개정

된 민법은 상속을 가독상속과 유산상속으로 나누었다. "메이지 민법은
유산상속을 순전히 '개인'재산의 상속으로 가독상속과는 무관하다고
보고, 법률보호의 공평(公平)이라는 관점에서 분할주의를 채용한"[14] 것
인데, 상속인의 순위는 직계비속이 1순위이고, 그 중 부모 등은 동순위
로 한다. 민법(1903.1 개정) 제836첩 "서자는 부모의 결혼에 의해 적출자
로서의 신분을 취득한다"에서 보장하듯이 하쓰노도 여동생 오나미도
법률상 친자식으로서의 권리를 부여받았다. 그렇게 보면 아버지가 사
망한 후 하기와라 집안의 호주가 된 고향집 오빠의 불안한 마음을 단적
으로 표현한 것은 "하지만 나도 언니도 하기와라집안의 사람이잖아.
오빠만의 아버지이고 오빠만의 재산인가" "아버지 자식이니까 아버지
재산을 받는 게 당연하지 ……"라는 오나미의 말이었을 것이다. 법률
상 새로운 호주가 상속하는 것은 "가독상속의 특권을 조성하는 족보·
제기·분묘의 소유권 및 전호주가 소유했던 권리 의무 일체"[15]이며, 아
버지 소유의 재산 상속은 그 유언장을 따라야하는 것이었다. "그래도,
그래도 모두 그렇게 말하는 걸. 집 재산은 아버지가 불린 재산 이래
…… 그러니까 아버지가 저렇게 갑자기 돌아가시지만 않았어도 언니
도 나도 재산을 많이 받았을 텐데 ……"라는 오나미의 대사는 갑자기
현실감을 띄기 시작하는 것이다 하쓰노의 오빠가 특히나 더 "우리 일족
에는 …… 하기와라 가문도 십 일대 째 이어진 유서 있는 가문인데, 나
미 같은 녀석은 한 명도 나온 적이 없다. 내 혈통에는 한 명도 없다고"
"그거야 돌아가신 아버지와 네 어머니가 알겠지. 아버지야 어떻든 네
어머니는 알고 있을 게야. 잘 알고 있을 게다"라고 하는 것도 이것과 관
련이 있을 것이다.

14　大竹秀男,『「家」と女性の歴史』弘文堂法學選書 4, 1977.
15　위의 책.

덧붙여서 오빠가 하쓰노의 학문을 부정하는 것은 그것이 그의 호주로서의 권위를 뒤흔들 우려가 있기 때문이었다.

> 졸업도 독립도 결코 내 욕심을 채우기 위해서만은 아니다. 첫 번째는 불행한 어머니에게 노후의 효도를 하고 싶어서다. 또 두 번째로는 불쌍한 여동생을 훌륭하게 교육시켜서 자매 둘이서 이상적인 생활을 창조하고 가정의 모범도 되어야 한다! 옛날에 욕을 퍼부었던 오빠와 올케, 어머니 집안까지 샅샅이 들춰내서 조롱했던 이웃 사람들도 죽을 만큼 수치스럽게 해 주어야지! 우리 자매가 귀성할 때에는 사치스러울 정도는 아니더라도 예쁘게 차려입고 선물도 고향에서는 보기 힘든 것을 들고 가서 돌아가신 아버지 산소에 성묘도 하고 친척에게 인사도 드려서, 저게 첩 출신 후처의 딸이란 말이야 하고 뒤에서라도 감탄하게 만들 거다!
>
> — 방황

하쓰노가 졸업 후 명예를 얻고 입신출세하여 금의환향한다면 어쩌면 호주인 오빠와 그녀의 평판이(실질적으로는 영향을 못 미친다 할지라도) 역전될 지도 모른다. 남자라면 또 모르겠지만 첩의 딸이었던 하쓰노의 존재는 예전 같으면 정실의 장남에게는 그다지 위협적이지 않았을 것이다. 그러나 하쓰노의 학문과 그 결실인 입신출세는 유일하게 그의 호주로서의 권위를 위협할 가능성을 내포하고 있었다. 즉 그녀는 이중의 의미에서 단죄를 받아야 했던 것이다. 하나는 학문하는 여자로서. 그리고 더욱이 그 학문으로 인해 본래 남성의 편의를 위해 제도 속에 끼워 넣은 첩이라는 존재를 역전시킬 가능성을 간직한 자로서. 하쓰노의 '타락'은 그런 현실을 저해하는 것으로 작품 속에 준비되어 있던 것이었다.

여기에서 작품 속 두 사람의 어머니에 대해 생각하지 않으면 안 된다. 첩에서 후처로 들어간 하쓰노의 어머니와, "야나기바시[柳橋, 에도 제일의 유홍가ー역자주]에서 전성기를 구가하고" 현재는 가모토[夏本] 자작부인이 되어 있는 요시에의 어머니. 두 사람은 모두 이른바 여자로서 팔자를 고쳤다는 점에서는 같은 유형의 존재이다. 보통은 하쓰노가 제일먼저 그 곤경을 호소해야할 시골 어머니에 대한 이야기는 동생을 통해 간접적으로 전해질 뿐, 격려 편지 한통 보내는 일도 없고 실질적으로는 존재하지 않는 것이나 다름없다. 작품 전면(前面)에 등장하는 요시에의 어머니는 "요즘 여학생 중에는 학비가 궁해서 빈번히 매춘을 하는 사람이 있다던데, 너는 그런 부류는 아니지……?"라는 말로 "요즘 여학생"인 하쓰노를 모욕한다. 외동딸 요시에의 엄마로서 자작부인이라는 지위를 만끽하며 제도 속에 안주할 수 있는 장소를 획득한 그녀에게 하쓰노의 존재는 자기의 가치관에 찬 물을 끼얹는 불쾌한 것에 불과하다. 하쓰노가 몽상 속에서 고향에 대해 복수하는 장면은 결과적으로 자기 어머니나 요시에의 어머니와 같은 식의 여자의 출세, 더욱이 가정 안에 들어감으로써 완수되는 것을 부정하는 것이기 때문이다. 두 사람의 어머니와 요시에, 그리고 도노이의 원조를 받는 것을 주저하지 않는 여동생 오나미 사이에서, 하쓰노만이 별종인 것이다.

작품 속의 하쓰노는 고독하다. 가정소설이 그 무대로 삼고 또한 독서의 장으로 상정한 '가정'을 그녀는 갖지 않았다. 그녀의 생활이 '하숙'을 중심으로 그려지는 것이 그것을 상징한다. 그녀 주변에 배치된 사람들은 누구 하나 그녀가 속마음을 털어놓을 수 있는 벗이 아니다. 유일하게 성실했던 요시에를 토고에 대한 연정 때문에 기만함으로써 하쓰노는 점점 스스로를 고립시키게 된다. "요시에는 지위도 있고 재산도 있는 집안의 외동딸로 태어나 부족할 것 없는 행복한 사람이다. 나로 말할 것 같으면 힘이 되어 줄 아버지와는 사별하고 사악한 이복 오빠, 병을 앓는 불쌍한 어머니, 점점 심술쟁이가 되어 가는 여동생 사이에 끼여 내 힘으로 스스로 먹고 살아야 하는 불행하고 박명한 팔자다"라고 그녀 스스로 적절하게 표현했듯이, 결핍가정의 하쓰노가 그 가정의 중심에서 나아가서는 가정을 유지하게 될 요시에와 맞섰을 때 그녀의 패배는 결정적이 된다. 약혼자 토고에 대한 한결같은 연정, 그리고 언니로 대할 것을 맹세한 하쓰노를 위해서라면 어떠한 자기희생도 마다않는 의심이나 기만과는 인연이 없는 요시에야말로 가정소설의 전형적인 히로인 그 자체였다.[16]

분명 하쓰노가 품은 독립과 입신에 대한 열망은 환상에 불과했다. "재산가로 태어난 것과 좋은 친구가 없는 바람에 지금과 같이 되어 버렸지만 화가로서는 천재"라는 도노이에게 원조를 받는 것과, "이번 여름을 끝으로 대학을 졸업하시는 분" "법학사(法學士)의 학위를 받는 분"이라는 토고에게 원조를 받는 것 사이에 무슨 차이가 있을까. 아니, 그 이야기를 하자면 애당초 요시에에게 원조를 부탁하는 것도 하쓰노가 몹시도 싫어했던 의존심에 지나지 않는다. 그것을 깨닫지 못한 것은 하쓰노 뿐이다. 하지만 고립무원의 그녀가 새로운 시대의 환상 ― 학문의 권유 ― 을 자신의 의지로 좇았다는 것, 그녀가 선택하려고 한 것이 두 사람의 어머니와는 다른 길이었다는 것만은 하쓰노를 위해서 기억해 두고 싶다.

---

16   요시에의 자기희생을 이야기할 때에, 소설의 기능면에서 전혀 의미가 없는 성경이 등장하는 것도, 당시의 가정소설의 특징을 반영한 것이다.

맺음말

"6월만 넘기면, 졸업만 해버리면"이라며 격앙된 하쓰노의 마음을 바로 지상으로 끌어내리는 것은 "아, 내가 정말 어떻게 돈을 마련하지!"라는 금전이라는 현실이었다.[17] "졸업할 때까지의 하숙비와 수업료"에다가 "약값이며 각종 영양식품이며 통원비하며 ……" 그 액수가 불어난다. 하쓰노에게 출세는 완전히 관념적인 것이었던 데에 반해, 이런 현실을 인식시켜주는 금전은 생활을 위해서, 혹은 병을 고치는 치료비라는 형태로, 또 한편으로는 도노이에게 몸을 맡기면 그 대가로 필요한 금전을 받게 되는 식으로 어느 것이나 하쓰노의 신체와 밀접하게 맺어져 있었다. 그리고 『마풍연풍』의 작품 속의 시간에서 하쓰노의 신체는, 도노이의 욕망의 대상이라는 면을 제외하면 언제나 병들어 있었다.

단행본 『마풍연풍』의 권두 삽화로 잘 알려진 "방울소리를 높이 울리며 나타난 것은 미끈하게 빠진 어깨, 짙은 다홍색 자전거에 적갈색 하카마, 머리는 묶어서 늘어뜨리고, 하얀 리본은 청결하며, 기모노는 화살 깃 모양의 터치감이 느껴지는 후쓰오리, 소매는 기다란 게 바람에 나부껴서 어여쁘고 기품 있는 열여덟, 아홉 정도의 아가씨"인 하쓰노의 경쾌한 모습은 첫머리뿐이고, 연재 제1회에서 부상당한 이래, 하쓰노의 신체는 끝날 때까지 뭔가 병으로 고통 받았다. 삽화로 그려진 것도 그 태반이 웅크린 하쓰노, 쓰러져 누워있는 하쓰노, 반듯하게 누워있는

---

17 다키모토 다네코[瀧本種子]의 『目白生活』(彩虹社, 1916)에서는 대학의 학자금으로 수업료에서 생활비까지를 모두 포함해 22엔 내지 23엔으로 보았다. 또한 마쓰바라 이와고로의 『女學生の栞』(1903)에서도 '여학생 학비'를 대체로 22엔 전후로 예상했다. 참고로 하쓰노가 다니는 제국여자학원과 실제의 여학교 혹은 일본여자대학을 비교한 것은 오모리 이쿠노스케[大森郁之助]의 「『魔風戀風』·幻의 《義姉妹》考─明治貝合小說成立前夜」(『札幌大學女子短期大學部紀要』, 1930.9)에 상세하다.

하쓰노의 모습이었다. 그리고 하쓰노를 죽음에 이르게 하는 병으로 설정된 것이 각기병이었던 것이다. 예를 들어『불여귀』의 나미코[浪子]가 "그냥 아름다운 게 아니다. 결핵에 좀 먹혀 아름답게 쇠약해진 것이다. 결핵이 여기에서는 병이라는 현상을 넘어서 낭만성과 귀족성이라는 의미를 부여했던"[18] 것에 비해, 하쓰노의 각기라는 병은 어떤 낭만성도 가질 수 없다.

오구리 후요의『청춘』에서 관념과 신체가 대립하는 구도는, 문과대학생인 세키 긴야[關欽哉]와 여학생 오노 시게[小野繁] 두 사람의 관계에 비유적으로 부여되어 있었다.

> 결혼은 연애의 타락만이 아니다. 인간 그 자체의 타락으로, 그렇게 아름답게 사랑하는 사이라도 결혼해서 부부가 되면 — 부부간의 정이라고 하는 다른 종류의 사랑을 역설하는 사람도 있지만 — 지금까지의 그 아름답고 화사한 공상적이고 시적인 부분은 완전히 사라져 버린다. (…중략…) 당신은 어떻게 생각해요? 이봐요, 꽃은 영원히 꽃으로 놓아두고 싶지 않나요! 영원한 사랑! 사랑을 사랑그대로 계속해서 언제까지나 젊디젊은 사랑에 취해 영구히 아름답고 즐거운 사랑에서 깨어나지 않는다면 우리의 생활도 실로 무한히 늙지 않는 봄이 아닐까요!

전편에 흐르는 이와 같은 긴야의 사고방식에서 그 당시 청년들 사이에 만연한 연애환상을 찾아내는 것은 간단하다. 하지만 시게가 임신한 것을 알고 "나에게 어째서 이런 일이, 정신적으로 큰 타격입니다!" "나도 정신상의 고통은……"이라고 어디까지나 정신을 가장 상위에 놓으

---

18 立川昭二,『明治醫事往來』, 新潮社, 1986.

려고 하는 긴야의 대사는, 시게의 "당신은 정신상, 정신상이라고 말씀하시지만 저는 정신상으로 혼란한 것이 아니라니까요! 몸이 이미 이렇거든요!"라는 대사에 의해 완전히 무기력해진다. 영(靈)과 육(肉)의 이원론, 그리고 영적세계를 희구하는 것에 대한 말하자면 신체의 복수가 여기에서는 이루어졌다고 할 수 있다.

하지만 하쓰노의 신체는 아무런 힘도 없다. 초라한 행색을 하고 병으로 야위었어도 이목을 끄는 하쓰노의 아름다운 용모는 변함없지만, 그 한편으로 "하쓰노는 몸을 숙이고 괴로워하며 거기 봉당에 뭔가를 잔뜩 토해냈다" "금세 고통이 밀려와 주먹을 움켜쥐고 방금 마신 물과 함께 오물을 잔뜩 토해냈다"와 같은 장면이 자주 삽입되어 있듯이, 병들어 있는 그녀는 추하다. 병이라는 특권에 의한 낭만성을 부여받지 못하고, 그렇다고 해서 영과 육의 이원론적 구도를 역전시킬 정도로 충격적이지도 못한 하쓰노의 신체는, 제국여자학원 제일의 미모를 지닌 재원 하기와라 하쓰노라는 여학생이 그 사적 영역에서는 남성의 욕망의 대상이 되든가 아니면 추하게 병든다는 내실(內實)밖에 갖지 못함으로써, 그녀의 학문이 그것에 대해 결코 이길 수 없다는 것을 여실히 보여준다.

여학생이란 무엇이었을까. 새로운 시대의 상징. 해방되는 신체. 근대교육제도의 총아. 그 가장 본질적인 부분에서 그녀들은 '학문하는 여자'의 무리였을 터이다. 그러나 학문과 교육이 그녀들에게 가져다 줄 가능성은 어디까지나 환상의 영역에 머물러야 했다. 늘 추하게 앓고 있는 하쓰노의 모습은, 그녀 내부의 일그러짐, 불건전함의 구상화인 것처럼 독자의 눈에는 비친다. 이야기의 종반에서 토고가 배신했다는 것을 알고 그야말로 '마풍연풍'에 자신이 농락당했다는 것을 불현듯 깨달은 하쓰노는 "난 정말로 어쩌려는 걸까!" "그 시험도 이제 열흘밖에 시간이 없다. 동기 학우들은 모두 밤에 잠도 자지 않고 공부를 하고 있다" "아,

사랑에 눈이 먼다는 것은 이런 것일 것이다······!”라며 눈물을 흘린다. 그러나 바로 “사랑을 버린들 시험을 잘 볼 수 있는 것도 아니”라며 마음을 고쳐먹고 “결정될 일이 결정되고 나서 공부를 시작해도 늦지 않을 거야”(앞으로 열흘밖에 없는 거야!)라며 “하쓰노는 생긋 웃으며 고개를 끄덕였다”라고 묘사될 때, 그녀는 안쓰러움과 우스꽝스러움 사이에 있는 것이다. 그리고 ‘우스꽝스러움’이라는 속성을 띠게 됐을 때 그녀는 이제 히로인의 자리에서 미끄러지지 않으면 안 된다. 따라서 신문소설로서의 『마풍연풍』은, 독자를 공범으로 만들어 가고 하쓰노가 죽음을 맞이하여 여주인공의 자리에서 물러남으로써 한 여학생의 ‘타락’ 게임을 완료한다.

　『마풍연풍』은 ‘여학생’이라는 단어가 사람들의 공동환상으로 존재했던 시대에 그야말로 시대의 공기라는 순풍을 타고 성립된 소설이었다. 그리고 동시기의 가정소설이 다 거둬들이지 못했던 여주인공 하쓰노의 존재양상은, 다이쇼기를 향해 변용(變容)하는 가정소설의 새로운 여주인공상으로 용해(溶解)되어 가는 것이다.

제7장

'대화'의 생성

이치요[一葉]의 장소로서의 신체

들어가는 말

사람들은 왜 모여드는 것일까. 예를 들어 17세기 말 영국사회에서 생겨난 커피 하우스, 그리고 18세기의 클럽 문화를 생각할 때, 전자의 개방성에 대해 후자의 폐쇄성이라는 차이는 존재하지만 문화장치로서 둘 사이에 공통되는 것은 '정보'였다.[1] 사람들은 '정보'를 얻기 위해 모였다. 같은 시기 프랑스의 살롱 문화의 경우도 사정은 마찬가지다. 사람들이 모이는 곳, 거기에는 '정보'가 있었다.

말년의 히구치 이치요[樋口一葉]를 많은 사람들이 방문했다는 사실은 잘 알려져 있다. 그 면면은 『문학계(文學界)』의 동인들이나 사이토 료쿠우와 같은 문인들뿐만 아니라, 노노미야 기쿠코[野々宮菊子]나 야스이 테

---

1   長島伸一,「情報ステーションの誕生―コーヒー・ハウスにはじまる」, 高山宏他 編,『クラブとサロン』, NTT出版, 1991 所收

쓰코[安井哲子] 등 고전 강의를 들으러 오던 여성들의 한 무리, 대개는 고
향 야마나시[山梨]의 인맥을 배경으로 하는 친지들, 게다가 여성작가 이
치요의 소문을 얻어듣고 찾아오는 미지의 사람 등 여러 부류이다. 사람
들이 모여드는 자기장의 중심에 있던 것이 여성작가 이치요의 신체,
'여자'라는 성(性)을 가진 신체 바로 그것이었다. 이치요 자신은 그와 같
은 자기 주변의 상황을 "매일매일 찾아오는 사람들은 꽃과 같고 나비와
같이 아름다운 사람들이다. (…중략…) 재작년 봄에는 다이온지마에[大
音寺前]에서 막과자를 팔았는데 친척하나 얼씬거리지 않고 친지도 찾아
오는 이가 없었다. 오는 손님이라고는 유곽의 술지게미에 입맛을 다시
는 사람들이었다"(『미즈노우에』, 1896.1)라고 냉담하게 받아들였다."나를
찾아오는 사람 열 중에 아홉은 단지 여자라는 것이 좋아서 신기함에 모
여드는 것이다"(『미즈노우에 일기』, 1896.5)라고 서술한 이치요는 사람들이
모이는 '장(場)'을 형성하는 자기 신체의 의미를 정확하게 인식하고 있
었다고 할 수 있다.

　그들은 무엇을 찾아 이치요 곁에 모여든 것일까. 여성작가 '이치요'
에 대한 사적인 '정보'일까. 그렇지 않으면 그녀의 신체 그 자체일까. 개
개의 구체적인 목적은 차치하고, 그들 방문자들과 이치요 사이에서 실
제로 생성된 것은 수많은 '대화'였다. 그리고 그것들은 이치요의 작가
적 시선에 의해 선택되어 일기 속에서 재현되고 재구성되었다. 본장에
서는 그 '대화'들의 풍경을 고찰함으로써 한 사람의 여성작가 주변에서
발생한 관계성의 특질의 일단을 밝혀보고자 한다. 제9장에서 논의하겠
지만, 여성작가는 신문·잡지와 같은 미디어 속을 그 자신이 '상품'이
되어 부득이하게 유통될 수밖에 없었다. 그러한 여성작가의 신체가 한
편에서 하나의 장(場)을 형성하고, 나아가서는 미디어로서 기능하게 된
다. 미디어에 내포되는 한편으로 스스로가 미디어가 되는 여성작가를

둘러싼 다양한 장 형성의 일례를, 아래에서 이치요를 둘러싼 '대화'의
풍경을 통해서 고찰하겠다.

교착(交錯)하는 시선

어떤 여자 ― 이 사람은 남편을 갖지 못하고 죽었으니, 그녀가 세상을 떠
난 후에는 태워 달라는 말을 남기고, 일생을 적은 일기를 남기고 떠났다.

― 시마자키 도손[島崎藤村], 『여자』

시마자키 도손의 소설 『여자』(『평범[十人竝]』 제10화, 『시사신보(時事新報)』,
1911.11.14, 15, 16)는, 도손이 이치요를 모델로 쓴 소설로는 가장 널리 알려
진 것이다. 화자 '나'는, '여자'의 여동생에게서 언니의 일기를 간행해 달
라는 부탁을 받고, 친구들과 함께 지금까지 본 적이 없는 그것을 읽는다.
그러나 그녀가 "자기 써클 사람과 다가왔다"라는 대목에는 "이상한 일"
"그녀의 억측으로 밖에 생각되지 않는 의외의 내용"이 적혀있었다. "자
신은 그녀의 체취라도 맡는 것 같은 기분이 들었다. 이 여자다움이 어디
서 비롯된 것인지 생각해 보았다." 그리고 '자신'과 친구들은 "여자잖아"
라는 한 마디로 그녀의 "잘못된 억측과 오해"를 용서했다.
　"도대체 우리는 여자에 대해서 가혹한 것일까"라는 물음에 화답하여
서술된 이 '여자'의 일기를 둘러싼 이야기는, "여자잖아"라는 말로 "남자
라면 용서받지 못할 것 같은 억측과 오해를 용서"함으로써 여자에 대한
남자들의 관대함을 보여준다는 틀 안에 들어가 있다. 이 소설의 서술과

도손의 실제 상황을 비교해 보면, '나'는 도손, 등장하는 친구들 중 K군은 바바 고쵸[馬場孤蝶], T군은 히라타 도쿠보쿠[平田禿木], S군은 도가와 슈코쓰[戶川秋骨], B군은 가와카미 비잔[川上眉山], 그리고 '여자'는 말할 것도 없이 히구치 이치요이다. 이와 같은 장면이『문학계』창립멤버 사이에서 실제로 연출되었는지의 여부는 문제되지 않는다. 생각해 보고 싶은 것은, 여기에서 남자들이 하나같이 보여주는 불쾌감이 대체 어디에서 유래되었나 하는 점이다. 그 불쾌감은 '여자다움'이라는 말로 바뀌고, "여자잖아"라는 평언(評言)에 의해 진정된다. 그리고 그것은 소설 중에는 명확하게 드러나 있지 않은, '여자'가 '작가', 즉 스스로 주체가 되어 말을 구사하는 존재라는 요소를 보탬으로써 보다 본질적인 구도를 전경화(前景化)한다. 따라서 여기에서는 소설『여자』의 서술과, 실제의 이치요와『문학계』동인들의 관계성을 대조하면서 남자들의 불쾌감의 정체를 밝혀보고자 한다.

'나'는 "우리가 보기에는, 아주 친절하게 돌봐주었다고 생각했고 그녀 쪽에서도 상당히 의지하는 것 같았던 S군이, 그 일기를 보더니 안색이 많이 달라진" 것을 "이상한 일"이라고 한다. 남자들의 자기인식과 '여자' 쪽에서 내린 평가에는 결정적인 차이가 있었다. 그것은 즉, '여자'가 주체로서 성립될 때, 남자들 스스로가 '여자'의 시선을 받는 대상이 된다는 것을 의미한다. "훨씬 전에는 찾아오는 사람도 없었을 것 같은 여자들끼리 쓸쓸하게 생활하던 집안"에, 자기들이 "활기찬 웃음소리"를 되찾아주었다고 느꼈던 남자들에게는, 명백하게 우위에 선 자의 자기인식이 있었을 것이다. 하지만 그것을 '여자' 입장에서 재인식하게 될 때 시선을 받는 대상이 되는 것은 남자들이었다. 일기를 읽은 남자들의 불쾌감의 근저에는 이 시선을 매개로하는 권력관계의 역전이 있다.

그런데 다키토 미쓰요시[瀧藤滿義] 씨는『흐린 강[にごりえ]』(1895)의 오

리키[おカ]와 유키[結城]의 관계에 대해, 유키의 역할을 "독자의 호기심을
대변하는 자" "작품 내에 설정된 근대적 독자의 상징"이라고 설명하고,
다음과 같이 서술했다.

> 또한 이에 비견할 만한 관계로서 그 배후에 보이는 것은, 작자 이치요와
> 그 독자 ─ 가장 비근한 예로는 이치요와 그녀를 뻔질나게 찾아온 도쿠보
> 쿠[禿木]나 고쵸[蝴蝶] 같은 『문학계』 사람들의 관계이다. 그들은 마치 매력
> 적인 작은 비밀상자를 여는 듯한 마음으로 이치요를 찾아오고 그녀와 문학
> 을 설레는 가슴으로 이해하려고 한 사람들이었다.
>
> ─ 다키토 미쓰요시, 「『흐린 강』─오리키가 「생각하는 것」」, 『이치요 문학의 생성과 전개』,
>
> 메이지서원[明治書院], 1998

그러나 일기의 내용을 접한 그들이 목격한 것은, 보고 있다고 생각했
는데 실은 관찰당하고 있던 자신들의 모습이었다. 히라타 도쿠보쿠는 후
에 이치요를 둘러싼 당시 문인들의 모임을 "마치 하나의 서클을 이룬 듯
한 느낌이었다"[2]고 회상하는데, 그들의 문학적 대화에 대해서는, 도쿠보
쿠가 처음 방문했을 때를 제외하고는 "겐지(源氏)가 이러니저러니"(「미즈
노우에 일기」, 1895.5.3) "철학과 문학을 논했다"(「미즈노우에 일기」, 1895.5.10)라
는 정도로 언급할 뿐 그 내용 자체는 구체적으로 기술되어 있지 않다. 그
대신 이치요의 시선으로 포착하여 일기에 재현한 것은, 자기 자신에 대
하여 말하는 그들의 모습이었다. 여성작가 이치요의 '작은 비밀 상자'를
'설레는 가슴으로' 열어본 줄만 알았는데, 일기에 쓰여 있던 것은 뜻밖에
도 스스로를 열어버린 자신들의 모습이었던 것이다.

---

2   平田禿木, 「一葉の思ひ出」, 『東京朝日新聞』, 1939.4.23.

앞서 말했듯이 도쿠보쿠는 이치요를 둘러싼 자기들의 모임을 "프랑스에서 말하는 살롱[3]과 같은 것"에 비유했지만, 문화장치로서 살롱의 의미를 "귀족과 시민의 지적 예술적 환경의 대표자들" 또는 "성직자 계급의 대표자들"의 "만남의 장소", 즉 계급이나 생활권의 차이를 넘어선 "순수한 횡적 대인관계"[4]에서 찾을 수 있다면, 이치요를 둘러싼 사람들의 모임은 그 점에서는 크게 다르다. 왜냐하면 뒤에서 구체적으로 언급하듯이 여주인으로서 이치요는 자신을 찾아오는 다양한 사람들의 그룹이 가능한 한 서로 섞이지 않게 하려고 부심했기 때문이다. 하지만 한편으로 유럽 살롱의 원천이 여주인의 침실(안방)에 있고, 살롱을 방문하는 것을 "○○부인의 류엘(규방)에 간다"[5]고 말했다는 사실은 흥미롭다. 여주인의 규방, 그것이야말로 이치요라는 여성작가의 신체와 그것이 만들어내는 자기장 — 친밀한 '대화'가 이루어지는 장소 — 이 사람들에게 안겨준 착각이었기 때문이다.

그와 같은 착각은 이치요의 집이 있던 마루야마 후쿠야마쵸[丸山福山町]라는 장소와도 관련이 있다. 히라타 도쿠보쿠가 처음 이치요의 집을 방문한 것은 1893년 3월 21일, 기쿠자카쵸[菊坂町]에 있던 집이었는데, 사람들이 본격적으로 이치요 주위에 모여들기 시작하는 것은, 마루야마 후쿠야마쵸로 이사한 뒤이다. 그 장소가 지닌 분위기에 대해 바바 고쵸는 다음과 같이 기술한다.

야나기마치[柳町], 사시가야쵸[指ケ谷町]에서부터 하쿠산[白山] 일대가 논이었다는 것은 우리 기억에 아직도 생생한데, 이치요가 후쿠야마쵸로 이사

3　平田禿木,「樋口一葉」,『禿木遺響 文學界前後』, 四方木書房, 1943.

4　川田靖子,「寝室に集まる人びと―フランスのサロン文化」,『クラブとサロン』, 高山宏他 編, NTT出版, 1991.

5　위의 글.

했을 무렵에는, 그 논이 매립된 지 얼마 안 됐던 때라 아직 그 일대에 신개간
지의 공기가 많이 남아 있었다. 그 무렵은—어쩌면 지금도 그럴지 모르겠
지만—신개간지에 반드시 생기는 창가(娼家) 비슷한 것이 있었다. 그런 창
가는 신개간지의 유물이었다. 후쿠야마쵸 부근도 그런 관례의 예외는 아니
었다.

—바바 고쵸, 「이치요 전집 끝에」, 『이치요 전집 후편』, 하쿠분칸, 1912

마찬가지로 도쿠보쿠도 "그 무렵 아직 신개간지였던 그 일대에는 수
상한 술집들이 줄지어 있어서, 실제로 연못을 하나 사이에 둔 이웃이
술집인데 거기에는 밤마다 술손님이 찾아와서 소란스러울 때가 많았
다"[6]라고 술회하였고, 비슷한 감상은 이치요의 집을 방문한 『문학계』
동인들이 이구동성으로 말했다. 마에다 아이[前田愛] 씨가 지적하듯이
"이치요가(『흐린 강』의—인용자주) '신개간지'를 고이시카와 야나기마치[小
石川柳町]를 모델로 했다"[7]고 한다면, 『흐린 강』의 기쿠노이[菊の井]를 둘
러싼 그 풍경 속에서 우리들은 당시의 이치요의 집 주변의 공기를 간취
할 수가 있다.

남성 방문자들이 오히려 유쾌하게 서술하고 있는 것과는 대조적으
로, 여성 방문자들은 이 장소의 공기에 민감하게 반응하고 있다. 노노
미야 기쿠코[野々宮菊子]와 함께 매주 목요일에 이치요의 집을 찾아와 고
전 강의를 들었던 훗날 동경여자대학장을 역임한 야스이 테쓰코[安井哲
子]는 "당시 이치요 씨는 고이시카와 마루야마 후쿠야마쵸의 활터 같은
것이 줄지어 있던 신개간지의 요리집 별채 같은 집에 어머니하고 여동
생과 셋이서 살고 계셨습니다. 젊고 아름다운 자매가 왜 이런 장소를

---

6 平田禿木, 앞의 글.
7 前田愛, 「一葉の文學 風土」, 『全集樋口一葉 第四卷 評傳編』, 小學館, 1979.

골라 사는지 딱딱한 교육을 받은 우리들에게는 너무나도 이상하게 느껴졌습니다" "나는 왠지 모르게 그 집 주변의 공기가 불쾌했습니다"[8]라고 기술하고, 나카지마 우타코[中島歌子]가 『흐린 강』에 대해 "장소가 불결해서"라는 감상을 말한 것도 필경 같은 감각에 의한 것이다.[9]

당시 마루야마 후쿠야마쵸의 동쪽은 이치요가 "아베[阿部] 저택의 언덕"이라고 표현한 아베 백작가의 소유지이고, 서쪽은 야나기마치[柳町]・소지마치[掃除町]・사시가야쵸[指ヶ谷町] 같은 그야말로 신개간지와 인접해 있었다. 마루야마 후쿠야마쵸는 양쪽의 딱 경계에 해당한다. 홍고[本鄕]의 야마노테[山の手] 쪽에서 생활하던 『문학계』 동인들에게 마루야마 후쿠야마쵸는 그 배후에 "마굴(魔窟)"[10]을 가까이에 둔 장소여서, 이치요의 집은 마치 "마굴"로 가는 입구같이 거기에 열려있었던 것이다. 도쿠보쿠가 "대단히 소란스런" 방문자들을 능란하게 다루는 이치요의 솜씨에 ""이 정도라면 당신은 그런 시시한 장사는 관두고 요리집이나 마치아이[待合, 개인들의 만남을 위해 방을 빌려 주는 것을 업으로 하던 찻집 - 역자주]라도 내면 큰돈을 벌 텐데"라고 농담을 한 사람도 있다"[11]라는 에피소드를 전해주는데, 그들이 '신개간지'에서 여자 셋이 살아가는 이치요의 집에 어떤 이미지를 중첩시켰는지를 여실히 보여준다.

아마도 이치요는 이 장소에 대한 남성／여성 양자의 차이를 인식했었을 것 같다. 도가와 슈코쓰는 다음과 같이 회상한다.

와카[和歌] 관계의 여자 손님도 많이 있었던 것 같습니다. 그 때문에 경우에 따라서는 우리와 여자 손님들이 마주쳐서 곤란한 때도 있었습니다. 그

8　安井哲子, 「教壇の半生」, 『婦人公論』, 1941.11.
9　中島歌子, 「綠陰茗話」, 『讀賣新聞』, 1896.5.28, 29.
10　「にごりえ 未定稿A」, 『樋口一葉全集』第二卷, 筑摩書店, 1974.
11　平田禿木, 앞의 글.

럴 때에는 우리가 있는 방에 건너와, 저 사람들은 금방 갈 테니까 느긋하게
계시라고 하며 옆방에 있는 여자 손님 쪽으로 가곤했습니다. 후에 우리는
저쪽에 가서도 역시나 똑 같은 말을 할 것이라며 웃은 적도 있었습니다.

—도가와 슈코쓰, 「젊은 숙모[若い叔母さん]」, 『국민신문』, 1908.11.23

　당시 이치요에게 와카나 고전 강의를 들으러 왔던 여성들은, 앞에서
나온 노노미야 기쿠코나 야스이 테쓰코 외에도 오하시 오토와[大橋音羽]
의 부인 도키, 에기 에쓰코[江木悅子], 이시구로 도라코[石黑虎子], 오시마
미도리[大島綠] 같은 상류층 부인이나 교육관계자들이었다. 그녀들이 교
습을 받는 날은 목요일로 정해져 있었고 방문시간도 오전중이나 저녁
전이 많아서, 밤에 방문하는 적이 많았던『문학계』동인들과는 시간대
도 달랐지만, 양쪽이 겹치는 경우에는 "입구에서 가까운 6첩(疊) 방"과
"그 방과 나란히 있는 안쪽의 6첩 방"에 각각 안내해,[12] 그들이 얼굴을
마주치지 않게 했다. 여성들의 신분이나 도덕규범을 생각하면 당연한
배려라고 할 수 있지만, 결과적으로 그들이 같은 장소와 시간을 공유하
는 일도 없었고 유럽의 살롱같이 소속되어 있는 사회나 성별을 넘어선
횡적인 관계성은 생기지 않았다. 오히려 성적(性的) 영역의 규범은 여주
인 이치요의 손으로 엄밀하게 지켜졌던 것이다. 또한 당사자 이치요에
대해서도, 야스이 테쓰코가 이치요의 집이 있던 장소의 분위기는 불쾌
했지만 "이치요 씨의 가족은 모두 품위 있고 진지해서 호감을 가질 수
있었다"고 기술한 것과, 앞서 언급한 도쿠보쿠의 회상이나 슈코쓰의
"젊은 숙모"와 같은 표현이 전하는 이미지 사이에는 낙차가 있다. 여주
인으로서의 이치요는 방문자에 대해 어울리는 '얼굴'을 의식적으로 가

12　戶川秋骨, 「一葉女史の追憶」, 『たけくらべ』影印版, 博文館, 1918, 附錄.

려 쓰며, 각각에 대응한 '대화'의 장을 만들어낸 것이다.

　그러면 그와 같은 '대화'의 장(場)에서 장의 주최자, 혹은 담화 주체의 성(性)은 어떻게 관련을 맺게 되는 것일까.

'대화'의 장(場)과 젠더

　　오이소[大磯]는 처음인가 …… 시기타치사와(鴫立澤)는 스테이션을 왼쪽으로 끼고 쭉 가기만 하면 바로라네. 거기에 하이카이의 종장(宗匠) 한 사람이 있지. 때를 벗은 세련된 남자냐고 …… 뭐 …… 때도 있고, 쓰레기도 먼지도 재도 집 앞에 쌓여 있지. 내가 보기에는, 장사는 안 어울리는 밀릴 정도로 때가 낀 인물 같네. 나한테도 가끔 찾아오기는 하지. 원래 시기타치사와는 볼 게 없는 데니까 …… 누가 오면 시기타치사와에라도 가네 …… 그래도 역시 오이소 제일의 명물은 이토후작(이토 히로부미)의 별장이지. 그리고 음 여기지 뭐. 여기에도 좀처럼 만나기 힘든 사람이 온다네. 일전에 사사키 노부쓰나[佐佐木信綱] 씨가 와서 한참 이야기하고 갔다는데 …… 샤쿠소엔[釋宗演, 메이지, 다이쇼시대의 승려로 최초로 선(禪)을 'ZEN'이라 하여 서양에 전함―역자주] 같은 사람도 온다고. 그 사람은 아주 재미있는 사내야.

　이 담화로 미루어 말하는 사람의 성별이 무엇이라 생각되는지. 담화의 주인공은 나카지마 쇼엔[中島湘煙]으로, 『여학잡지(女學雜誌)』(1899.11)에 「오이소[大磯]소식」이라 하여 게재된 「나카지마 쇼엔 여사 담화」의 일부분인데, 필기자는 아오야기 다케시[靑柳猛] 씨이다. 지금 독자의 눈으로 보면 이 말투는 남자의 것으로 비친다. 적어도 유명 여류 인사였던 여성의 구어(口語)로 적절할 것 같지는 않다. 이것은 나카지마 쇼엔의 실제 담화를 그대로 옮긴 것일까.

쇼엔은 1891년부터 1901년 서거하기 전날까지, 도중에 공백기를 두기는 했지만 계속해서 일기를 썼다. 죽기 직전까지 조금도 흐트러짐이 없는 그 문체와 투철한 자기의식은, 여성 최초의 민권연설가로 출발하여 수많은 여권론과 여학론(女學論-여성 교육에 관한 주장)에 관한 글을 남기고, 『선악의 갈림길』(1887) 등을 집필하여 메이지 20년대 여성작가의 선구적 역할을 완수한 나카지마 쇼엔이라는 희유의 존재를 새삼 인식하게 만든다. 그 일기 중에 쇼엔이 직접화법으로 기술한 그녀 자신의 구어(口語)는 모두 "옹(翁)이 비장(秘藏)한 벼루를 지인(知人)의 집에 장(藏)하니, 역불가호(亦不可乎)"(「일사(日史)」, 1892.10.24)와 같은 한문훈독체에 가까운 문체로 쓰였다. 집에서 부리던 여성과의 대화에서 상대방의 말은 "뭐라고 뭐라고 하는 어려운 날인데 ―, 도저히 외우진 못하겠지만 놀 수 있어서 좋은 날이야"라는 식으로 표현하면서, 같은 문맥에서 자신의 말은 역시나 "오늘이 무슨 날인지 아시오"(「일사(日史)」, 1896.11.3)라고 기술했다. 두 가지 대화체를 가려 씀으로써 말하는 이의 계급차이를 표현하고 있는 이 부분에서 문장어에 대한 쇼엔의 규범의식을 엿볼 수 있다. 그나마 쇼엔의 일상 구어를 살짝 엿볼 수 있는 것은 1901년 1월 23일 사항에 기술되어 있는 '편복화상(便腹和尙)'과의 대화이다. 쇼엔이 한 말로 판단되는 것을 뽑아보겠다.

괜찮아 쓰키시마마루[月島丸]도 아니고 머지않아 뜬다고. / 나도 요전엔 세상을 하직할 뻔 했는데 다시 살아 왔어. / 당신같이 부은 몸은 오히려 위험해. 조심하라니까. 어쩌면 이 병선(病仙)이부터 조문 갈지도 모른다고 /

얼마 전에 엔카쿠지[圓覺寺]에서 "오이소에서는 자네를 나한공(羅漢公)이라
부른다"고 알려줬어 / 공(公)자가 붙어있으니까 됐잖아. 뭐라, 그림 본보기
를 그려 달라고. 대나무라도 그려볼까, 매화는 어렵다니까 / 이게 본보기.
못 그리겠다고 금방 관둘게 뻔해

—「무제」, 1901.1.23

또한 소마 곡코[相馬黑光, 여류 수필가. 소마 아이조[相馬愛藏]와 결혼하여 신주쿠
나카무라야[中村屋]를 창업했다. 사업을 성공적으로 이끌었으며 점포를 예술가들의 살
롱으로 개방하고 후원했다—역자주]가 전하는 쇼엔에 관한 에피소드로, 쇼엔
이 친구에게 자기의 결혼을 "그 때는 말이지. 처음부터 무쓰[陸奧], 고토[後
藤], 호시[星], 이타가키[板垣] 같은 동지들이 모두 한통속이었단 말이야"이
라고 표현했다고 한다(『메이지 초기의 세 여성』, 고세카쿠[厚生閣], 1940). 이러한
직접화법으로 형태로 전해지는 쇼엔의 구어를 어떻게 이해해야할 것인
가. 현재의 우리가 자명한 사실로 받아들이는 남성어 / 여성어의 구분이
오히려 후발적으로 규범화된 것이라는 점을 페미니즘 언어학에서는 지
적한다. 이 쇼엔의 구어는 그런 의미에서 구어의 젠더 형성이라는 관점에
서 흥미로운 자료라 생각되는데, 어쨌든 기록으로 남아 있는 것이기 때문
에 어디까지 실제의 구어에 근접했는지는 알 수 없다.[13] 한편, 담화를 필
기함에 있어서 "한때는 천하를 뒤흔든 여장부" "그 옛날 수많은 지사들에

---

[13] 그 밖에도 쇼엔 등이 사용한 일상어를 짐작하게 하는 장면으로 다음과 같은 기술이 있다.
"…… 세 번째는 "벌써 늙은이 취급이군"이라고 내가 나지막이 중얼거렸을 때 어느새 주인
공이 자리에서 일어나며, "나는 특별히 쓸 건 없지만"이라며 중필(中筆)을 쥐고 자당께서
봉래산이라고 쓰신 아래에 학과 거북이가 유유하게 노닌다라고 쓰자, "이것 참 좋은 말이
군" 하며 칭찬한다. (…중략…) "이제 이걸로 끝인가"라며 뭔가 아쉬운 듯하다. (…중략…)
구마키치[久萬吉]가 미소 지으며 "나는 장사꾼이 될 테니까"라며 복록(福祿)이라고 두 글
자. "이 중에서도 이 사람이 의외로 운치가 있다니까"라고 놀림을 받은 시나코[品子]는 귀
퉁이에 귀수(龜壽)라고 썼는데 ……"(「일사(日史)」, 1894.1.1)

게 피눈물을 흘리게 한 이 여자 영웅"이라는 인식하에 나카지마 쇼엔을 파악하는 담화 필기자가 그에 어울리는 담화체를 의도적으로 선택했을 가능성도 없지는 않지만, 이 시기의 일기가 남아있지 않기 때문에 쇼엔 입장에서 검증하는 것은 불가능하다. 따라서 이 담화가 쇼엔이 썼던 구어를 그대로 옮긴 것인지 어떤지 알 수 없다. 그래서 여기서는 화자가 여자라는 점, 더욱이 그 여성이 '나카지마 쇼엔'이라는 고유명사로 명백하게 통용되는 장에서 이러한 담화체가 사용되고 있다는 사실이 표상으로서 갖는 의미에 대해 생각해보고 싶다.

고마쓰 히사오[小松壽雄]의 「동경말의 남녀차 형성」(『국어와 국문학』, 1988.11)에 따르면, "동경말에서 문말어의 남녀차는 메이지 이후 30년대에 이르는 시기에 형성된 것"으로 생각되고 "동경말의 남녀차는 늦어도 메이지 말기에는 완성되어" 있었다. 하지만 이 담화에서 여성어는 일절 찾아볼 수 없다. 결과적으로 현재 시점에서 본다면 이 담화체는 남성성을 띠게 되는데, 이른바 'てよ・だわ・のよ' 같은 여성어를 쓰지 않았다고 해서 이 담화체를 남성적이라고 속단할 수는 없다. 왜냐하면 현재 여성어로 정착되어 그 때문에 여성스러움을 표현하는 것으로 여겨지는 'てよ・だわ・のよ'가, 그 발생과정에서는 "메이지 신여성이 피해야 할 천박한 경향"(야마모토 마사히데[山本正秀])[14]으로 배척되었기 때문이다. 예를 들어 오자키 코요는, 「유행어」(『귀녀지우(貴女之友)』, 1888.6)라는 글에서, 요즘 "고등(高等)한 여학교 학생"이나 "귀부인" 사이에서 "매화는 아직 피지 않았고요" "어머 벌써 피였네" "어머나 벌써 피어서 말이죠" "매화는 아직 안 핀다고" 같은 말투가 유행하는데, 이런 "이상한 말"들은 "막부말기에 아오야마[青山]에 살던 신분이 천한 무사의 딸이 사용

---

[14] 山本正秀, 「近代小說の女性語」, 『解釋』, 1971.12.

하던" "태생이 천한" 말이라고 지적하고, "생각이 있는 귀부인들은 이런 말을 사용하여 아름다운 구슬에 흠집을 내거나 잘 닦인 거울을 흐리는 일이 절대로 없게" 하라고 경고했다. 이러한 문말 표현들은 "30년대에도 여전히 환영받지 못하는 것이었다."(이시카와 요시노리[石川禎紀])[15] 또한 "현대 동경말에서 남성어 내지는 그런 경향이 있는 것은, 『우키요부로[浮世風呂]』에서는 남녀모두의 용례가 있다"(고마쓰 히사오)는 것을 생각하면, 「나카지마 쇼엔 여사 담화」에서 사용된 담화체는 오히려 에도말의 색채를 지니고 있다고 말할 수 있을지도 모르겠고, 또한 쓰보우치 쇼요[坪內逍遙]의 『당세서생기질(當世書生氣質)』(1885)에서 볼 수 있는 학생말에 가까운 것 같기도 하다. 어쨌든 교토에서 태어나 소녀시절에 궁중에 출사하고 여성 연설가로 일본 각지를 순회하며, 나카지마 노부유키[中島信行]와 결혼 후에는 동경에서 가나가와[神奈川]로 이주한 쇼엔이 일상에서 어떤 구어를 사용했는가는 표준어의 문제도 포함해 대단히 흥미를 끄는 점이기는 하다.

그런데 메이지 30년대의 소설에 보이는 중류층 이상의 여성의 대사는, "그뿐이지만 나는 신경이 쓰여서 말이지, (…중략…) 불쌍하게도 초라한 모습이었어"(오자키 코요, 『금색야차』, 1897~1903) "그렇게나 걸으셨어?" "저런 말을 하시네"(도쿠토미 로카, 『불여귀(不如歸)』, 1898~1899)와 같은 여성어를 이용하여 서술되었다. 메이지기를 거치면서 "여학생의 말은 상류·중류층 여성의 말이 정착되고, 남학생의 말은 남성 지식인의 말로 형성되어 갔다."(히다 요시후미[飛田良文])[16] 또한 '온나다이가쿠[女大學, 에도시대에 여자들의 교육에 널리 이용된 도덕교육서―역자주]' 이래로 여성의 말에는 "온순하고 정숙하게 귀에 거슬리지 않는 것이 온당하다"(니시노 고카이[西野古海],

---

15 石川禎紀, 『近代女性語の語尾―『てよ・だわ・のよ』』, 『解釋』, 1972. 9.
16 飛田良文, 『東京語成立史の硏究』, 東京堂出版, 1993.

『신선 온나다이가쿠[新撰女大學]』, 1882)는 규범이 있었음은 물론이다. 이 여성의 언어에 대한 규범은 후쿠자와 유키치[福澤諭吉]의 『온나다이가쿠평론 신온나다이가쿠[女大學評論 新女大學]』(1899)에서도 "…… 하물며 여자 담론이야 말할 것도 없다. 결코 과격하거나 거칠고 사나워서는 안 된다"라고 계승되었다. 같은 문어로 쓰인 것 중에서, 여성 화자가 여성어로 쓴 것과 쇼엔의 담화를 비교해보면 그 담화체는 필연적으로 남성성을 띠게 된다. 이것은 나카지마 쇼엔이라는 여성의 젠더를 생각할 때에 흥미로운 일이 아닐까. 후세에 전해지는 쇼엔의 초상사진을 보면 허약한 체질 탓인지 오히려 가냘픈 모습을 하고 있고, 또한 여성 연설가로서 연단에 설 때에는 필경 전략적으로 "분킨다카시마다[文金高島田, 밑동을 끈으로 우아하고 화려하게 높이 틀어 올린 일본의 전통 머리모양—역자주]에, 바탕이 오글오글한 붉은 비단 기모노에 검은 비단 띠를 매고 연극에 나오는 공주같이 농염한 모습"(소마 곡코)[17]으로 치장하여 '여자'라는 표상이 강조되면서도, 한편 담화필기의 구어에서 전해지는 쇼엔의 모습은 남성성을 띠고 있는 것이다.

나카지마 부부가 동경을 떠나 가나가와로 이주한 것은 1887(메이지 20)년 2월 26일, 보안조례(保安條例)가 공포됨에 따라 민권운동가 572명에게 3일 이내에 황거(皇居)에서 3리 밖으로 퇴거하라는 명령이 떨어져, 쇼엔의 남편인 나카지마 노부유키[中島信行]도 그 대상이 되었기 때문이다. 동경을 떠난 후에도 나카지마 부부의 자택은 연일 방문객으로 붐볐다. 쇼엔은 "그 당시 우리 집은 찻집을 연 것 같았다. 날씨가 좋고 바람이 잦아들면 인력거가 문 앞에 끊임없이 이어지고, 담화를 나누는 손님들이 자리에 가득했다. 이에 반해 땅이 질어 진창이 되거나 날씨가 추우면 지극히 한산해서, 맑은 날에는 담화를 하고 비가 내리는 날에는

---

17   相馬黑光, 『明治初期の三女性』, 厚生閣, 1940.

독서를 하는 식이었다"(「일사(日史)」, 1891.12.8)이라고 기술했다. 가나가와로 이주하고 나서도 정치활동을 계속한 노부유키는, 1890년 제1회 중의원 의원에 선출되고 같은 해 중의원 초대의장에 취임했다. 나카지마가를 찾는 방문객의 대부분은 정치적이고 공적인 색채의 목적을 가지고 있었다고 할 수 있을 것이다. 또한 쇼엔 개인의 손님도 교육관계자의 소개를 받고 온 사람이나 휘호를 원하는 사람이 많아서, 쇼엔은 그들에 대해 교육자 혹은 윗사람의 위치에 있었다. 많은 '대화'의 자리에서 그들은 공인(公人)이었던 것이다. 노부유키가 세상을 떠난 후에는 쇼엔 자신의 병도 깊어지고, 또한 그 때문에 "나는 요즘 날이 갈수록 말이 부자유스러워지는 것을 느끼는"(「무제」, 1900.12.15) 것 같은 사태도 발생하여 방문자수는 줄었지만, 그래도 때때로 찾아오는 사람들에 대해서는 역시 전과 같은 자세로 맞았다. 병이 악화되고 부터는 다른 사람과 대면할 때에는 '서재'에서, 그리고 그 후 바로 '침실'에서 쉬어야 하는 상태의 쇼엔을 방문한다는 것은, 차라리 "○○부인의 침실에 간다"는 이미지에 가까웠을 테지만 거기에 여주인의 사적 영역을 침입한다는 것 같은 분위기는 전혀 없다. 이 '대화'의 장(場)의 공기와 담화필기에서 엿볼 수 있는 쇼엔이 휘감고 있는 젠더는 서로 비슷한 것이라 생각된다.

오이소[大磯]에서 어머니를 비롯해 여러 명의 일하는 사람들과 함께 살면서 손님을 맞이하는 쇼엔의 방이 공적 영역의 연장선으로 받아들여지는 것과는 대조적으로, '신개간지'에서 여자 셋이 사는 비좁은 이치요의 집을 방문하는 것은, 여주인공의 사적 영역으로의 침입이었다. "눅눅한 기운이 감도는 연못에 면한 다다미 6첩 방에 서생(書生) 나부랭이 네 명이 여사 앞에 쭉 앉았다."(도가와 슈코쓰)[18] 거기에는 무언가 농밀한 공기

---

18 戸川秋骨, 앞의 글.

가 감돈다. 그 닫힌 공간에서 이루어지는 여주인과의 친밀한 '대화'.

> 닫힌 공간에는 인간의 심리가 함유되고, 농축되며, 집중되어 있는 것이다. 집 안에 혼자서 또는 벗과 불 옆에 앉아 있으면, 널찍하게 아무것도 없는 공간 속에서보다도 자기나 인간사회의 현실에 대한 의식이 고양되는 것 같은 생각이 든다. 방호벽의 안쪽에서는 주의를 기울이고 느끼며 생각하는 능력이, 이해도 제어도 할 수 없는 사건에 의한 파괴적인 일격으로부터 보호받고 있는 것이다. 닫힌 공간은 우리 존재의 핵(核)을 감싸고 있다.
> —이푸 투안, 아베 하지메[阿部一] 역, 『개인공간의 탄생』, 세리카서방[せりか書房], 1993

그러나 이 밀실성도 역시 착각에 지나지 않았다. 이치요의 집에 고전강의를 들으러 다니던 아나자와 세지로[穴澤淸次郞]는, "제가 서재에서 이야기를 하다가도 방문객이 있으면 바로 옆의 어머님과 쿠니코[邦子] 씨의 방으로 가게 되어 있었는데, 장지문 너머로 방문객과 이치요 씨의 이야기를 듣곤 했습니다"(「이치요 씨」)[19] "오른 쪽의 다다미 6첩 방이 문인들이 놀러 오는 방인데, 나 같은 손님은 그 옆의 4첩 방으로 물러나 동생 쿠니코[邦子] 씨 등과 함께 문인들의 대화를 재미있게 듣고는 했다"(「히구치 이치요의 추억」)[20]이라고 말한다. 또한 이치요의 일기에 "뒷전에 있던 어머니와 동생이 쉴 새 없이 깔깔거리는 웃음소리가 들려왔다"(「미즈노우에 일기」, 1895.10.7) "어머님이 뒤에서 몰래 듣고 가슴이 서늘했다고 한다"(「미즈노우에」, 1896.1)라고 기술되어 있는 것을 보아도 분명하지만, 장지문 한 장을 사이에 둔 옆방에서는 늘 어머니와 여동생이 이치요와 남자들의 '대화'에 귀를 기울이고 있던 것이다. 이 모습이 보

---

19 穴澤淸次郞, 「一葉さん」, 『一葉全集』月報「一葉」第2號, 筑摩書房, 1953.
20 穴澤淸次郞, 「本鄕福山町の一葉宅」, 『解釋』, 1958.2.

이지 않는 관객들의 존재를, 여주인 앞에서 자신의 내면을 토로하던 남자들이 과연 눈치 챘을지 어떨지.

도손[藤村]의 소설『여자』에서 읽혀지는 남자들의 불쾌감은 과거 자신들이 빠졌던 착각이 지금 눈앞에서 들춰지는 것에 대한 낭패감이기도 했다. 그리고 그것은 '여자'가 자기의 언어를 갖고 있는 '작가'였다는 사실을 새삼스레 들이댄다. 여주인의 사적 영역으로의 침입이라는 착각에서 깨어난 지금, 그들은 스스로가 이치요를 비롯한 세 여자의 시선에 노출이 되었고, 그뿐만 아니라 '대화'가 끝난 후에는 그 내용이 여자들의 비평적 언어의 대상이 되기조차 했다는 사태에 직면해 버렸다. 따라서 그들은 새삼스럽게 "여자잖아"라고 그 '여자'임을 강조함으로써 그들의 '대화'가 어디까지나 사적인 영역 안의 일이라는 것을 확인하고, 될 수 있는 한 왜소하게 만들어서 '작가'였던 여자의 언어에 의해 그것이 일반 앞에 공개되고 재현되는 사태와 타협해야 했던 것이다.

이야기 / 사기에 흠뻑 취하다

이치요의 일기에는 그녀를 찾아온 사람들과 '대화'를 나누는 풍경이 다양하게 서술되어 있는데 그 서술 방법에는 차이가 있다. 예를 들면 이미 언급했듯이『문학계』동인들과의 '대화'에서는, 필시 그들이 살롱과 같이 느꼈을 문학 이야기 등의 내용은 구체적으로는 보여주지 않고, 오히려 이야기하는 그들 자신의 모습이나 예기치 못하게 드러낸 그들 내면의 사적 영역이 묘사되어 있다. "때는 5월 10일 밤, 달이 산 끝에 걸려 그림자는 어둡고 연못의 개구리는 몹시 울어대며 등불이 이따금 바람에 반짝이는데 다가와 앉는 이가 있었으니 홍안의 미소년 바바 고쵸"(「미즈노우에 일기」, 1895.5.10)라고 묘사하는 시선은 그야말로 남성 / 여성의 시선이 지닌 권력관계가 역전되어, 남성 그들이야말로 시선을 받는 존재가 되어 있음을 보여준다. 한편 사이토 료쿠우와의 '대화'에서는 특히 이치요의 작품을 둘러싼 료쿠우의 발언이 상세하게 묘사되어 있다. 즉 료쿠우와의 '대화'에서는 문학이야기 그 자체가 기록되어 있는 것이다. 이들의 차이는 각각의 '대화'의 장에서 주최자인 이치요가 무엇을 그 주제로 삼았는지를 보여주는데, 바꿔 말하면 장을 마련하고 판단하는 주체가 이치요였음을 의미한다.

　이치요의 일기에서 볼 수 있는 '대화'의 풍경 중에서도 특히 흥미로운 것은 「일기 진중(塵中)」 1894년 2월 23일의 구사카 요시타카[久佐賀義孝]와 처음 대면하는 장면이다. 이 장면이 『문학계』 동인들이나 료쿠우와의 '대화'와 결정적으로 다른 것은, 이치요가 '추월(秋月)'이라는 가명으로 구사카를 상대하고 있는 점이다. 일기 내용에 의하면 구사카를 방문한 동기는 "학식 있고 힘 있고 재력 있는 사람에게 의지하여 즐겁고 재미있고 상쾌하고 씩씩하게 세상의 거친 파도를 헤쳐 나가고 싶은데, 처음부터 본 적도 없고 알지도 못하는 사람이 다가가도 소개해줄 사람이 없을 것 같아서 스스로 여기를 찾아 온 것"(「진중일기(塵中日記)」, 1894.2.23)이라는 것 같은데, 여기서는 이치요와 구사카가 어떤 관계였는지 그 실태는 문제 삼지 않겠다. 일기에 서술된 이 '대화'의 풍경과 그것을 서술하고 있는 이치요의 시점(視点)을 문제 삼고 싶다.

　우연이겠지만, 이 장면부터 일기장이 바뀌어 첫머리부터 "정오는 조금 지났을까"로 시작되는 그 방문의 자초지종은, 마치 독립된 영화의 한 장면 같은 인상을 준다. 그렇다면 장면을 이야기하는 이치요는 이 장면의 연출가, 아니면 영화감독의 위치에 있다고 할 수 있을까. 카메라는 길을 걷는 한 여자의 모습을 잡고 있다. "귀에 익은 두부장사의 목소리"가 "전에 살던" "기쿠자카[菊坂]의 집"에 대한 기억을 불러일으켜, 여자의 내면에는 현재와 오버랩 된 과거가 잠재하게 된다. 이윽고 목적지인 '천계현진술회(天啓顯眞術會) 본부'에 도착한다. 응대하는 서생이 이름을 묻자 그녀는 '추월'이라고 이름을 댔다.

일기에서 자기이야기를 한다는 것이 다양한 자기의 이중화(二重化)를 초래한다는 것은 말할 필요도 없다. 이야기하는 나와 이야기되어지는 나. 글을 쓰는 나와 읽는 나. 현재의 나와 과거의 나. 그리고 이 구사카와의 대화 장면에서 과거의 나는 게다가 '추월'이라는 가면을 쓰고 있는 것이다. 그렇다면 바로 이어지는 '추월'의 말 "제가 아버지를 여읜지 올해로 6년, 세상의 거친 파도에 떠다니며 어제는 동쪽, 오늘은 서쪽, 혹은 구름 위의 달빛과 어울리고, 혹은 지하의 진개(塵芥)와 뒤섞이며 늙으신 어머니와 철모르는 여동생을 품에 안고 작년까지는 여자답게 세상을 살아왔다"고 말하는 과거는 글을 쓰고 있는 '나'의 과거일까. '추월'의 과거는 동시에 '나'의 것이기도 할까. 여기에는 바로 이야기[語り, かたり] / 사기[騙り, かたり]가 야기한 명정감(酩酊感)이 있다. 어찌 되었든 카메라 눈으로서의 이야기는 "빈틈없이 깔려있는 직물(織物)", "다다미 10첩 정도나 되는 곳"의 "책장, 치가이다나(두 장의 판자를 좌우와 아래위로 어긋나게 댄 선반ー역자주), 흑선반(옻칠을 한 삼중 선반ー역자주)", "액자", "도코노마(일본 건축에서 객실 정면에 바닥을 한 층 높여 만들어 놓은 곳으로 벽에는 족자를 걸고 바닥에는 도자기나 꽃병 등을 장식해 둠ー역자주)"라는 식으로 방을 한번 둘러보고는 마지막에 도코노마를 등지고 앉는 "그 사람"에 초점을 맞춘다. 그리고 남자와 '추월'의 '대화'가 시작된다.

이치요의 담화에 대해서는 "정말 응대를 잘 하는 사람"(우에다 빈[上田

敏)[21] "비위를 잘 맞추는데다가 말도 잘 하고 들어주기도 잘 하는 사람"
(도가와 슈코쓰)[22] "여사의 대화는 기지, 냉조, 동정이 뒤섞여있고, 늘 접대
하느라 겨를이 없을 정도"(시마자키 도손)[23] "말 잘하는 사람"(바바 고쿄)[24]이
라고 증언했다. 또한 "어느새 밤이 깊어 10시나 되었다"(「미즈노우에 일기」,
1895.5.10) "오늘 밤도 11시 가까운 무렵에 고쿄가 돌아갔다"(「미즈노우에」,
1895.11.5)와 같은 기술이 간간이 눈에 뜨이듯이 이치요의 집을 방문한 사
람들 모두가 시간이 지나는 것도 잊고 이야기를 나누었다. 료쿠우도 "만
난 것은 단 두 번이지만" 두 사람의 이야기는 "네 시간에" 걸친 것이었다
(「미즈노우에 일기」, 1896.5.29). 이렇게 열중하는 태도는 아마도 이치요가
타계한 후 회상담을 들려주는 그들이나, 소설 『여자』에 등장하는 남자
들의 현재 시점에서는 축제가 끝난 뒤와 같은 심경으로 바라볼 수 있는
것이었으리라. 무엇이 그들을 이토록 이야기하게 만든 것일까.

'추월'과 구사카 사이에 이루어진 '대화'는 이치요 자신에게는 하나의
모델케이스로서 인식되었을 것으로 생각된다. '추월'은 먼저, 자기와
구사카의 관계성을 명확하게 규정했다. 구사카는 "천지(天地)를 다스리
고자 하시는 그 넓은 도량"으로 상징되고, 그에 반해 자신은 "쫓기는 새
가 날아들 품이 없어서 우주에 떠도는 신세"이다. 상대방의 우위를 자
명한 사실로 표명한 다음 "우선 제 이야기를 들어주셔야 한다"고 호소
하고, "제가 아버지를 여읜지 올해로 6년"이라며 자신의 "남모르는 고
생"을 이야기하기 시작한다. 자기 이야기를 하는 사이사이에도 "들어
보세요 선생님" "왜 그럴까요 선생님 (…중략…) 왜" "선생님 구사카 님"
같이 효과적으로 말을 건다. 또한 구사카의 이야기를 경청할 뿐만 아니

---

21 上田敏, 「天才肌の人」, 『國民新聞』, 1908.11.23.
22 戶川秋骨, 「若い叔母さん」, 『國民新聞』, 1908.11.23.
23 島崎藤村, 「一葉女史に就いて」, 『中央公論』, 1907.6.
24 馬場孤蝶, 「故一葉女史」, 『明星』, 1903.8.

라 "이상한데"라며 바로바로 반론한다.

　이런 반응은 필시 그 때까지만 해도 흔히 있는 '감정(鑑定)'을 하려했던 구사카로부터 적극적인 이야기를 이끌어냈을 것이다. 이러한 '추월'의 이야기에 유도되어 "바로 그거야 그거 하며 구사카도 수없이 손뼉을 쳤다"와 같이 고양된 구사카는, 이윽고 자신이 말하는 입장이 되어 "점점 할 이야기가 많아져서 회원이며 비평가며 한 이야기가 끝나면 다음 이야기로 이어져서 이야기는 또 다른 이야기를 낳아", 첫 대면이었음에도 불구하고 "이야기가 4시간에 이르게"까지 된 것이다.

　그렇다면 '추월'이 되어 자기가 아닌 자기를 묘사하는 이치요에게 있어서, 이 장면을 실제로 서술하는 현장에서 일어나고 있는 일이란 무엇일까. 그것은 자신을 타자(他者)로 응시하는 것이 아니었을까. '추월'이라는 '가면'에 의해 이치요는 일단 자신을 분리시키고, 자신을 타자로 재인식했다. 그것이 나아가서는 내가 하는 내 이야기까지도 대상화(對象化)할 수 있게 한 것이다. 이것은 '이야기하는 여자' 이치요에게 꼭 필요한 전환이었다. 이치요의 소설 작품이 이후 『섣달 그믐날[大つごもり]』(1894)로 시작되는 일련의 달성을 이룩한 것은 기적이 아니다. 구사카와의 교섭은 이치요에게 자신이 성적(性的)인 존재임을 자각시켰다는 점에서, 이치요 문학에 변용을 가져다주었다는 평가를 받아왔다. 하지만 그 이전에 '이야기하는 여자'로서 이치요는 구사카와 '추월', 즉 타자로서 자신의 '대화'를 옮겨 적는 행위에 의해 이야기 / 사기의 다면성을 체험했던 것이다.[25]

25　세키 레이코[關禮子] 씨는 『언니의 힘 히구치 이치요[姉の力 樋口一葉]』(筑摩書房, 1993)에서, 구사카와의 교류에 대해 "이 체험은 이치요가 이야기하는 여자로서의 자기상을 타자를 향해 열어 보이기 시작한 하나의 발로로 보는 편이 옳지 않을까"라고 지적하고 다음과 같이 서술했다.
"이 체험을 계기로 이치요는 마치 빙의가 풀린 듯이 자기를 이야기하는 것에 집착하지 않게 된다. (…중략…) 1893년 8월 10일의 자기 이야기 이후 계속된 자기 응시는, 구사카라는 보기 드문 '청자(聽者)'를 얻음으로써 어느 정도 임계점에 달한 게 아닐까. 자기와 자기 사

다시 '추월'과 구사카가 '대화'를 나누는 풍경으로 돌아가 보자. 거기에는 상대와의 관계성을 가늠하면서도 우선 자기의 이야기를 들려줌으로써 상대의 이야기를 이끌어내는 '추월'의 '대화' 스타일이 제시되어 있었다. 그 이야기의 관건은 "남모르는 고생"을 털어놓는다는 점에 있었다. 『문학계』 동인들과의 '대화'자리에서도 이치요와 그들의 공감은 "나도 마찬가지로 아버지한테 치이고 형한테 치여 덧없는 이승에서 방황하는 신세다" "그 사람도 아버님이 안계시다고 들었는데 마찬가지로 속세에 얽매여서 통하는 데가 많을 것이라며 그 사람도 나도 결국 눈물이 글썽해졌다"(『요모기우일기[よもきふにつ記]』, 1893.3.21)와 같이 "남모르는 고생"을 공유함으로써 이루어졌다. 즉, 문학 이야기와 같이 말하자면 공적 영역에서의 교감과는 다른 차원에서 그들의 연대감은 생겨난 것이다. 그리고 그러한 관계성의 구축에 크게 관련되어 있던 것이 여주인 이치요의 신체를 핵(核)으로 하는 사적 영역이라는 '대화'의 장이었다. 그 장을 주재하는 이치요는 '대화'의 주도권을 쥐고서도 그것인지는 모르는 채, 서서히 말하는 여자에서 들어주는 여자로 그 위치를 바꿔가며 방문자들의 자기 이야기를 이끌어낸 것이다.

이 말하는 여자에서 들어주는 여자로의 임기응변적인 전신(轉身)은, '작가' 히구치 이치요가 스스로 말할 뿐만 아니라 다른 사람의 말에 대해서도 마찬가지로 열려있음을 보여준다고 할 수 있다. 더욱이 그녀는 '대화'의 장의 핵심에 있는 것이 여자라는 자기의 성(性)이고, 그것이 사적인 영역에서 내면을 공유한다는 환상을 만들어 내고 있음에 필시 자

이의 고독한 커뮤니케이션에서 속을 알 수 없는 낯선 사람과의 커뮤니케이션으로. 이 문지방을 밟고 넘음으로써 자기 이야기라는 과제를 일단 종료한 이치요 앞에 무수한 '타자들의 이야기'에 대한 관심이 싹트기 시작한 것이 아닐까."
필자는 세키 씨의 견해와는 논점을 달리하지만, 구사카와의 체험을 '이야기하는 여자' 히구치 이치요라는 관점에서 파악한다는 점은 공통된다.

각적이었을 것이다. 그 때문에 그녀만은 '대화'의 장이라는 착각에 말
려들지 않고 시선의 주체로서 대상을 응시하고 재편성하며 그리고 글
을 쓸 수 있었던 것이다. 이치요의 일기가 전하는 '대화'의 풍경은, 언어
사용자로서 이치요가 타자와의 관계성 속에서 어떻게 자신을 기능시
키고 있는지 그 일단을 말해준다.

제8장

「통속서간문」의 가능성

「통속서간문」의 주변

히구치 이치요의 「통속서간문」[1]은 다양한 여성들의 손으로 이루어
졌다. 그런 의미에서 그야말로 여성 '언어'의 집적이라고 말할 수 있다.
하지만 여기 여성들의 언어를 소설의 언어와 비교했을 때, 「통속서간
문」의 언어가 제도(制度)의 내부에 안주(安住)한다는 것은 명백하다. 그
때문에 「통속서간문」은 이치요의 작품 전체에서는 소설의 하위에, 아
니면 소설 세계를 보충해주는 일상 언어로 자리매김 되는 경우가 많았
다. 예를 들어 후지이 히데타다[藤井淑禎] 씨는 소설이 "부도덕한 세계에
도 과감히 발을 들여놓고" 있는데 반해, 「통속서간문」의 언어에는 "세

---

1   정확하게 말하면 「통속서간문」이라는 서명(書名)은 이와타 우잔[岩田烏山]이 쓴 별두(鼈
頭) 등을 포함한 책 한 권을 가리키는데, 본장에서는 특별히 별기하지 않는 한 이치요가 집
필한 부분만을 가리킨다.

속(世俗) 도덕(道德)에 대해 추종하는 태도"가 보여서, 양자는 "근본적으로는 공통성을 갖고 있으면서도 대조적"인 "상호보완적" 관계에 있다고 지적했다.[2] 한편, 『흐린 강[にごり치]』 이후의 작품을 "울고 난 후의 냉소(冷笑)"라고 규정한 사이토 료쿠우는 「통속서간문」조차도 "여느 때와 같은 냉소의 모양이 가지가지"[3]라고 평했는데, 세키 레이코[關禮子] 씨는 이 '냉소'를 "공적(公的)인 자기(自己), 페르소나"라고 해석하고, "「통속서간문」의 세계를 관장하고 말하는 주체는 말하고 선동하는, 즉 거짓말을 함으로써 하나의 자유를 실현했다"고 서술했다.[4]

확실히 「통속서간문」에는 어떤 '규범의식'이 기능하고 있다. 하지만 그것은, 예를 들면 이치요가 제도가 요구하는 언설(言說)에 타협했다고 말하는 시점으로만 파악되어야할 문제는 아니다. 『통속 서간문』은 하쿠분칸[博文館]의 『일용백과전서(日用百科全書)』 제12편으로 1896년 5월에 간행된 것인데, 메이지기에 출판된 수많은 여자용 서간문범(書簡文範), 즉 편지 쓰는 법을 가르치는 안내서의 하나이다. 판권장에 '편집인'으로 나와 있는 오하시 마타타로[大橋又太郎] 즉, 오하시 오토와[大橋音羽]가 이치요에게 언제 집필 의뢰를 했는지는 알 수 없다. 1896년 2월 6일에 오토와가 보낸 엽서에는 "마찬가지로 「서간문」을 이번 달 중순 중에는 탈고하실 수 있는지요. 서둘러주시기 바랍니다"[5]라고 되어 있다. 이에 앞서 이치요는 마에다 토시쓰구[前田利嗣] 후작 부처의 책을 알선한 관계로 오토와로부터 『일용백과전서』 제1편 『화양예식(和洋禮式)』(1895)을 받았다. 「통속서간문」에 달려있는 오토와가 작성한 「범례(凡例)」에는 "일용(日用)의 왕복서간은 천박해서도 딱딱해서도 안 되고, 그야말로 간

---

2   藤井淑禎, 「うらむらさき」, 『解釋と鑑賞』, 1986.3.
3   「みつの上日記」, 1896.7.15.
4   關禮子, 「一葉と手紙(後)」, 『日本文學』, 1986.5.
5   野口碩編, 『樋口一葉來簡集』, 筑摩書房, 1998.

결하면서도 유려하고 청명(淸明)할 필요가 있다" "이에 이 책을 펴내는 것은 고상함으로 흐르지 않고 속됨에 치우치지도 않으며, 일본과 서양을 하나로 묶기로 결심한 바, 어린 소년 소녀를 위해 적어도 그 좋은 모범이 되고자 함이다"라고 되어 있다. 오토와에게는 명확한 편집 의도와 독자층에 대한 이해가 있었다. 우수한 편집자였던 오토와는 그런 것들을 미리 이치요에게 전달했음에 틀림없다. 그 시점에서 『화양예식』은 『일용백과전서』 전체의 발간 의도를 보여주는 모델이 되었을 것이다. 그 「범례」에는, 마찬가지로 오토와가 "새로운 일본의 새로운 가정을 만들 수 있도록 완전무결한 양서(良書)가 나오기를 간절히 바란다"라고 썼다. 즉 『일용백과전서』 전체가 갖고 있는 틀로써 "새로운 일본의 새로운 가정"에서 읽히기에 적합한 책이라는 규범이 있었던 것이다. 「통속서간문」은 편집자 오토와의 구체적인 의뢰에 대해 이치요가 프로작가로서 대응한 것이고, 편집의도에 따른 '규범의식'을 적용시키는 것은 당연했다.

또한, 서간문범이라는 장르에 요구되는 규범도 있었다. 여자용 서간문범은 이른바 '왕래물(往來物)'의 계보를 잇는 것이다. '왕래물'이란 "중고(中古)시대부터 근대 초엽에 걸쳐 활발하게 만들어지고 학습에 쓰인 일군(一群)의 교과서"[6]인데, 왕래(왕복서간)의 형태를 빌려, 사회생활, 혹은 특정한 직분(職分), 또는 학문·기예(技藝) 등에 관한 요건을, 서식(書式)과 함께 배우게 하는 교과서로 보급되었다. 특히 여자용 왕래는 근세(近世)에 들어와 가정내 여자 교육의 교과서로 널리 사용되었는데, 교훈성이 주된 내용이고 편지의 서식은 부수적인 것이었다. 이시카와 마쓰타로[石川松太郞] 씨는 여자용 왕래를 그 기사 내용에 따라 교훈형·소

---

6   『古典文學大辭典』第一卷, 岩波書店, 1983.

식형(消息型)·사회형·지육형(知育型)의 네 가지로 분류했는데,[7] 주부의 마음가짐에서부터 각지의 명산물과 같은 지리적 지식까지 각각의 목적에 알맞은 왕래물이 엮여서, 초보 교과서로 많은 여성들, 특히 서민 계급의 여성들에게 이용되어 왔다. 교훈형에 속하는 '온나이마가와[女今川]' 계통이나 '온나다이가쿠[女大學]' 계통은 메이지기에 들어와서도 여전히 계속 유포되었다.

메이지 20~30년에 간행된 여자용 서간문범은 필자가 아는 것만도 60권이 넘는데,[8] 모두 내용자체의 교훈성은 희박하고 문범과 함께 편집된 '여자 예법'이나 다양한 소양(재봉법, 요리법, 육아법, 위생법 등)이 독립된 부문으로서 그것을 담당하고 있다.[9] 이 기사 내용 자체가 지닌 교훈성의 희박함은 근세 여자용 왕래물과 크게 다른 점이다. 게다가 여자용 서간문범에는 습자 글씨본의 기능이 요구되었다. 이번에 조사대상으로 삼은 76권 중 40권이 육필(肉筆)과 목판인쇄인데, 활자인쇄인 것도 있고 부록으로 먹물로 쓴 예문을 붙인 것이 많다. 여성용 서간문범의 광고·서평(書平)에는 서체(書體)에 관한 평이 반드시 달려있어서[10] 위의

---

7 石川謙·石川松太郎 編,『日本敎科書大系 往來編』第一五卷, 講談社, 1972.
8 국립국회도서관발행『明治期刊行圖書目錄』의 여자 글 항목에는 약 374권(작시법, 작문법을 포함)이 기재되어 있다. 그 중에서 1887년부터 1897년까지 간행된 것을 중심으로 전년도에 걸쳐 76권을 조사했다.
9 문례와 함께 편집된 독립된 부분의 항목을 이하에 열거한다.
    마사키 쇼타로[柾木正太郎,『부녀금낭(婦女錦囊) 여자교제용문(女子交際用文)』, 1888.
    상란(上欄) 부녀의 의무, 일본과 서양의 의복 재봉법, 재봉의 이해, 서양 옷 재봉하는 법, 재봉용 기구의 종류 및 용법, 일본양복재법(日本洋服裁法), 털실 뜨개질 법, 일본과 서양의 요리 만드는 법, 부녀 편지 용어 풀이, 증정의 개략
    하란(下欄) 서간문범
    아키타 칸죠[秋田管城, 秋田向榮이라고도 함 ─ 역자주],『여자신체작문(女子新體作文)』(1893)
    상란(上欄) 백인일수(百人一首), 온나다이가쿠[女大學], 온나이마가와[女今川], 삼십육 가선(三十六歌仙), 초봄의 노래, 초가을의 노래, 열두 달의 순 일본어 명칭, 일본국명, 연호, 왕의 칭호, 대제축일(大祭祝日), 복기령(服忌令, 에도시대의 상(喪)에 관한 법령 ─ 역자주), 우편조례적요, 전신료(電信料), 증권인세, 편지의 문체, 자타(自他)의 명칭, 편지의 유의어, 사물의 명칭, 성씨

190 미디어의 시대

사실을 뒷받침하고 있다.

　문범의 구성은 일반적으로, 우선 사계절의 인사말(다시 12개월로 세분하는 것도 있다)을 들 수 있고, 그 뒤에 축하, 초대, 문안, 의뢰, 애도 등의 목적별로 「달맞이에 손님을 초대하다」 「답장」과 같은 형태로 한 쌍의 왕복서한을 한 항목으로 한다. 채택되는 항목은 대체로 공통된다. 사사키 노부쓰나[佐佐木信綱]의 『일본 여자 용문장(日本女子用文章, 용문장이란 일상에 사용하는 편지, 증서, 신고서 등의 문례를 제시한 것－역자주)』(『여학전서(女學全書)』 8, 1892)의 항목을 일례로 아래에 소개하겠다(단, 답장은 생략한다).

　　신년(新年)축하, 새해에 손님을 초대하다, 한중(寒中)문안, 일찍 핀 매화를 보내다, 봄나물을 보내다, 매화구경을 권하다, 봄비 내리는 날 벗에게, 조개

하란(下欄) 서간문범(구성 없음), 전신문, 일용양식
시노다 쇼사쿠[篠田正作], 『近體婦女文章』, 1894.
상란(上欄) 와카, 부인 꽃꽂이 구전[女中生花口傳], 얼룩 빼는 비법, 본조효녀전(本朝孝女傳), 영부소전(令婦小傳), 재봉, 양복재봉, 임신 중의 섭생, 어린이 교육의 이해, 어린이 교육의 이야기, 자녀의 창가(唱歌), 혼례식, 서양연회예식개략, 차 마시는 법, 꽃꽂이의 개략, 일용의 조리법[日用の烹飪], 떡살 그림
하란(下欄) 서간문범

10　서평, 광고의 예를 인용한다.
『여자용 소식문』 광고문(『여학잡지』, 1888.11) : "이 책은 신년 경축일 제례, 사계절의 계절 인사 등에서부터 일상적인 잡사의 왕복서간이나 증정과 답례에 사용하는 평범한 여자용 편지글의 예문을 제시한 것이다 (…중략…) 또 글자체도 행초서로 히라가나를 섞어서 크게 썼기 때문에, 예문도 보는 한편으로 또한 습자 교본도 되어서 두 가지 편의를 도모할 수 있는 가장 좋은 책이다."
『여자소식 글의 문체』평(『여학잡지』, 1891.9) : "…… 하권은 우미(優美)한 연면체(連綿體)로 썼기 때문에 문장과 서체가 서로 어긋나지 않고, 여자 서간이 범람하는 오늘날 실로 최상의 표준이 될 것이다 (…중략…) 그리고 그 필자 가도[鵞堂] 선생의 서법이 절묘하다는 것은 가나 부흥의 주창자로 유명하기 때문에 새삼스럽게 말할 필요도 없다."
『여자서간문』(『와세다문학』, 1893.5) : "…… 권두 권말에는 서법을 보여주기 위해 당시 달필로 명성이 높았던 다다 신아이[多田親愛], 오노 가도[小野鵞堂] 두 사람의 필적을 곁들였기 때문에 여자 습자의 본보기로 최강이 될 것이다."
『붓 주고받기[筆のゆきかひ]』평(『여학잡지』, 1893.9) : "…… 또 한편으로 습자의 모범이 되도록 편의를 도모하여 반[阪] 선생님이 글씨를 써서 세련되고 예쁘게 제본했는데 아름다우면서도 품위가 있다."

잡이를 권하다, 꽃구경을 권하다, 꽃구경에 초대하다, 토필(土筆)(쇠뜨기 홀씨의 줄기-역자주)을 보내다, 장미를 보내다, 꽃창포구경을 권하다, 장마가 내릴 무렵 벗에게, 반딧불에 곁들여서 벗에게, 나팔꽃구경을 권하다, 서중(暑中)문안, 서늘맞이를 권하다, 해수욕을 권하다, 잔서(殘暑)문안, 화초를 보내다, 방울벌레를 보내준 사람에게, 태풍 피해가 없는지 안부를 묻다, 달맞이에 초대하다, 버섯 캐기를 권하다, 국화구경에 감사하다, 단풍놀이를 권하다, 늦가을 두멧사람에게, 초겨울 지인에게, 잔국(殘菊)을 보내다, 천장절(天長節)에 초대하다, 눈 오는 날 지인에게, 망년회에 부르다, 세밑에 지인에게, 연말에 서울에 사는 지인에게, 여행을 권하다, 여행을 떠나는 지인에게, 상경하는 친구에게, 외국 유학을 떠나는 지인에게 이별을 아쉬워하며, 온천에 간 벗에게, 해수욕장에서 서울에, 여행 중 서울에 있는 친구에게, 서울에서 어머니에게, 고향의 여동생에게, 시골 친구에게, 연락이 뜸한 친구에게, 대접에 감사하다, 사진을 보내다, 와카(和歌) 모임을 알리다, 제례에 초대하다, 시험을 앞둔 친구를 초대하다, 제사에 부르다, 화재의 피해가 없는지 안부를 묻다, 병문안, 완쾌를 알리다, 이사를 알리다, 옷을 지어달라고 부탁하다, 입학을 축하하다, 졸업을 축하하다, 혼례를 축하하다, 출산을 축하하다, 신년을 축하하다, 새집 신축을 축하하다, 서거를 애도하다

가집(歌集)의 구성과 유사한 이러한 형식은 메이지기에는 이미 확립되었고, 「통속서간문」의 구성과 형식도 오토와가 말하는 "어린 소년소녀"를 위한 "좋은 모범"이 되어야 할 일반 서간문범의 형식을 따른 것이었다. 즉, 「통속서간문」에 기능하는 "모범의식"은 이치요의 무의식 속에 있는 자주적인 규제가 아니라 『일용백과전서』의 의도를 충분히 이해한 이치요가 의식적으로 기능하게 만든 것이다.

그러나 흥미로운 것은 이렇게 규범의 틀을 잘 이해하면서도, 「통속

서간문」의 편지가 역시 "좋은 모범"의 영역을 넘어선 '이야기'를 상기시키는 것이 되어 있다는 점이다. 다음 절에서는 「통속서간문」의 매력에 대해 생각해보겠다.

규범으로부터의 일탈

「통속서간문」의 체재(體裁)는 아래와 같다.

국판, 종이 팩, 서문에는 나쓰코[夏子], 본문 끝에는 히구치 이치요 여사 저, 판권장에는 오하시 마타타로[大橋又太郎] 저, 제목 글씨는 오타와라 가즈키요[大田原一淸]. 시가(詩歌)는 기무라 마사코토[木村正辭], 마쓰다이라 다케코[松平健子], 미야케 다쓰코[三宅龍子]. 자서(自序) 1쪽. 사진 4쪽 7종. 도미오카 에이센[富岡永洗] 권두화 1매. 편자(오하시 오토와)의 범례 2쪽. 목차 6쪽. 서두 기사는 이와타 우잔[岩田烏山]이 집필. 본문과 부록을 합쳐서 239쪽. 그중 본문은 232쪽.

— 세키 료이치[關良一], 「이치요 서지[一葉書誌]」[11]

또한, 1897년에 간행된 시모다 우타코[下田歌子]의 『여자서한문(女子書翰文)』(하쿠분칸)에는 「통속서간문」의 광고가 게재되어 있고 '정가 금 이십 전'이라고 되어 있다. 당시 출판된 여자 용문범이 대개 십오 전에서

---

11 『一葉全集』第七卷, 筑摩書房, 1961.

사십 전 사이였으니까 이 가격은 그렇게 비싼 것은 아니다.

「통속서간문」은 서간문범의 성격상, 이치요의 작품으로는 거의 주목받지 못했다. 하지만 획득한 독자수로 보면, 1912년까지 "적어도 삼십 판 이상의 개정판을 거듭해서 냈고" "초판이 1896년 5월 25일, 재판이 같은 해 9월, 1897년 11월에 5판, 1899년 5월에 10판, 1908년 10월에 25판, 1910년 9월에 29판을 찍어 러일전쟁까지는 가속적인 신장세"를 보인 "말하자면 숨겨진 베스트셀러"[12]였다. '히구치 이치요'의 지명도를 고려하더라도 이 정도의 독자를 확보한 원인은 역시 그 내용 자체에서 찾아야 할 것이다. 「통속서간문」은 동시대 독자에게 어떻게 읽혔을까.

우선, 이 책에 대한 서평·광고에서부터 간행 당시의 수용 양상의 일단을 살펴보자.

서간은 의사 전달을 주로 하지만 또한 사람들의 성질 기상(氣象)을 나타내는 것이므로 남녀 모두 주의해야하며 등한히 해서는 안 된다. 이에 통속서간의 문체를 제시하여 남녀귀천에 따라 알아두어야 할 것을 자세하고 친절하게 망라했다.

—「통속서간문」 광고문

일용백과전서 12편, 히구치 이치요가 쓴 것이니만큼 문장이 대단히 뛰어나다. 종래에 여자용문(女子用文) 등의 이름을 내세워 세상에 나온 것이 적지 않지만 문체의 대부분은 너무 고상해서 오히려 무미건조하다. 이 책은 이런 폐단을 잘 보완하여 능숙하게 고상함과 저속함 사이를 오간다. 문장이나 예문에 간간이 명문이라 칭송할 만한 것이 있다. (…중략…) 요컨대 이 책은 지나치게 고상한 폐단을 바로잡았다. 그리고 다소 문장에 치우치

---

12 野口碩, 「『通俗書簡文』をめぐって」, 『國文學解釋と鑑賞』, 1974.11.

는 경향이 있다. 『일용백과전서』로는 아깝다.

—「신간(新刊)」, 『와세다문학』, 1896.6

　　하쿠분캔[博文館]에서 내놓은 일용백과전서는 여기에서 평할만한 종류
의 책은 아니지만, 그 저자가 이치요이기 때문에 소홀히 보아 넘기기에는
아쉬움이 남는다. 읽어보면 사계절 절기별의 소식같이 재미있는 것에서부
터 경조(慶弔) 등 까다로운 문장에 이르기까지, 모두 되도록 형식적인 표현
은 피하고 단지 마음에 떠오르는 것을 바로바로 글로 표현하려고 애쓴 것
이어서 세상에 흔해 빠진 실용문장류와는 전혀 다른 부류이다. (…중략…)
쓸데없는 형식에 얽매이지 않고 소신껏 쓰라는 저자의 가르침은 매우 반갑
다. 이것은 소식을 쓸 경우에만 해당되는 이야기가 아닐 것이다.

—「세 사람의 군소리」, 『메사마시구사[めさまし草]』, 1896.6

　　일용백과전서 중 통속서간문은 서두와 본란으로 나누어 서두는 아무개
의 편집이고 본란은 이치요 여사 편이라 한다. 서두야말로 통속서간문이라
고 하기에 적합할 것 같다. 본란은 어울리지 않는다는 생각이 든다. 그러니
까 나는 이 본란을 바로 미문(美文)으로 보았다. 보다 보면 소설을 읽는 것 같
은 기분이 들어 이루 말할 수 없이 재미있다. (…중략…) 정말 반가운 일인데
「키재기[たけくらべ]」 같은 작품의 모습이 살짝살짝 보여서 여사의 재능이
헤아릴 수 없이 뛰어난 것임을 더욱더 느끼게 된다. 마음이 아프다. 메이지
의 무라사키노 기미[紫の君](『겐지이야기[源氏物語]』에 등장하는 무라사키
노 우에를 가리킴—역자주)가 아니던가, 자줏빛이 그윽한.

—「곁가지」, 『문학계』, 1896.6

　　세 글 모두 「통속서간문」을 서간문범의 영역을 넘어선 것으로 받아

들이고 있다는 점이 공통되는데, 특히 『문학계』 평에서 볼 수 있는 "소설을 읽는 것 같은 기분"이라는 것은 간행 당시의 독자들이 공유한 독후감이었다. 이치요 자신은 사이토 료쿠우에게 "자네가 요즘 하쿠분칸을 위해서 서간문인지 뭔지, 다 읽은 편지 같은 것을 쓴다던데 사실이냐"는 질문을 받고, "백과전서 12편으로 서간문을 쓴 것은 사실이지만 다 읽은 편지 같은 것이라 해서 소설 비슷한 것은 아니다"고 답한다. 그러나 다시 료쿠우가 "오토와의 이야기로는 통속서간문이라고 제목은 붙였지만 결말은 순수한 소설이라고 했다"라고 말한[13] 것은 주목할 만하다. 아마도 「통속서간문」의 첫 독자였을 오토와에게 "순수한 소설"이라고 느끼게 할 만한 무언가가 거기에는 있었을 것이다. 심지어 당시 오토와가 예상한 독자층이었을 기우치 테이코[木內錠子]는 "어느새 재미에 이끌려 매일 학교에서 돌아오면 일과처럼 열 통 정도는 소리 내어 읽고는 했습니다"[14]라고 회상한다.

이 읽어서 "재미있다"라는 점은 편집자 오토와의 뜻에 어긋나지 않는 것이었다. 왜냐하면 오토와는 『화양예식(和洋禮式)』(『일용백과전서』 제1편, 1895)의 「범례」에서 '통속' 문장을 채용하고 가끔 풍류를 곁들인 것은 "실제로 무미건조한 과목을 읽을 때 부녀자가 싫증내지 않도록 고려한" 것이고, "부담 없이 대충 읽고 즐거워하는 사이"에 자연스럽게 예식을 배울 수 있게 했다고 기술하고 있기 때문이다. 그러나 이 '재미'는 서간문범이라는 장르의 범주에서 보면 오히려 일탈이었다. 예를 들면 사사키 노부쓰나가 『여자용 소식문 안내서』(분부도[文武堂], 1906)의 「서문」에서 "최근 출판된 책 중에서 이치요 여사의 통속서간문은 여사의 재기 넘치는 문장으로 되어있는데 그 필치에 멋이 있다. 정말로 읽으며 배우

---

13 「みつの上日記」, 1896. 5. 29.
14 「女子文壇」, 1923. 1.

기에 좋은 책이라 생각한다. 하지만 보통의 모범으로 삼기에는 어떨까 싶다"라고 평하듯이, 읽기에 재미있는 소설 같다는 것은 즉 스토리성이 강하다는 것으로, 편지의 모범으로서는 응용이 안 된다는 이야기다.

이 일탈은 스토리성이 강한 편지가 간혹 눈에 띄는 것뿐만 아니라, 각각의 보기 문장이 지닌 묘사의 구체성과도 관계가 있다. 앞서 소개한 시모다 우타코의 『여자서한문』에서 글속에 등장하는 장소와 인물을 모두 "어떤 곳" "막내딸 아무개"등의 형태로 표현한 것에 비해, 「통속서간문」에서는 아이들에게는 "쵸타로[長太郞]" "야타로[彌太郞]" "로쿠시로[六四郞]" "오키미[お君]" 등, 또한 고용인들에게도 "츄시치[忠七]" "큐스케[久助]" "다케[竹]" 등의 이름이 붙어있다. 일시(日時)나 연령도 "지금은 4일 오후 3시 이 곳에 무사히 도착했다" "2,3년 전에 봤을 때도" "열한 살이 되었다니" "아기를 돌보던 딸아이가 열두 살 가량이 되어" 등, 구체적인 숫자로 표현되어 있다. 또한 「통속서간문」에서는 편지를 쓴 사람들의 폭이 넓어서, 그 연령과 입장에 어울리는 다양한 어조가 선택되었다. 십대 소녀가 시집간 언니에게 보낸 편지에는 "어머니" "오빠"를 등장시키고, "보챔" "혼나고 말았다" 같은 표현으로 그녀가 어리다는 것을 느끼게 한다. 또한 "혼자 분해서" "나는 매일 할 일이 없다"와 같이 구어에 가까운 말투를 많이 쓰고, 그것들을 비교적 짧은 문장으로 나열하여 어리광부리며 점점 열을 내게 되는 말투로 전체를 통일했다. 한편 몰락한 집안의 노비의 편지에서는 경어를 많이 쓰고 회상 장면을 꿈속에서 하는 것으로 효과적으로 묘사하며, "눈물만 흐르고 흘러" "담장 같은 것은 흉물스럽게 부서져" 등의 어구를 사용하면서, 한 문장의 길이도 앞 예문의 세 배에서 다섯 배의 호흡이 긴 문장을 연결하여 절절히 비탄해 빠진 상태를 표현하였다. 대부분의 서간문범은 쓰는 사람이 누구냐에 상관없이 일정한 어조로 쓰여 있기 때문에 단조로움에서 벗어날 수 없지만,「통속서간문」에서는 편지글 속의 용어와 경어의 정도·말투 등으로 편지를 쓴 사람의 연령이나 처지가 거꾸로 상상될 정도이다.

바꿔 말하면「통속서간문」속에서 편지를 쓰는 사람들은 각자 자기의 얼굴을 갖고 있는 것이다. 그리고 이것이야말로 이치요가 여성 표현자로서 '편지'라는 미디어에서 여성의 자기표현의 가능성을 찾아냈다는 것을 말해주는 것이 아닐까. 다음 절에서는 메이지의 여성에게 '편지'가 어떤 의미를 지니는지 생각해보기로 한다.

미디어로서의 편지

정부는 각지에 우체국을 설치하고 우편규칙을 선포하여 그 교통을 보호했다. 서민들은 이에 따라 안전하게 서간을 주고받고 교정(交情)을 되살리며 용무를 마칠 수가 있는 것이다. (…중략…) 한 장의 휘갈겨 쓴 편지나 한 장의 엽서도 한 번 우체통에 넣으면 그것은 날개 없이도 수 천 수 백리를 잘 날아서 또 새로운 소식을 가지고 돌아온다.

— 가토 카즈코[加藤籌子],『여자서간문 작법』, 슈분칸[修文館], 1907

일본의 근대우편은 "마에지마 히소카[前島密]의 구상에 스기우라 유즈르[杉浦讓]의 추진력"[15]이 보태져 1871년에 창시되었다. 이것은 1882년에 우편조례가 공포됨에 따라 일단 완성을 본다. 접수된 국내우편물의 총

---

15   郵政省 編,『郵政百年史』, 遞信協會, 1971.

수는 1871년에 56만 6천 통이었는데, 1877년에 1억 4천 3백 26만 4천 통, 1897년에는 5억 5천 91만 6천 통으로, 발족 당시의 거의 천배가 되었다. 배송소요시간도 동경~오사카 간이 78시간, 동경~요코하마 간이 7시간으로 상당한 스피드를 자랑했다.[16]

이와 같은 제도의 정비를 기반으로 편지는 커뮤니케이션 수단으로 그 지위를 확립해 갔다. 『국민지우』(1891.8)의 사설 「서한(書翰)」에서는 "한 푼짜리 엽서가 자유자재로 일본 전국으로 날아다니는 오늘날, 편지를 쓰는 사람도 마음 편하게 쓰고 또 그것을 받는 사람도 마음 편히 받아서……"라며 그것이 정착되었음을 말하고 있는데 글 중에서 서간을 "그 사람의 영혼과 나의 영혼을 교접하는 하나의 매개체"로 규정하고 있다. 특히, 자유로운 외출이 허용되지 않았던 메이지의 여성들에게 편지는 바깥세상, 즉 '집' 밖의 세계와 소통하기 위한 가장 간편하고 유일한 커뮤니케이션 수단이었다고 말할 수 있다. 현대 여성들이 사사건건 전화를 거는 것과 마찬가지로 메이지의 여성들은 편지를 썼다.

편지가 유일한 커뮤니케이션 수단이기 때문에 여성들에게 중요한 것은 어떻게 '진심'을 표현할 것인가 하는 점이었다. 물론 실용성의 면에서 말하자면, 용건을 간결하면서도 명확하게 전달하는 것이 제일 큰 목적임은 말할 필요도 없다. 하지만 여성들은 그 이상으로 '진심'을 표현하느라 고심했다. 『여학잡지(女學雜誌)』(1886.9)에 게재된 「여자의 글[女のふみ(하)」에는 다음과 같이 서술되어 있다.

그렇다면 여자의 글은 어떻게 쓰는 게 좋은가. 이것을 한마디로 하면 그저 그 진심을 표현하는 것이야말로 최상의 마음가짐일 것이다.

---

16 『史料明治百年』, 朝日新聞社, 1966.

　그리고 편지를 쓸 때의 마음가짐으로, 편지를 쓰려고 할 때에는 잠시 눈을 감고 "사랑하는 마음"을 가지고 "상대방을 마음속에 떠올릴 것", 또한 초안은 "문구를 장식하여 진심을 아첨으로 보이게 해서 손해 보는" 경우가 많기 때문에 굳이 쓸 필요가 없다는 등의 일곱 항목을 들고 있는데 거기에서 중심이 되고 있는 것은 "사랑하는 마음"이다.

　　처음 사랑하는 마음을 표현하는 경우에는 생각하는 만큼 주저하지 말고 충분히 적어야 한다. 우리나라의 종래의 폐단으로 마음속에 있는 사랑을 일일이 글로 쓰는 것을 부끄러워해서 무엇이든 대충 하는 경향이 있었다. 이것은 큰 잘못이다. (…중략…) 아무리 애정을 글로 표현한다 해도 그것 때문에 위엄을 잃고 아이가 버릇없게 될 염려는 없다. 또한 딸은 몇 살이 되어도 부모에게는 언제나 그들의 아이이기 때문에 애들 같이 보인다고 결코 부끄러워할 일이 아니다. 충분히 생각하는 만큼 사랑을 표현해야 한다. 그리고 아내가 남편에 대해 사랑하는 마음이 깊은 것은 당연한 것이기 때문에 이것 또한 결코 창피해 하지 말고 그 속마음을 말로 표현하는 게 좋다

　여기에서 강조되는 "사랑하는 마음"의 개념이 『여학잡지』라는 미디어의 특징, 즉 기독교 사상을 기반으로 한 여성 계몽 잡지라는 색채를 반영하고 있는 것은 분명하다. 하지만 앞서 인용한 『국민지우』 사설 중의 "영혼"을 교접하는 "매개체"라는 표현을 여러모로 생각해 보면, 메이지 사람들에게 편지가 갖는 기능 중 가장 중요한 것은 '영혼' '진심'을 전달하는 수단이라는 것이었음을 알 수 있다.

　그러나 편지라는 커뮤니케이션 수단은, 발신자 입장에서는 항상 끝없는 위험성을 내포했다. 왜냐하면 그것이 커뮤니케이션의 회로(回路)로 열리기 위해서는 몇 개나 되는 단계를 거치지 않으면 안 되기 때문

이다. 우선 그것은 수신자가 개봉해야 한다. 그야말로 열리지 않으면 안 되는 것이다. 다음으로 읽혀야 한다. 그리고 발신자가 자기 편지가 분명히 상대에게 읽혔는지 어떤지 알기 위해서는 다시 상대방의 편지를 기다려야 한다. 그 편지의 내용에 따라서는 자기가 보낸 '의미"를 상대방이 전혀 이해하지 못했다는 사실에 충격을 받을 가능성도 있다. 그리고 그 위험성은 말할 것도 없이 편지가 항상 타자(他者)를 향해 발신되는 것이기 때문에 생겨난다. 일기는 기본적으로 '혼잣말(모놀로그)' 하는 자리이다. 글을 쓰는 자신과 읽는 자신의 이중화, 혹은 자기와 자기의 대화가 생겨난다 해도 그것은 어디까지나 자기 자신의 내부에서의 드라마이다. 하지만, 편지가 발신자의 일방적인 발화행위를 넘어서 '대화(다이얼로그)'가 될 수 있을지 어떨지는 언제나 타자에 달려 있다. 예를 들면 '유혹'이라는 모델을 이용하여 언어행위를 논한 다쓰카와 켄지[立川健二] 씨는 "'의미'의 결정권이 자기에게는 없고, 항상 '의미'가 성립될 수 없다는 위기에 처해 있다는 의미에서 유혹이란 의미의 수난체험이다"라고 서술했다.[17] 편지를 써서 상대에게 보낸다는 행위는 다쓰카와 씨가 말하는 "유혹하는 입장"과 닮았다. 편지란 그야말로 스릴이 넘치는 커뮤니케이션의 수단인 것이다.

「통속서간문」은 서간문범이라는 규범을 따르는 이상, 한 쌍의 왕복서간의 집적이라는 형식을 취할 수밖에 없다. 그런 의미에서는 편지라는 커뮤니케이션 수단이 지닌 위험성은 미리 회피하게 된다. 발신자와 수신자 모두 동일한 계급·사회에 속해 있고 가치관을 공유하고 있다. 따라서 거기에서는 "안정된 커뮤니케이션"(야마모토 요시아키[山本芳明])[18] 이 성립한다. 즉, 여기에서 독자 앞에 제시 되어 있는 것은 의미의 해석

---

17   立川健二, 『誘惑論』, 新曜社, 1991.
18   山本芳明, 「一葉作品にみる書簡の機能」, 『國文學』, 1994.10.

공동체의 존재와 그 내부의 일회성 '대화'의 장의 집적인 것이다. 다만, 독자가 그 일회성 '대화'에서 소설을 읽는 듯한 재미를 느낀 것은 무엇 때문일까. 그것은 각각의 편지에 삽입되는 극히 사소한 여러 가지 에피소드들이 편지를 쓰는 한 사람 한 사람에 대해, 편지의 '외부'에 존재하는 그녀들 고유의 이야기가 있다는 것을 환기시켜주기 때문이다. 모두가 서로 비슷한 것 같지만 실은 제각각 자기 이야기를 갖고 있다. 그러한 환기력이 여기의 '대화'를 열린 것으로 만들고 있는 것이다.

「통속서간문」에 수록된 총 217통의 편지 중 딱 한 통 답장이 안 온 편지가 있다. 그것에는 「친구의 호사를 충고하는 글」이라는 제목이 붙어 있다. 친하게 왕래하던 친구가 모친이 죽은 후 지금까지와는 완전히 다른 호사로운 생활을 하게 된다. 이 편지를 쓰는 사람은 그야말로 자기의 우정을 걸고 친구를 엄격하게 꾸짖는다. 그러나 상대방으로부터는 답장이 오지 않는다. 여기에서 독자는 지금까지 안정된 의미의 해석공동체에 소속되어 있던 사람들이 간단히 '타자'로 변모할 수 있다는 것을 알게 된다. "노여움을 산다면 저는 앞으로 뵐 일이 없겠죠. 평생 미움을 받더라도 조금도 원망하지 않겠습니다"라고 편지 끝에 쓴 이 글쓴이가, 실제로 답장이 오지 않았을 때 어떤 생각이 들었을까는 독자의 상상에 맡겨진다. 여기에도 또 다른 '이야기'가 있다.

그녀들의 '대화'는 분명히 제도 내부의 것일지도 모르지만, 거기에서 여성에게서 여성에게로 발신되는 메시지는 독자에게 '여자의 네트워크'이라는 몽상을 하게 만든다. 어머니에게서 딸에게로, 베테랑 주부에게서 새내기 주부에게로, 혹은 예전에 고용살이한 여자 아이가 예전의 안주인에게, 라는 식으로 종횡무진 발신되는 여성들의 목소리는 그녀들 사이에 존재하는 확실한 유대관계에 의해 유지되고 있는 것이다.

나가는 말

그런데 메이지 20~30년대에 간행된 여성용 서간규범에서 가장 규범의식이 작용한 것은 여성이 사용하는 '말' 그 자체에 대해서였다. 모든 보기 문장은 일본어의 전통에 입각한 소로분(候文, そうろうぶん)(정중어 소로[候]를 사용하여 쓴 글로 편지 등에 주로 사용하였음—역자주)으로 쓰였는데,[19] 각 여성용 서간규범의 서문을 훑어보면 여성이 사용하는 '말'의 조건으로 무엇을 필요로 했는지 알 수 있다.

여자의 문장은 자고로 대체적인 스타일이 있어서 대략 섬약하고 유연한 모습과 풍취를 그려내려 한다. 이것은 즉 그 본성이 진지하고 성실한 것이다. 그리고 근래에 간행된 책 이름이 여자의 문장이라고 되어 있어도 사실은 한자어를 사용한 것인데, 그것을 가지고 요즘에 사용하기에 적합하다고 하는 것은 너무 심하다. (…하략…)

남양(男陽) 여음(女陰)의 구별이 있는 이상은 강약(强弱)이 본래 다르기 때문에 여자는 그 자질에 맞는 언문을 이해하고 이것을 올바로 사용한다면 바로 문화개명세계의 여자라 할 수 있다.

— 히라야마 마사스케[平山政資], 『여문장(女文章)능라』, 1888

여자의 말투는 본래 순하고 온유해서 남자와 같지 않다. 때문에 그 문장에도 여자는 자연히 여자의 어조가 있을 것이다

— 가쓰키 유키쓰네[香月恕經], 『기사축문(記事祝文) 여자문례』, 1890

---

[19] 필자가 아는 한 언문일치체로 쓴 보기 문장이 등장하는 것은 메이지 40년대 이후이다.

지금 메이지에 이르러서는 여자가 쓰는 소식문도 대개 남자의 것과 큰 차이가 없어졌다 (…중략…) 내 생각에는 여자에게 적합한 문체는 바로 일본어문이고 여자가 글을 쓴다고 하면 당연히 일본어문을 본보기로 해야 하지 않을까

— 기쿠노야슈진[菊の家主人], 『여자작문독학[女子作文獨稽古]』, 1891

여자 교육은 나날이 길이 열리는데도 여자의 일용문(日用文)은 여전히 체재가 잡히지 않고 있다. 정말 생각이 못치고 있는데도 염려하는 사람이 적은 것은 이상하기 짝이 없는 일이다 (…중략…) 그렇다면 앞으로의 일본 여자의 일용문장은 어떻게 하면 좋을까. 고상함에 치우치지 말고 저속함에 기울지 말고 귀에 익지 않은 옛말을 피해 어법과 문법을 올바로 한 다음 여자답게 부드러운 문체로 써야한다

— 사사키 노부쓰내[佐佐木信綱], 『일본 여자 용문장(日本女子用文章)』, 1892

남자는 어디까지나 남자답고 여자는 어디까지나 여자다워야 한다. 편지도 남자의 것은 강하고 씩씩하게, 여자의 것은 진솔하고 상냥해서 여자다운 것이 좋다 (…중략…) 내 생각에는 일본 여자라면 일본의 고유어를 사용해야한다

— 『신찬 보통(新撰 普通) 여자용문 독학[女子用文獨稽古]』, 아이치도[愛知堂], 1896

여자는 본래 성품이 우미(優美)하고 온아(溫雅)함을 덕으로 여기기 때문에 그 몸이며 용모며 말에서부터 쓰는 글씨, 읽는 시, 또는 짓는 문장까지도 모두 저마다 여자의 특성을 갖추어, 염려(艶麗)하고 한아(閑雅)한 정취가 있는 것은 정말로 배울만한 좋은 것으로 이것이 바로 남자가 미치는 못하는 바이다 (…중략…) 여자의 서한은 특히 그 언사를 조심하여 정중한 표현을

쓰고 되도록 우아하고 유창해야 한다. 구태여 남자의 글 같이 쓰려는 것은
결코 크게 바라지 않는 바이다.

— 시모다 우타코, 『여자 서한문』, 하쿠분칸, 1897

여자의 편지글은 아주 부드럽고 아름다운 것을 좋은 것으로 여긴다. 게
다가 남에게 편지를 보내는 경우에도 용도를 잘 구분하여 용건을 마치는
것을 중요시 여기기 때문에, 여자의 문체는 고상하게 해서 남자의 글과 같
이 너무 한자어 비슷하게 어려운 것은 쓰지 말 것이며, 고상하고 예로부터
의 전통을 갖춘 문장이야말로 좋은 본보기가 될 것이다

— 가미야 타케노스케[神谷竹之輔] 편, 『여자일용문』, 세카이도[青海堂], 1904

근래에 여성이 남성과 마찬가지로 한자어를 사용하는 경향이 있음
을 비난하고, 여성이 갖추어야할 자질 — 여성스러움, 우아함, 상냥함,
솔직함 등등 — 을 보여주는 것으로 '여성스러운' 문체를 요구하였음을
알 수 있다. 우미(優美)한 사상은 우미한 문체에 담지 않으면 안 된다.
『국민지우』(1891.8)의 사설 「서한」의 한 구절에도 "특히 여학생의 서한
같은 경우는, 남자의 문체인지 여자의 문체인지 (…중략…) 영어회화
는 자유롭게 할 수 있어도, 편지 문장이 이렇게 거칠고 엉망인 것은
……"이라고 되어 있다. 덧붙여서, 그러한 여성에게 요구되는 자질이,
한편으로 '일본의' '일본 고유의 말'과 관련지어져 있는 점도 주목할 만
하다. 여성이 '여성스러운' 말을 사용하는 것이 곧 '일본의' '일본 고유의
말'의 전통을 준수하는 행위로 이어질 때, 거기에서 메이지기 여성이
국민화(國民化)해 가는 한 가지 형태를 확인할 수도 있을 것이다.

「통속서간문」의 '언어'가, 그야말로 '통속'이라는 이름하에 어떻게 이
규범과 격렬하게 싸우는지 여성의 문체와 사상, 나아가서는 국민화를

고찰하는 하나의 문제의식으로서 여기에서는 지적하는 것에 그치기로 한다.

제9장

유통流通되는 '규수작가閨秀作家'

메이지 20년대(19세기 후반)의 경우

들어가는 말

1895년 12월에 하쿠분칸에서 간행한 『문예구락부』제12편의 임시증간 「규수소설」(이하 「규수소설」로 표기)은, 서서히 높아져 가던 여성작가에 대한 세상의 관심을 단번에 현재화(顯在化)시키는 계기가 되었다. 이후, 다음해인 1896년에 걸쳐 '규수작가'를 둘러싼 언설이 신문과 잡지에 다수 게재되었다. 다음에 인용하는 것은 그 중 하나인데 『마루마루친분[団々珍聞, 메이지 시대에 노무라 후미오[野村文夫]가 창간한 시국풍자잡지 — 역자주)』(1896.2)에 실린 「현대판 시키부[今式部]」라는 문장의 일부이다.

소설 열풍에는 돌팔이 의사 선생도 조상대대로 내려오는 약숟가락을 내던지며 두 손을 들고—, 아오야마[青山] 박사(메이지 시대의 의학자이자 내과의인 아오야마 다네미씨[青山胤通]를 가리킴 — 역자주)가 연구를 위해 파견되었다는 소문도 직접 들은 것은 아니지만 사실이 아니라고도 못하겠다.
이나부네(다자와 이나부네[田澤稻舟]를 가리킴. 1874~1896. 야마가타현 쓰
루오카시 출신의 여류소설가로 남편은 소설가 야마다 비묘[山田美妙]―역
자주)가 맞섰다가 깨진 우스라이[薄氷](메이지 시대의 여류소설가 기타다
우스라이[北田薄氷]를 가리킴. 1876~1900.―역자주), 가회[花圃](메이지 시
대의 여류 가인(歌人), 소설가. 수필가인 미야케 가회[三宅花圃]를 가리킴.
1868~1943.―역자주), 이치요를 필두로 농염한 솜씨로 글을 써서 여자 양
산박을 만들려는 모양이다. 규수소설이라 하여 하쿠분칸의 배를 채우고 임
산부도 즐겁게 해주고 있는데, 국민지우의 부록을 보아도 비평가들의 글에
서 거론되는 모양새가, 세상 사람들의 입에 오르내리게 만들어 나날이 세
력을 키워가는 것 같다. 그렇다면 여자 소설가의 관찰이 가정사에 치밀하
듯이 세상만사에 대해서도 착안하는 바가 투철한 것인지. 아니면 조잡한
글에 지친 세상 사람들이 거센 파도가 사람을 집어 삼킬 듯이 열렬히 환영
하는 그 밖의 다른 이유가 있는 것인지. 나 원 참, 이 몸같이 하나부터 열까
지 다 알고 계시는 능력자라도 그것만은 알 수가 없어서 대단히 곤란하다
못해 큰 치욕으로 생각되는 바요. 생각건대 어쩌면 이것은 오노노 코마치
[小野小町]처럼 구멍이 없는(결점이 없다는 의미를 은유적으로 표현―역자
주) 문장을 칭찬하는 것일까. 아니, 이건 바로 진귀한 것을 환영하는 것으로
싫증을 잘 내는 녀석들이 현대판 시키부(이치요를 『겐지이야기[源氏物
語]』의 저자 무라사키 시키부에 빗댄 말―역자주)의 구멍이 있는 점에 침을
흘리는 게야.

　　— 다이리암몽이치[待里菴文一],「현대판 시키부[今式部]」,『마루마루친분[団々珍聞]』, 1896. 2

　여기에서는 두 가지 특징을 찾아볼 수 있다. 하나는 여성작가를 논하
는 문맥에 "임신하다" "구멍이 있다 / 없다"와 같은 여성의 신체나 섹슈

얼리티와 관련된 수사법이 사용되었다는 것이고, 또 하나는 이 '규수작가' 붐의 배경에 '하쿠분칸'으로 대표되는 근대적 출판사의 상업전략이 존재한다는 것을 시사하고 있는 점이다. 이 두 가지는 당시의 여성작가를 둘러싼 상황을 집약하고 있다. 바꿔 말하면 그것은 여성작가에게 쏟아진 욕망의 시선과, 그것이 어떻게 발생하여 증식되었는가 하는 문제이다. 우선은 「규수소설」을 둘러싼 언설을 살펴보자.[1]

초상사진의 아우라

「규수소설」에서 화제를 부른 것은 첫 여성작가특집이라는 것도 그렇지만, 뭐니 뭐니 해도 권두에 실린 여성작가들의 초상사진이었다. 자연 풍경을 배경으로 중앙에 새를 찍은 사진 속에 그 새를 에워싸듯이 여성작가들의 초상사진을 배치한 이 권두 사진의 디자인이, 같은 시기에 발매된 『문예구락부』 제13편(1895.12)의 권두를 장식한 게이샤 사진의 디자인과 흡사하다는 것은, 일찍이 고노 켄스케[紅野謙介](『서적의 근대 ─미디어의 문학사』, 치쿠마서방[筑摩書房], 1992) 및 세키 레이코[關禮子](『언니의 힘 히구치 이치요[姉の力 樋口一葉]』, 치쿠마서방, 1993)가 지적했다. 이 구도가 지닌 유사성의 배경에는, 양자에게 쏠리는 욕망의 시선 그 자체의 동질성이 있었다고 생각된다.

「규수소설」의 초상사진을 둘러싼 언설을 보면, 예를 들어 『여학잡지

---

1 여성작가의 작품에 대한 그 당시의 언설에 관해서는 나카야마 기요하루[中山淸美]가 「〈閨秀作家〉への視線」(『名古屋近代文學研究』, 1996.12)에서 상세하게 분석했다.

『규수소설』(하쿠분칸, 1895.12)

『문예구락부』(하쿠분칸, 1895.12)

(女學雜誌)』(1895.12)에서는 "권두 일곱 명의 여류문인의 초상을 처음 보았는데 더욱더 그 재능이 존경스럽게 느껴진다"라고 서술하고 있어서 '작가'로서 등장하기 시작한 그녀들의 '재능'에 관심을 보인다. 하지만 한편으로, 여성독자를 상정하고 있는 『여학잡지』와는 달리 일반 신문이나 잡지, 즉 남성이 독자의 태반을 차지하는 활자 미디어에서는 초상사진에 대한 관심도 이질적인 것으로 기울어 있다.

하물며 권두의 초상과 글씨를 보고 벌써 멍해진 비평가 나리도 많을 것 같다. 그러나 여러분들은 너무 사진을 신용하지 마시오. 왜냐하면 사진사에게 뇌물을 건네는 수고를 하지는 않았어도, 이 사진에서 이치요 여사를 제외한 나머지 사람들은 모두 몇 년 전 사진인지 알 수 없고, 그 중에는 아기까지 낳은 사람도 있다고 들어서

— 「문예구락부」, 『지덕회잡지(智德會雜誌)』, 1896.1

제8편 백장미는 권중 최고 미인(단 사진만 보면 그런데, 실물은 아직 못
봐서 모르겠다)인 다자와 이나부네[田澤稻舟] 여사의 작품이다

— 在秋保 迂船, 「규수소설을 읽다·속」, 『오우니치니치 신문[奧羽日日新聞]』, 1896.1.9

작자 다자와 이나부네라고 하는 사람이 얼마 전에 야마다 비묘의 아내가
되었다고 들었다. 책에 나와 있는 두껍게 화장을 한 초상을 본 사람이라면,
저 얼굴로 설마 이것을 썼겠냐고 말하지 않는 사람이 없을 것이다

— 「백장미」, 『메사마시구사』, 1896.1

관심의 정도와 방향은 여성작가의 '재능'보
다도 그녀들의 용모나 신체를 향하고, 그녀들
에게 쏟아지는 욕망의 시선은 적나라한 것이
다. 그렇다면 남성작가들의 초상 사진에 대해
서는 어떨까. 『소년문집(少年文集)』(1896.5)의 권
두에는, "문단의 다섯 문사(文士)"라 하여 아에
바 코손[饗庭篁村], 모리 오가이[森鷗外], 쓰보우치
쇼요[坪內逍遙], 고다 로한[幸田露伴], 오자키 코요
[尾崎紅葉]의 초상 사진이 실려 있다. 게다가 본문
의 "문단의 다섯 문사(文士)"(본 호의 권두사진 참조)
라는 설명문에는 "그 사람의 저서를 읽고 그 본
인을 경모(景慕)하거나 작가의 모습을 보고 싶
어 하는 것은 자연스러운 사람의 마음이다. 여
러 문사의 초상을 접하고 그 사람의 저서를 마

『소년문집(少年文集)』 권두(1896.5)

주 대한다면, 더욱더 문사를 직접 만나서 이야기를 듣는 것 같을 것이다.
왼쪽에 이 다섯 명사의 간략한 전기를 싣는다"라고 되어 있고, 그 다음에

다섯 사람에 대한 「간략한 전기」가 연재되어 있다. 여기에서 초상 사진에 대한 관심은 그 '저서'에 대한 관심으로 수렴된다. 여성작가의 초상사진을 둘러싼 욕망의 시선과의 낙차는, 그녀들이 '작가'가 아니라 어디까지나 '규수작가'였음을 보여준다고 할 수 있을 것이다. 그리고 "초상사진이 상품 내지 화폐로 유통되어 시장의 법칙에 맡기게 될 때, 인간 개인의 아이덴티티의 깊이는 얼굴과 신체의 표층으로 단순화되어 글자 그대로 이양(移讓)과 교환이 가능한 상품으로 해체되게 된다."[2] 여성작가는 무수한 욕망의 시선에 노출되어 스스로 '상품'으로 유통되게 된 것이다.

　　이러한 욕망의 시선은, 초상사진이 잡지라는 매스 미디어에 의해 유통됨으로써 불특정다수의 사람들에 의해 공유되고 증식되게 된다. 이것은, 메이지 20년대가 근대적 출판기구의 성립기였음을 두루 생각할 때 간과할 수 없는 현상이라고 할 수 있다. 예를 들어 히구치 이치요는 "규수소설은 전대미문의 팔림새를 보여 일찌감치 삼만 부를 팔아치우고 재판까지도 찍게 되었다"(「미즈노우에」, 1896.1)라고 서술하였다. '삼만' 개의 시선이 그녀들의 초상 사진에 쏟아진다. 또한 이치요는 "처음에 오사카에만 7백부가 도착했는데 하루 만에 다 팔려서 다시 5백부를 보냈다. 그것조차도 3일도 못가서 다 팔렸다고 한다"라고 덧붙였다. 1887년에 창업한 하쿠분칸은 그야말로 메이지기의 근대적 출판기구를 상징하는 출판사였는데 그 발전 요인의 하나로, 1890년에 도서와 잡지의 중개 판매를 담당하는 도쿄도[東京堂]와 1897년에 하쿠신도[博進堂] 용지점[用紙店](=하쿠신샤[博進社]) 및 하쿠분칸 인쇄소를 창립하여 일대 콘체른을 조직한 것을 들 수 있다. 도쿄도[東京堂]가 본격적으로 중개 업무를 시작한 것은 1891년인데, 그 「도쿄도 영업 취의서[東京堂營業趣意書]」에는

2　西村淸和, 『視線の物語・寫眞の哲學』, 講談社, 1997.

"도쿄도는 지방의 잡지 판매소에는 특히 박리로 거래할 것" "도쿄도는 잡지 도서를 애독하는 지방의 독자를 위한 편의가 비할 바가 없이 성실한 점포이다"[3]라고 되어 있다. 전국 규모의 중개판매망에 대한 정비는 동시에 정보가 전국에 균일하게 전파된다는 것을 의미했다. 여성작가를 둘러싼 욕망의 시선은 이러한 근대적 출판기구의 성립과 발전 속에서 생성되고 증식한 것이다.

이치요의 주변에서도 「규수소설」에 사진을 게재한 것이 물의를 빚었다. 잡지가 발매되기 이전에 이치요의 사진이 게재된다는 것을 전해 들은 세키 뇨라이[關如來]는 "소설가로서 그리고 사회 지도층으로서의 식견이 의심스럽다"며 신날하게 비난하고, 사진게재를 그만두도록 압박했다(이치요 앞으로 보낸 서간, 1895.12.5일자).[4] 뇨라이는 편지에서 '하쿠분칸'의 '장사꾼 근성'을 지적하고 "쓸데없이 저자의 얼굴을 노출시키면서까지 장사를 하는 곳이 되었다니 너무나도 염치를 모르는 것이 아닌가"라고 서술하여, 초상사진을 게재한 배경에 하쿠분칸의 상업 전략이 있음을 간파했다.

그렇다면 당사자인 여성작가 본인은 이러한 세상의 시선을 어떻게 받아들였을까.

---

3   田中治男, 『ものがたり・東京堂史』, 東販商事株式會社, 1975.
4   野口碩編, 『樋口一葉來簡集』, 筑摩書房, 1998.

'규수작가'에 대한 시선

지난달 초의 일이다. 슌요도[春陽堂] 사람이 내 작품을 꼭 달라는 전갈을
가지고 왔다. 계속 우리 회사의 책만 쓰겠다는 계약을 해주시면 대단히 고
맙겠다. 그렇지 않더라도 꼭 쓰시라며 돈 같은 것은 선불로 얼마든지 드리
겠다. 필요하실 때 엽서 한 장만 보내주면 바로 말씀하신 만큼의 금액을 가
지고 가겠다고 했다. 될 대로 되라. 이것은 한때의 헛된 명성으로 서점의 이
익을 챙기고 내 욕심을 채우기 위한 것일 뿐이다.

—「미즈노우에일기」, 1896.6.2

『흐린 강』(1895.9)으로 주목을 받고, 모리 오가이 · 고다 로한 · 사이토
료쿠우의 「세 사람의 군소리(三人冗語)」(『메사마시구사』, 1896.6.2)에서 「키
재기[たけくらべ]」(1895.1~29.1)가 절찬을 받아 그 지위를 확립한 이치요
는, 당시 가장 상품가치가 높은 여성작가였다. 「규수소설」로 하쿠분칸
에 선수를 빼앗긴 슌요도는 즉시 그와 같은 이치요에게 작품의 독점계
약을 제안한 것이다. "지금 문단은 이 사람의 저작이 없으면 아무것도
할 수 없을 정도의 인기이다. 그렇기 때문에 다른 사람의 저작은 아무
짝에도 쓸모없다"(시로후지암[白藤庵], 「시사만언(時事漫言) · 이치요 여사」, 『지덕
회잡지(智德會雜誌)』, 1896.8)라는 문장에서도 볼 수 있듯이, 이치요에게는
원고의 집필 의뢰뿐만 아니라 "밤을 틈타서 내가 직접 쓴 집 문패를 훔
쳐 도망간 자가 있다" "동경의 호상(豪商) 마쓰모토[松本] 아무개가 자기
이름을 숨기고 매월 가계가 쪼들리지 않을 만큼 우리 집에 돈을 보내겠
다고 한다"와 같은 "수상쩍은 일"(「미즈노우에」, 1896.1)들이 발생했다.
　자기를 둘러싼 사람들의 관심의 핵심에, 자신의 '여자'라는 성(性)이

있다는 것을 이치요는 냉철하게 인식하고 있었다.

> 나를 찾아오는 사람 열 중 아홉은 단지 여자라는 것이 좋고 신기해서 모여드는 것이다. 그래서 아무것도 아닌 휴지쪼가리를 만들어내도 현대판 세쇼나공(『마쿠라노소[枕草子]』의 작자를 가리킴—역자주)이라느니 무라사키 시키부(『겐지이야기[源氏物語]』의 작자를 가리킴—역자주)라느니 하며 떠들어 댄다. 사실은 어떤 저의가 있어서 그러는지도 모르겠다. 나를 단지 여자로만 보고 소일거리로 하는 짓이다.
>
> —「미즈노우에 일기」, 1896.5.2

더욱 흥미로운 것은, 이치요가 여성작가로서의 자신을 '온나기다유[女義太夫; 여자가 죠루리의 일종인 기다유를 낭창하는 것—역자주]'에 비유해서 서술한 점이다.

> 올 가을 대충 쓴 「흐린 강」의 소문이 세상을 떠들썩하게 해서 많은 사람들의 입에 오르내리더니 평론 같은 것에서까지 시끄러워서, 진땀이 날 정도이다. 「13일밤[十三夜]」도 신기하다는 듯이 수선을 피워서 여류 중에 대적할 사람이 없다는 미심쩍은 인물평이 널리 퍼졌다. 마음이 괴롭다. 가끔 생각이 나서 뼛골이 시리고 살이 떨리는 밤도 있었다. 이런 게 바로 속세의 모습이겠지. 이렇게 사람들이 떠들어대는 것 중에서 뭐가 진정한 칭찬이 될는지. 샤미센의 음색도 분간하지 못하고 온나기다유에게도 정신 못 차리는 믿음이 안 가는 사람 들이, 단지 한 때의 소일거리로 흥을 돋우고 있는 것 같다
>
> —「미즈노우에」, 1896.1

온나기다유(무스메기다유[娘義太夫]라고도 함)는 1887년 열한 살의 나이로 데뷔한 다케모토 아야노스케[竹本綾之助]라는 소녀의 등장을 계기로, 메이지 30년대에 걸쳐 열광적인 팬들에게 둘러싸여 그녀들의 인기는 과열 일로를 걷고 있었다. "모든 계층의 남녀노소, 천진난만한 어린이에서 극악무도한 악한에 이르기까지 혼자서 여러 명의 등장인물이나 정경(情景)을 묘사해내야"[5] 하는 기다유는, 복잡한 심리를 구분하여 창을 할 수 있는 실력이 필요하다. 그러나 이치요의 일기 속에서 '온나기다유'라는 키워드가 어떤 의미로 기능하고 있는지는, 예를 들어 다음과 같은 노래를 시야에 넣지 않으면 올바로 파악할 수 없다.

> 곱게 올린 나게시마다[投島田, 일본 여자 머리 모양의 하나인데 틀어 올린
> 머리채를 뒤로 처지게 쪽진 것—역자주], 민낯을 감춘 두꺼운 화장
> 머금은 입술연지 어여뻐라, 벌레도 못 죽일 것 같이 상냥한 모습
> (…중략…)
> 묘한 눈짓으로 추파를 던지며, 헤벌레하는 사내들을
> 마치아이[待合, 개인의 만남을 위해 방을 빌려 주는 업소로 현재는 손님
> 이 기생을 불러서 유흥하는 곳을 이름—역자주] 이층에 잡아가, 생피를 빨
> 아 먹는 것도 많지만……
>
> —「무스메기다유[娘女義太夫]」, 소에다 도모미치[添田知道] 편, 『유행가 메이지
> 다이쇼시[流行歌明治大正史]』, 도스이서방[刀水書房], 1982

여기에서 불리고 있는 것과 같은 「음외추오(淫猥醜汚)」(『만조보(萬朝報)』, 1898.6.5)의 진위 여부는 실은 문제가 아니다. 이 노래는 온나기다유를 향한 동시대의 시선, 그 기대의 지평(地平)을 보여준다. 이치요는 이 시

---

5   水野悠子, 『知られざる藝能史 娘義太夫』, 中央公論社, 1998.

선이, 여성작가인 자신과 나아가서는 모든 '여자'라는 성을 향한 욕망의 시선이라는 것을 알았던 것이다.

『흐린 강』(1895.9)에서 이치요는, 오리키[お力]와 오하쓰[お初]라는 두 여자를 그려냈다. 술집 기쿠노이[菊の井]의 작부로 사실은 창부인 오리키와, 겐시치[源七]의 아내이자 또한 어린 다이기치[太吉]의 엄마로서 그 생활을 지키려고 하는 오하쓰는, 대조적인 장소를 살아가는 여성들처럼 보인다. 가부장제도의 외부와 내부, 성적욕망의 대상인 여성과 집안을 유지해나가기 위해 봉사하는 여성, 이 이항대립은 그러나 쉽게 부서질 수 있는 것이었다. 아내와 엄마라는 제도 안의 역할을 준수함으로써 스스로의 긍지를 유지하고 몸을 파는 여성들과 차별화를 꾀해온 오하쓰는, 자기와 오리키의 위치가 하룻밤 사이에 바뀔 수 있다는 사실에 직면하지 않으면 안 된다. 겐시치[源七]에게 이혼을 당할 경우, 친척 하나 없이 어린 다이키치를 데리고 오하쓰가 살아갈 방도는 스스로 몸을 파는 것 외에는 없기 때문이다. 오하쓰에게 있어 자기들의 가정이 붕괴한 원인은, 오로지 오리키라는 존재에서 찾을 수 있을 것이다. 그녀의 증오는 다른 한 여인에게로 향한다. '흐린 강'이라는 장소는 여성에게서 여성에게로의 증오를 재생산하는 장소인 것이다. 가부장제도와 근대적 공창(公娼)제도[6]라는 두 가지 제도가 여자들에게 무엇을 가져다주는 것인지 이치요는 적확하게 파악하고 있었다고 말할 수 있다.

하지만 이 '흐린 강'은, 다오카 레이운[田岡嶺雲]·우치다 로안[內田魯庵] 등에게 높은 평가[7]를 받는 한편으로, 이치요 자신의 이른바 "경력문제"[8]

---

6   후지메 유키[藤目ゆき]는 『성의 정치학[性の政治學]』(후지출판[不二.出版], 1997)에서 "근대 일본의 공창제도는 1871년의 민부성(民部省) 하달, 72년의 대장성(大藏省) 제127호 명령, 같은 해 10월의 태정관(太政官) 하달 제295호(창기해방령)와 다음해인 73년의 동경부령 제145 방임대규칙[貸座敷渡世規則]·창기규칙, 73년에 개정된 율령 제267조 사창 단속 조항, 76년의 태정관 포고 제1호와 경시청 포달의 매춘 벌칙과 같은 메이지 초기의 일련의 법령에 의해 기초가 다져진다"라고 서술했다.

를 일으킨 한 요인이 되었다. "샤미센의 음색"을 분간해내지 못하는 사람들의 시선이 '규수작가·히구치 이치요'라는 성적인 신체로 향하게 된 것이다. 이치요의 일기에서 가장 유명한 "나는 여자인 것을"(「미즈노우에」, 1896.2.30)이라는 구절은 이와 같은 현식 속에서 쓰인 것이었다. 이 '여자'라는 단어에 담긴 이치요의 냉철한 인식이 그녀의 만년 작품들을 충실히 만들어준 것이다.

그런데, 「규수소설」 권두의 초상사진을 보고 이치요 자신은 무슨 생각을 했을까. "'여자가 보인다'라는 도식이 특별히 사진이라는 미디어에서 시작된 문제는 아니다. (…중략…) 그러나 사진은 남들에게 '보이는' 존재인 여자에게 '자기를 보는' 수단을 제공했다."[9] 남들한테 '보이는' 존재인 자신을 '본다'는 것. 그것은 여성작가의 자기인식을 탐구하는 데 있어서 중요한 의미를 갖는다. 아쉽게도 이 초상사진을 둘러싼 이치요 자신의 직접적인 증언은 남아있지 않다. 하지만 동시대의 욕망에 찬 시선을 받은 여성작가들 자신의 자리, 그녀들의 시선의 자리에 다시 돌아갔을 때 「규수소설」을 둘러싼 현상은 비소로 대상화될 수 있다. 그러한 관점에 입각했을 때 흥미로운 것은 다자와 이나부네의 경우이다. 다음 절에서는 이나부네의 소설텍스트를 중심으로 여성작가의 내부에 있는 혼돈과 갈등에 대해 살펴보겠다.

---

7 內田魯庵, 「一葉女史の『にごり江』」, 『國民之友』, 1895.10; 田岡嶺雲, 「一葉女史の『にごりえ』」, 『明治評論』, 1895.12.

8 모리 오가이가 「도요새의 날개 훑기[鴫羽搔]」(『めさまし草』, 1896.1)에서 "처녀한테는 드문 경력"이라고 언급한 것을 계기로 이치요의 '경력'이 사람들의 관심의 표적이 되었다.

9 佐久間りか, 「寫眞と女性」, 『女と男の時空·日本女性史再考V』, 藤原書店, 1995.

여성표현의 곤란함

「규수소설」이 간행될 당시의 이나부네는, 어떤 의미에서는 이치요 이상으로 세상의 호기심 어린 시선을 받는 존재였다. 1895년 12월의 이나부네와 야마다 비묘의 결혼은, 다음해까지도 문단의 화제가 되었다. 1894년의 이른바 아사쿠사[淺草]공원 사창(私娼)사건이 공개적으로 알려지고, 쓰보우치 쇼요에게서 엄격한 추궁을 당한 비묘에게 세상의 비난이 집중하던 시기에 이루어진 결혼은 사람들의 관심을 끌지 않을 수 없었다. 이나부네에게 있어 시기적으로 더욱 안 좋았던 것은, 앞 절에서 언급한 「규수소설」에 초상사진이 실리고 같은 호에 게재된 소설 『백장미』에 '클로로포름'을 사용한 강간 장면이 등장하여 그런 요소들이 그녀에 대한 호기심을 증대시켰기 때문이다. 예를 들면 앞에서도 인용한 『메사마시구사』(1896.1)의 비평에는 "작자 다자와 이나부네라고 하는 사람이 얼마 전에 야마다 비묘의 아내가 되었다고 들었다. 책에 나와 있는 두껍게 화장을 한 초상을 본 사람이라면, 저 얼굴로 설마 이것을 썼겠냐고 말하지 않는 사람이 없을 것이다"라고 서술되어 있는데, 인생의 실제 사건, 초상사진, 작품의 스캔들성이라는 레벨이 다른 세 가지 요소가 「규수작가」 다자와 이나부네상(像)을 형성하고 있는 것은 분명하다. 두 사람의 이혼을 보도하는 다음 기사에서도 같은 취지의 언설을 발견할 수 있다.

그 이름부터가 불러내주는 사람이 있다면 어디라도 가고 싶다는 다정풍류(多情風流)를 연상시키는 이나부네[稻舟] 여사 (…중략…) 의 「백장미」를 읽고, 한번은 남녀 간의 정담(情談)과 언쟁의 소재가 풍부함에 놀라고, 책장을 열어 권두에 실려 있는 사진을 보고 두 번 놀랬다. 그 모습이 나체의 고쵸[蝴蝶, 야마다 비묘의 소설에 나오는 주인공. 고쵸의 나체 삽화가 유명함 —역자주]보다도 더 요염한 것에 반한 야마다 비묘가, 작년에 멀리 야마가태[山形, 이나부네의 고향—역자주]의 산골까지 쫓아간 끝에, 재자가인(才子佳人)의 경사스러운 혼담이 이루어진 게 불과 두세 달 전이었다.

—「비묘와 이나부네」, 「츄오신문[中央新聞]」, 1896.3.5

이러한 언설에 둘러싸인 이나부네 자신의 내면은 일기 자료 같은 것이 남아있지 않기 때문에 추측할 수밖에 없다. 그러나 그녀의 소설 작품에 보이는 동시대의 여성 표현에서 일탈한 돌발적인 폭력성, 다시 말해서 거기에 묘사된 여성의 난폭한 행동이나 화자(話者)의 가치관의 혼란, 언어의 이중(二重) 규범 같은 특징은, 그대로 이나부네가 여성 표현자로서 직면했던 곤란함을 상징한다.

첫 번째 소설 『의학수행(醫學修行)』은 1895년 7월 『문예구락부』에 실렸다. '여자의사'를 다룬 작품으로는 가장 초기의 것이다. 주인공 사쿠라이 하나에[櫻井花江]는, 아버지 가오루[薰]가 결혼 전부터 사귀던 애인 오토미[お富]의 딸인데, 본처 후지코[藤子]는 오토미 모녀를 사쿠라이 집안에 들이고는 매일 같이 오토미를 학대한다. 견디다 못한 오토미는 하나에를 남긴 채 행방을 감추는데, 예쁘고 학문 기예에 뛰어난 하나에는 후지코의 박대를 받으며 생활하게 된다. 후지코에게는 친딸 하루에[春江]가 있었는데, 모든 점에서 언니 하나에 보다 떨어진다. 그래서 가오루와 후지코는 하나에를 '의학수행(醫學修行)'을 보내게 된다.

작품 전반부의 설정에서도 명백하듯이 사쿠라이 집안의 특징은 모계(母系)가족이라는 점이다. 가오루는 그 준수한 용모가 후지코의 마음을 사서 재산가인 사쿠라이 집안에 데릴사위로 들어간 것이고 사쿠라이 집안의 주도권은 후지코에게 있다. 더구나, 차기 가장으로 예상되는 것은 직계인 여동생 하루에인데, 하루에가 집안을 상속하는 날에는 하나에는 필경 사쿠라이 집안에 남을 수 없을 것이다. 하지만 하나에는 "남자를 진정 싫어하는 성격"으로 설정되어 있기 때문에 결혼해서 사쿠라이 집안을 탈출할 수 있는 가능성은 없다. 하나에가 자주 입에 올리는 '독립'하겠다는 소망은 이러한 상황에서 비롯된 것이다.

그래도 생각해보면 나는 첩 자식이니까 내가 언니라도 이 집안을 물려받지는 못하겠지. 그렇다면 결국은 시집을 가야 한다. 하지만 그건 딱 질색이니까, 어떻게든 독립해야 돼. 그렇다면 여자 의사도 괜찮을까 …… 그래도 싫어. 이왕이면 화가가 좋아…….

—『의학수행』

즉, 하나에에게 '독립'은 우선 외재적(外在的) 이유에서 불가피한 것이지만, 여자 주인공이 처한 이러한 상황은 다른 작품에서도 반복된다. 『백장미』(『문예구락부』, 1895.12)에서는 "설사 내가 없더라도 이제 곧 오라버니가 돌아오셔서 충분히 효도를 할 테니까요"라는 미쓰코(光子)의 말로도 분명하듯이, 다음 가장으로는 현재 유학중인 오빠가 있다. 그러나 미쓰코 역시 "난 정말 그 누구라도 절대로 남편은 만들지 않을 생각이니까, 남자란 이름이 붙는 것은 다 싫다"라는 여성이고, 주위에서도 "저렇게 남자를 싫어하는 사람" "그렇지 않아도 저렇게 남자를 싫어하는 아가씨"라고 생각한다. 여기에서도 "미쓰코는 자못 기쁜 듯이 입속에서 두 번이고 세 번이고 독립 독립하고 중얼거리"는데, '독립'의 내실(內實)에 대해서는 이야기해주지 않는다. 또한, 미발표작품 「쿄카록(鏡花錄)」[10]에서도 화자인 여성은 "무슨 일이 있어도 평생 결혼하지 않고 독립하리라 굳게 맹세

했어요” “내가 이 집안을 이어 받는 것도 아니고 어떻게 해서든 뭔가 하나 먹고 살만한 기술을 배워야 해요”라고 말한다.

이와 같은 ‘독립’에 대한 내재적 욕구의 부재(不在)는 언뜻 보기에 이나부네의 작품에 등장하는 여성들을 자각이 결여된 존재로 느끼게 하고, 그녀들이 하나같이 빠져드는 파멸과 불행이 결국 그녀들 자신에게서 비롯된 것처럼 생각하게 만든다. 그러나 그녀들이 처한 이 사방팔방이 꽉 막힌 상황은, 가부장제도 안에서 그녀들의 존재형태가 지닌 곤란을 명확하게 보여준다. 즉, 남계(男系) 장자상속을 원칙으로 하는 메이지 시대의 가부장제도 속에서 여성은, 결혼을 매개로 다른 집에 시집가는 존재, 즉 제도 내부에서 유통되는 존재로 미리 상정되어있고, 결혼 그 자체를 거부했을 경우 그녀들의 앞에 그것을 대신할만한 선택지는 존재하지 않는 것이다. 예를 들어 여동생 하루에가 가독(家督)상속자, 즉 ‘여자 · 호주’의 형태를 선택한다 해도 그녀가 “남자를 싫어하고” 양자결연을 거절했을 경우에는 하루에의 입장 역시 위태로워질 것이다. 이와 같이 생각하면 이나부네의 작품 속 여자주인공들에게 부여한 “남자를 싫어”한다는 요인은, 무의식중에 제도의 억압을 물리치는 것으로 기능하고 있다고 할 수 있다.

하지만 한편으로, 이나부네 작품 속의 여성들이 ‘독립’의 내실을 진정으로 생각하고 있지 않다는 사실 또한 부정하기 어렵다. ‘독립’을 입에 올리지만 그것을 실현시키기 위해 구체적인 방책을 생각하는 것도 아니다. 이러한 철저하지 못함은 『의학수행』에서는 가치관의 혼란으로 나타난다. 물론 하나에는 ‘화가’가 되고 싶은 것이어서 ‘의학수행’에 의미를 찾지 못하는 것은 당연하다. 예를 들어 처음으로 아버지와 ‘여

---

10 사후에 발견된 것인데 자전적 요소가 강하다. 『美妙選集 下卷』(立命館出版部, 1935)에 수록.

의사 요시오카 이쿠코[吉岡生子]'[11] 댁을 방문했을 때의 "일본과 서양을 뒤섞어놓은 듯한 장식이 이상해서 하나에는 속으로는 조금도 감동스럽지 않았다"와 같은 서술은, '화가'를 지망하는 하나에의 가치관에서 비롯된 것이라 할 수 있다. 그렇지만, 대면한 여의사 요시오카에 대한 "뭐 모습은 상당하기는 한데 뭐랄까. 이 사람의 얼굴은 마치 판자대기에 눈코를 붙여 놓은 것 같아. 그리고 목소리도 녹슨 방울 같아서 싫어. 아무래도 예술에 대한 생각 같은 것은 별로 없을 것 같아. 어머나, 차 마시는 것도 촌스럽고 하나도 멋이 없어. 아 저런 사람을 이제부터 내가 선생님으로 불러나 하나"라는 하나에의 속말에는 그 당시 학문에 뜻을 둔 여성들에게 쏠린 야유의 시선과 동질의 것이 어른거린다. 그것이 가장 노골적으로 드러난 것은 여의사를 목표로 하는 여성들을 묘사한 대목인데, 우선 그 당시 여성의 '의학수행'의 실상을 여의사 요시오카 야요이의 회상에서 살펴보겠다. 길지만 이나부네 작품과 비교한다는 관점에서 인용하기로 한다.

남학생들은 자리다툼을 하느라 게타를 신은 채 책상 위를 뛰어다니지만, 여자인 저는 그런 상스러운 짓은 못합니다. 여기에 부딪치고 저기에 부딪치면서 도중에서 우물쭈물하면 갑자기 "야, 고니시키[小錦]!"라는 야유가 날아오고 그와 동시에 사람을 비웃는 듯한 웃음소리가 제 귀를 찔렀습니다. 고니시키는 그 당시의 씨름 천하장사로 살이 많이 찌고 살결이 흰 것으로 유명한 씨름꾼이었습니다. (…중략…) 아니오. 저뿐만이 아니라 다카하시 미즈코[高橋瑞子] 이래, 사이세각사[濟生學舍]에서 배운 여의사는 모조리 이 야유를 듣지 않고는 교실에 들어갈 수 없었습니다. (…중략…) 새로운 시대

<hr>

11　이 이름은 실재 인물인 여의사 요시오카 야요이[吉岡弥生]를 연상시키는데, 야요이가 요시오카로 성이 바뀌는 것은 1900년 이후이기 때문에 여기에서 이름이 유사한 것은 우연이다.

의 의학에 접하고 있는 만큼 조금은 생각이 새로워도 좋을 법한데, 남존여비의 낡은 관념이 남아 있어서 여자를 보면 놀리지 않고는 못 배기는 듯, 우리 여학생들이 교실에 들어가면 시ー시ー하거나 탁탁 거리며 일제히 소리를 질러댔습니다. 시ー시ー라는 것은 함성, 탁탁은 책상 위를 손바닥으로 두드리는 소리입니다. 게다가 게타로 바닥을 구르며 소리를 질러대니까 정말 견디기 힘들었습니다. (…중략…) 정말 그저 의사가 되고 싶다는 일념에 모욕과 고통을 참는 사이에 나중에는 익숙해져서 아무렇지 않게 됐지만, 마음이 약한 여학생은 부들부들 떨며 모처럼 입학하고도 3일이나 4일 만에 그만둬 버리는 사람이 꽤 있었던 것 같습니다. (…중략…) 그와 동시에 책상을 나란히 하고 있을 뿐 말을 하지 않던 다른 여학생들과도 격의가 없어져서 점차 정답게 이야기하게 되었습니다. 그 사람들은 (…중략…) 학력이나 연령이나 처지는 제 각각이지만, 단지 의사가 되고 싶다는 한 가지 목표로 서로 맺어지고 또한 서로 경쟁하는 입장에 있던 것입니다. (…중략…) 그 목적을 위해 온 힘을 집중시키는 정열은 무서울 정도였습니다.

— 요시오카 야요이 여사 전기편찬위원회 편, 『요시오카 야요이』, 도쿄연합부인회, 1941.

이 회상에서는 당시 의학뿐 아니라 학문에 뜻을 품은 여성들이 똑같이 겪어야 했던 야유와 굴욕, 그리고 그에 대한 굳건한 경쟁심을 읽을 수가 있다. 게다가 그 곳에서는 여자끼리의 연대감도 생겨났다. 이런 것들은 이나부네의 작품에 결정적으로 결여되어 있는 것이다. 예를 들면 『의학수행』에서 "하나에는 바야흐로 교문을 빠져나가 입구에 다다르자 게타를 벗고 죠리[일본식 짚신—역자주]로 갈아 신고 조심조심하면서 교실에 들어서는데, 들어가기가 무섭게 벌써 몰려든 일동이 이쪽을 향해 엄청 큰소리로 고함을 지르며 "우아, 미인이다 미인, 코마치[小町, 여류가인 오노노 코마치를 가리킴—역자주]와 나리히라[業平, 가인(歌人) 아리와라노

나리히라를 가리킴―역자주], 이크 실례, 클레오파트라와 새말"이라고 말하
나 싶더니 바로 일제히 발을 구르며 "시―시―시―시"라고 뭐가 뭔지
모르겠다"라고 묘사되는 교실 안의 모습은 앞서 인용한 요시오카의 회
상과 흡사하여, 이나부네가 '의학수행'의 무대의 실상을 어떤 형태로든
들어서 알고 있었음을 알 수 있다. 그러나 '의학'에 뜻을 둔 여성들의 모
습은 다음과 같이 묘사했다.

> 쭉 늘어서 있는 여학생들은 (…중략…) 여자로 보면 여자인 것 같기도 하
> 고 남자로 보면 또 그렇게도 보여서 머리는 하나같이 바싹 잡아당겨 둘둘 말
> 아 고정시키고, 옷매무새를 매만지는 법도 없이 어깨를 추켜 올린 사람이 있
> 는가 하면 팔짱을 낀 사람도 있다. 상냥하고 기품 있는 구석은 조금도 없고
> 얼굴은 모두 검게 윤이 나는 당신들. 손은 어떤가하고 찬찬히 뜯어보니 아가
> 씨에게 어울리지 않게 모두 완력을 중요시하는 것이 보여 손가락은 하나같
> 이 굵어서 무 같은 것도 있고 우엉 같은 것도 있다. 아니면 토란 같이 짧고 굵
> 고 포동포동해서 물이라도 나오지 않을까 의심되는 것 뿐. 어쨌든 의사라도
> 되어서 독립하지 않으면 데리고 갈 사람이 없을 것 같은 사람들이다.

여기에서 화자의 시선은 그녀들에게 야유를 퍼붓는 교실 안 남성들
의 시선과 동질화되어 있다. 즉 화자는 남성의 규범과 시선에 가깝게
여의사를 목표로 하는 여성들을 묘사하고 있는 것이다. 이와 같은 묘사
에 야마다 비묘의 영향이 있었는지는 잠시 제쳐두고, 스스로도 여성작
가로서 동시대의 시선을 받았던 이나부네의 자의식은 내면화된 남성
중심주의의 가치관과 스스로도 글을 쓰는 여성이라는 자기인식 사이
에서 어떤 투쟁을 벌였을까. 적어도 그와 같은 내재하는 양면 가치는
이나부네 작품 속의 화자나 작품의 구성에 뭔가 혼란이나 모순을 일으

키지 않을 수 없다.

그 모순이나 혼란의 일단은 『백장미』의 미쓰코[光子]의 언어가 지닌 이중성에서 찾아볼 수 있을 것이다. 여학교 친구나 사촌이자 구혼자인 아쓰마로[篤麿]와의 대화에서 미쓰코가 실제로 하는 말은 "호호호호호 틀림없이 그것일 거라고 생각했어요. 그 학교는 말이죠, 왠지 갑자기 싫어져서 그만둔 거예요. 그게 왜요" "있잖아요, 정말 얄밉다니까" "어머 당신, 그렇게 내 옆에 붙으면 싫어요, 얘기는 들어 줄 테니까 좀 더 그쪽에서 말씀하세요"와 같은 이른바 여학생이 쓰는 말이다. 그렇지만 그녀는 속마음은 "흥. 화족(華族)이 뭘 하겠다고. 제 힘으로 된 것도 아니면서. (…중략…) 정말 세상은 거지같아. (…중략…) 이번에 왔다고 내가 말하나 보자" "흥 저 자식도 아마 평민들에게는 호랑이나 늑대보다도 잔인하지만, 여자에게는 사족을 못 쓰는 남자의 위광을 빌린 여우겠지. 무슨 졸부일지도 모른다. (…중략…) 호들갑스럽게 열 내는 게 묘하군. 쥐뿔도 없으면서"라는 말로 서술되었다. 즉, 사회생활에서는 여학생이 쓰는 말로 이른바 '여장(女裝)'을 하고 있는 셈인데, 그것은 그녀의 내면의 말과는 일치하지 않는다. 이 이중화된 자아의 호흡곤란 상태는 이나부네 작품에서는 때때로 일종의 폭력성으로 표상(表象)되고 있는 듯하다.

미쓰코는 다시 발끈하여 울화가 좀처럼 가라앉지 않아서 화가 난 나머지 죄도 없는 책을 집어 들어 거칠게 앞 연못에 던져버렸는데, (…중략…) 미쓰코는 무섭게 눈에 불을 켜고 바보 같은 자식이라고 욕이라도 하듯이 장지문을 탁하고

—『백장미』

보면 볼수록 화가 나고 갑자기 가슴도 울렁거려서 차라리 부숴버리기라

도 하고 싶은 것을, (…중략…) 발소리도 거칠게 큰 맘 먹고 달려가니, 하필
이면 그 근처에서 자고 있던 애견이 눈을 뜨고 튀어 나와서, (…중략…) 말
도 못 붙이게 뿌리치며

—『백장미』

결국 기분이 울적하고 짜증이 나서 멀쩡한 방안을 두세 번 둘러보더니 문
득 눈에 띤 평소에 아끼던 도코노마에 있던 인형을 스스로도 정말 매몰차
고 거칠게 안아 올린다기보다는 오히려 낚아챘다는 편이 적당할 것 같이
껴안고는 (…중략…) 이제 와서 부모를 원망하는 것은 아니지만, 이런 모습
을 생생하게 비추는, 에라 이 거울아, 너한테는 잘못이 티끌만큼도 없지만,
볼 때마다 화가 나니까 나보다 나은 이 인형 머리로 때려 부숴버릴까

—『쿄카록[鏡花錄]』

여느 때처럼 또 짜증이 나서 눈앞에 난잡하게 어질러져 있던 책을 닥치는
대로 집어던지기 시작했다 (…중략…) 또 부아가 치밀어 남의 물건인 것도
잊어버리고 또 거기에 집어던졌다

—『쿄카록[鏡花錄]』

이런 것들을 폭력성이라고 부르는 것은 너무 강한 표현일지도 모른
다. 하지만 여기에서 여성들이 모두 내면의 '짜증'을 억누르지 못해 물
건을 집어던지고 평소에는 예뻐하던 개를 뿌리치고 혹은 뭔가 파괴적
인 충동에 사로잡히는 스스로도 억제할 수 없는 행동을 하게 되는 것
은, 이중의 자아를 가진 채 살아가는 그 존재 형태가 초래한 내면의 폭
발같이 생각된다. 이 충동은 아마 조금 뒤의 시대라면 히스테리라고 불
렸을지도 모른다. 그러나 여기에서는 구태여 그런 시대의 병명(病名)을

사용하지 않고, 억압에 대한 무의식적인 파괴 행동, 폭력성의 발현(發現)이라고 부르겠다.

이렇게 이나부네의 작품에는 이치요의 작품과는 전혀 이질적인, 규범에 대한 종속과 거기로부터의 일탈이 동시에 발견된다. 이치요의 작품이 그녀가 세상을 떠난 뒤 여성작가의 작품의 하나의 규범이 되어 그녀를 잇는 여성작가들을 억압한 것을 생각하면, 같은 시기에 등장한 이나부네와 이치요의 차이는 여성표현을 생각할 때에 흥미로운 대조축이라 말할 수 있다.

이치요는 와카[和歌] 초고에 "이네부네 / 그 분 이나부네 / 그 분이 오신다는데 / 다자와 다자와 다자와 / 이나부네 이나부네"(「잡기10 물거품」 연월 누락)라는 메모를 남겼다. 노구치 세키[野口碩] 씨의 이치요 전집 주해에 따르면, "'다자와' '이나부네'라는 낙서는, 『의학수행』이『문예구락부』에 게재된 7월경의 것으로 생각된다. 이 무렵, 이치요는 하쿠분칸으로부터 30엔 정도의 돈을 조달하기 위해 장편 작품의 집필에 몰두해 있었다. 이나부네의 작품이 한발 앞서 게재된다는 이야기를 듣게 된 그녀는 이 젊은 작가에게 남다른 관심을 가졌을 것이다"(『히구치 이치요 전집』 제3권(하), 치쿠마서방, 1978)라고 하는데, 이 이치요의 메모 이외에 두 사람의 관계를 보여주는 기록은 일절 남아있지 않아서 이치요와 이나부네라는 두 사람의 '규수작가'가 어떤 교류를 했는지는 알 수 없다. 그러나 이나부네는 바로 『의학수행』 속에, 이치요에 대해 뭔가 생각이 있었음을 보여주는 기호를 숨겨두고 있었다. 그것은 소설의 마지막 장면이다. 하나에는 '의학수행'을 견디지 못하고 결국 도망칠 결심을 하는데, 바로 그것을 결행하려는 순간 대지진이 일어나 그녀는 그대로 행방불명이 된다. 훗날 여의사 요시오카 이쿠코와 여자 서생은 대중의 인기를 모으고 있는 온나기다유의 소문을 듣는다. "공연의 마지막 부분에는 관객에게 자화자찬하는 부채를 던져주고, 그리고 낭창하는 것이 모두 자작(自作)의 죠루리인데 상당히 재미있어서" 서생들이 야단이라고 한다.

"그리고 이름이 뭐래?" "다케모토 이치요라는 데요" (…중략…) 하나에가 지고 이치요라니 언제 이름이 바뀐 것일까. 이것이 벚나무(사쿠라이 하나에를 빗댄 말−역자주)의 말로(末路)인가 싶어 이쿠코는 매우 놀랐다. 하지만 그녀는 아무것도 모르는 채 무대에 화려한 모습을 드러냈다. 이윽고 뜯기 시작한 샤미센 소리에 맞춰 서서히 부르기 시작하는 아름다운 노랫소리는 마치 구슬과도 같아 교묘히 청중의 애간장을 쥐어짠다. 슬프지만 우습다.

―『의학수행』

"벚꽃"이 지고 "이치요(―葉)"가 되어 버렸다는 서술에는 이치요에 대한 이나부네의 은밀한 대항의식이 담겨있을지도 모른다. 그러나 내가 흥미롭게 느낀 점은 여기에서 하나에의 "말로"가 "이치요"라는 이름의, 그것도 "자작의 죠루리"만을 부르는 '온나기다유'로 표상되어 있는 점이다. 앞 절에서 언급했듯이 이치요 또한 여성작가로서 자신을 '온나기다유'에 비유했다.[12] 다만 이나부네 자신이 『의학수행』을 집필하기 전에 여러 편의 신죠루리를 발표했다는 점을 고려한다면, 이나부네의 '온나기다유'에 대한 시각은 이치요만큼 굴절되어 있지 않다고 말할 수 있을 지도 모른다. 그러나 이 끝부분의 서술, 즉 "슬프지만 우습다"에 여실히 드러난 가치관의 혼란은 바로 '글쓰기'에 대한 이나부네 자신의 혼

---

12 참고로 다무라 도시코[田村俊子]의 『露分衣』(『文藝俱樂部』, 1903.2)에서는 '온나기다유'를 다음과 같이 묘사했다.
   "스기[杉]는 이야기를 계속하는데, 그 당시 온나기다유라고 하면 몸매가 좋은 고급 창기와 매한가지. 가락을 부르는 연습보다는 남자 홀리는 연습에 열중하는 몸 파는 계집인 것을, 상냥하고 고상하기만 한 젊은 주인 나리가 그 천한 마음을 알 턱이 없어서 고민하고 계시는 거겠죠."

란을 상징하는 것으로 생각된다. 그리고 바로 거기에 메이지 20년대의
여성작가가 처한 상황, 표현 그 자체의 곤란이 드러나 있는 것이 아닐
까. 자기 안에 내면화된 메이지 가부장제도의 규범과 '글쓰기'를 지향
하는 자신 그리고 여성의 신체 이것들이 혼돈하는 가운데 이나부네를
비롯한 메이지 20년대의 여성작가들은 자신의 언어를 모색해야 했던
것이다.

　이 책은 학위논문 「오자키 코요·히구치 이치요의 문학－'근대'를 둘러싼 이야기」(오차노미즈여자대학, 2000.9) 중, 「제3부 출판기구의 성립과 메이지 문학」을 중심으로 기존의 발표논문을 더하여 가필 수정한 후 재구성한 것이다. 각 장의 토대가 된 논문의 초출은 아래와 같다.

제1장 근대문학 성립기의 한 측면－저작권 의식을 시좌로

　　「근대문학 성립기의 한 측면－저작권 의식을 시좌로」, 『인문과학기요』 제52권, 1999.3

제2장 '문사'의 경제사정－집필행위의 성과 속

　　「'문사'의 경제사정－집필행위의 성과 속」, 『일본문학』 제48권 11호, 1999.11

제3장 초기 겐유샤와 요시오카 서적점

　　「초기 겐유샤와 요시오카 서적점」, 『연총(淵叢)』 제8호, 1999.3

제4장 「독자평판기」의 주변

　　「오자키 코요 「독자평판기」의 주변」, 『연총』 제6호, 1997.3

제5장 백합과 다이아몬드－『금색야차』의 꿈

　　「백합과 다이아몬드－『금색야차』의 꿈」, 『연총』 제10호, 1998.3

제6장 고스기 텐가이 『마풍연풍』의 전략

　　「『마풍연풍』론－반불역(反不易)유행소설이 말해주는 것」, 『연총』 제5호, 1996.3

제7장 '대화'의 생성－이치요의 장소로서의 신체

　　「'대화'의 발생장치－이치요의 장소로서의 신체」, 『계간 문학』 제10권 제1호, 1999년 겨울

제8장 「통속서간문」의 가능성

「「통속서간문」의 가능성」, 『쇼난[湘南]문학』 11호, 1997.11

제9장 유통(流通)되는 '규수작가(閨秀作家)' ─ 메이지 20년대(1887~1896)의 경우

「유통되는 '규수작가' ─ 메이지 20년대의 경우」, 『국문학』 제44권 12호, 1999.10

이 책을 출판함에 있어서 역자의 은사이신 아사이 키요시[淺井淸] 선생님께 진심으로 감사의 말씀을 드린다. 선생님께서는 대학시절부터 지금까지 때로는 엄격하면서도 항상 따뜻하게 나를 지켜봐주셨다. 미숙한 내가 그런대로 연구자의 길을 계속 걸을 수 있었던 것은 오로지 아사이 선생님께서 이끌어 주셨기 때문이다. 지금 나에게는 선생님의 크신 은혜에 보답할 길이 없지만, 조금이라도 선생님의 가르침에 가까워지도록 앞으로도 연구와 교육에 힘껏 정진해나갈 생각이다.

2001년 늦여름

간 사토코

　이 책은 일본의 소분샤출판[雙文社出版]에서 발행한 간 사토코 저『미디어의 시대』를 번역한 것이다. 저자 간 사토코 씨는 학계와 평론계의 제일선에서 활발한 활동을 펼쳤던 여성 연구자이다.

　이 책에서는 일본의 근대문학 성립기인 메이지 시대의 문학제도의 형성과 근대적 독자의 성립, 그리고 작가의 자기인식이라는 세 요소가 교착하는 역동적인 '문학장'의 관계성을 구체적인 사례를 들어 밝히고 있다.

　본문은 전 9장으로 구성되어 있는데, 각 장의 구체적인 내용은 머리말에 저자가 요약해 놓은 것이 참고가 된다. 제1장, 제2장, 제3장에서는 주로 일본의 저작권 성립을 둘러싼 작가와 출판사의 관계, 그리고 그 관계 속에서 작가가 자기인식에 눈을 떠가는 과정을 논의하고 있다. 각론은 수많은 발굴 자료와 방증 자료로 채워져 있어 저자의 학자로서의 역량을 강하게 느낄 수 있다. 전반의 제3장까지가 학술논문으로서의 면모가 강했던 것에 비해, 제4장 이후의 각론은 간 사토코 식의 새로운 해석과 발상이 빛나는 매력적인 논의들로 이루어져 있다. 제4장에서 저자는 작품이나 작가가 아닌 그것을 읽는 독자에 대한 평가에 초점을 맞춘 「독자평판기」에 주목하고 있는데, 여기서 특히 저자의 안목이 빛을 발한다. 제5장에서는 작품이 독자들의 요구를 수용하며 변모해가는 양상을 정리하고 있다. 여기에서는 오자키 코요의『금색야차』와, 작품의 인기에 힘입어 코요 사후에도 다른 작가들에 의해 계속 발표된『금색야차』의 후속편들을 예로 보여준다. 『금색야차』는 일본 메이지 시대의 최대 베스트셀러로 우리나라에도 『장한몽』으로 번안되어 소개된 바 있는 작품이다.

이 책의 백미는 제7장 「'대화의 생성' 이치요의 장소로서의 신체」이다. 히구치 이치요를 중심으로 대화의 장을 형성했던 남성 작가들은 자기들이 젊은 여류 작가 히구치 이치요를 관찰하는 줄로만 알고 있었다. 하지만, 사실 그들은 이치요에게 관찰을 당하고 있었고 남성 자신들이 털어놓은 이야기 또한 글로 서술되었으며, 그 대화의 장의 중심에 있던 것이 이치요의 여자라는 '성(性)'이라는 지적은 대단히 흥미롭다. 여기에서도 저자는 기존의 견해와는 완전히 다른 관점에서 연구대상을 바라보고 있다. 이어지는 제8장과 제9장에서도 모두 여류작가들을 다루고 있어, 일본 젠더연구의 개척자로서의 저자의 면모를 엿볼 수 있게 한다.

저자가 연구대상을 평가하는 척도는 표현주체인 작가가 자기를 인식하는 태도의 철저함이다. 그것은, 나는 과연 누구인가라는 인간의 근본적인 물음에 귀결되는 문제이기도 하다. 저자는 이 물음을 연구대상인 작가와 작품에 대해서만 냉철하게 적용시키고 있는 것이 아니다. 가장 철저하게 자기인식의 문제를 추구한 것은 바로 저자 자신에 대해서라는 생각이 든다. 자신에게 엄격한 사람이 아니면 새로운 관점을 개척하는 것이 불가능하기 때문이다. 이 책에서 볼 수 있는 참신한 해석이나 역발상적 사고는 바로 그러한 저자의 자신과의 싸움에서 얻어진 산물이었다고 말할 수 있을 것이다.

간 사토코 씨는 2011년 5월 14일 48세의 나이로 안타깝게 영면했다. 그녀가 20여 년의 세월을 바쳐서 연구한 히구치 이치요처럼 말이다. 진행 속도가 아주 빠른 폐암이 원인으로, 진단 받은 후 한 달만이었다고 한다. 역자는 번역을 거의 마쳤을 무렵 이 사실을 알게 되었는데 애통한 마음을 금할 수가 없었다. 간 사토코 씨의 글을 비교적 많이 접했었고 그의 저작을 번역하게 된 것을 나름 인연이라고 생각하던 차였다. 조금 더 일찍 한국에서 책이 나왔더라면 투병중인 그녀에게 조그마한 위로가 되지 않았을까 하는 생각을 하기도 했다. 저자는 타계하기 직전까지 모교인 오차노미즈여자대학에서 후학들을 가르쳤고, 학계의 중진으로 2001년 이 책의 원저인 『미디어의 시대』를 출판한 이래 타계하기 직전까지 10년 동안 10권의 저서와 편저를 출판하고 수많은 논문을 발표하였다. 이 사실만으로도 저자가 얼마나 치열하게 삶을 살았는지 짐작이 간다.

다소 감상적인 후기가 되었더라도 너그럽게 이해해 주시기 바라며, 끝으로 이 책이 나오기까지 도와주신 모든 분들께 진심으로 감사의 말씀을 드린다.

2011년 12월
노혜경